공동체의 오늘,
온라인 커뮤니티

공동체의 오늘,
온라인 커뮤니티

1판 1쇄 인쇄 2016년 11월 25일
1판 1쇄 발행 2016년 11월 30일

지은이 류석진 · 조희정 · 이헌아 **펴낸이** 박혜숙 **펴낸곳** 미래M&B
책임편집 황인석 **디자인** 이정하 **전략기획** 김민지
영업관리 장동환, 김하연
등록 1993년 1월 8일(제10-772호) **주소** 서울시 마포구 서교동 464-41 미진빌딩 2층
전화 02-562-1800(대표) **팩스** 02-562-1885(대표)
전자우편 mirae@miraemnb.com **홈페이지** www.miraeinbooks.com

ISBN 978-89-8394-807-6 93330

값 15,000원

*이 책은 2012년도 서강대학교 "(도약) 온라인 정치 커뮤니티의 행위자와 구조에 대한 연구"
교내연구비 지원에 의한 연구(과제번호: 201210036.1)를 수정 · 보완한 것임.

공동체의 오늘,
온라인
커뮤니티

류석진 · 조희정 · 이헌아 지음

미래인

　이 책에서는 국내 온라인 커뮤니티 형성 과정과 활동 문화의 특징을 정리하고, 온라인 커뮤니티의 미래를 전망한다. 1985년 PC통신 동호회부터 2014년까지 30년간 국내의 정치·사회·문화에 영향을 미친 온라인 커뮤니티 사례를 다루고 있으며, 그 가운데 가장 활동 문화가 적극적인 디시인사이드(http://www.dcinside.com, 이하 디시), 여성 커뮤니티 그리고 팬클럽을 중심으로 온라인 커뮤니티의 사회 변화 동력을 연구하였다. 한 개의 커뮤니티 역사 30년을 추적한 것이 아니라 국내 온라인 커뮤니티 역사 30년을 정리하고 그 가운데 가장 대표적인 커뮤니티들의 활동 특징을 추적한 것이다.

　이 책을 쓰기 시작했을 때 가졌던 의문은 크게 두 가지이다.

　첫째, '온라인 커뮤니티는 어떻게 발전해왔고 어떻게 작동하며 앞으로 어떻게 전개될 것인가'이다. 그렇게 많은 사람들이 모여 있고, 여러 집단행동을 하는데 그들은 어떤 특징을 보이며 활동하고 있고 앞으로 어떻게 될까 하는 의문이었다. 이와 같은 의문을 풀기 위해 디시, 여성 커뮤니티, 팬클럽과 같이 참여도가 높은 커뮤니티를 집중적으로 살펴보았다.

양적으로 회원 40만 명 이상의 온라인 커뮤니티가 120여 개, 이 가운데 100만 명 이상의 온라인 커뮤니티가 30여 개가 되는 상황[1]에서 이들 세 종류의 커뮤니티가 모든 온라인 커뮤니티의 특성을 대표한다고 보기는 어렵지만 그래도 그동안 정치·사회·문화 측면에서 이들 세 분야 커뮤니티의 활동 실적과 기여도는 다른 어떤 커뮤니티 분야보다 높다고 생각하여 정치 부문의 디시인사이드, 사회 부문의 여성 커뮤니티, 문화 부문의 팬클럽을 대표 사례로 선택하였다.

둘째, '온라인 커뮤니티에 대한 연구서는 왜 활발하게 출판되지 않을까'이다. 즉, 온라인의 흔적을 모니터링하고 그때마다 저장하기 힘들기 때문에 기록이 어려운 것인지, 아니면 온라인 커뮤니티 자체가 연구 대상으로 부적합한 것인지 궁금했다. 그동안 흔적이 쉽게 사라지는 온라인 콘텐츠의 특성상 특정 시기의 데이터를 확보하기 어렵거나, 규모의 방대함 때문에 체계적인 연구 성과는 축적되지 못했다. 현재까지 국내에서 출판된 온라인 커뮤니티 관련 전문 단행본은 서이종(2002), 이길호(2012), 이명식(2003), 이재관(2002), 장용호(2002)까지 모두 다섯 권 정도이며, 그나마 2004년 이후로는 온라인 커뮤니티에 대한 단행본 출간이 거의 진행되지 않고 있다.

PC통신부터 모바일 시대에 이르는 30년 이상의 시간 동안 수많은 사람들이 이용한 온라인 커뮤니티에 대해 종합적인 차원에서의 이론적 소개서가 지속적으로 출판되지 않고 있다는 것은 매우 안타까운 현실이다. 따라서 이 책은 온라인 커뮤니티의 역사성과 작동 원리에 대한 탐구와 더불어 이들의 사료적 가치에 주목하여 온라인 커

뮤니티의 많은 자료를 체계적이고 문서화된 자료 형태로 남기고자
하는 목적을 가지고 있다.

1. 온라인 커뮤니티 개념과 특징

1) 개념

우선 기본 내용으로 시계열적으로 온라인 커뮤니티 개념을 소개
하면서 그동안 온라인 커뮤니티 개념이 어떻게 변화하고 발전했는
가를 살펴본다. 시계열적 개념사를 먼저 정리하는 이유는 개념의 변
천사를 일목요연하게 제시하기 위한 것이다.

커뮤니티(community)라는 용어는 '함께'라는 의미의 'cum'과 하나
라는 의미의 'unus'의 합성어인 라틴어 'communis'에서 유래한다.
많은 연구자들이 온라인 커뮤니티에 대한 정의를 제시했지만 온라
인 커뮤니티에 대해서는 동호회, 클럽, 카페, 공동체 등 유사 용어가
혼용되어 사용되고 있다. 시간적으로 제시된 순서에 따라 온라인 커
뮤니티 개념을 정리하면 〈표 1〉과 같다.

|표 1| 온라인 커뮤니티 개념 ━━━━━━━━━━

연구자	내용
Rheingold (1993)	충분한 수의 사람들이 온라인에서 충분한 인간적 감정과 장시간의 공적 토의를 통해 출현하는 문화적 집합체. 물리적으로 분리되어 있는 사람을 묶어주는 공동의 믿음과 관행의 집합

Fernback & Thompson (1995)	• 이용자의 관심사에 의해 상징적으로 만들어진 특정한 영역 혹은 장소(토론장이나 대화방)에서 지속적으로 접촉함으로써 발생하는 가상공간의 사회관계 • 같은 취미나 비슷한 목적을 가진 사람들의 연결망
Donath (1996)	독립적인 정보처리자인 동시에 사회적 존재. 정보를 구할 뿐만 아니라 소속감, 지원, 인정을 추구. 사람이 사회적 행위자라면 네트 역시 사회적 기술이며, 이는 공통 관심사의 발견, 대화, 경청, 연결을 가능케 해주는 기술
Hagel & Amstrong (1997)	컴퓨터를 매개로 콘텐츠와 커뮤니케이션의 통합이 이루어진 공간. 구성원에 의한 자생적 콘텐츠가 중요(computer mediated space). 거래 공동체, 공통관심사 공동체, 환상 공동체, 관계 공동체로 구분
Jones (1997)	가상 거주지. 컴퓨터 매개 커뮤니케이션에 의해 형성된 공간에 모인 사람들이 상호작용하는 집단, 최소한의 상호작용, 다양한 커뮤니케이터, 공동의 공간 안에 상호작용하는 집단, 구성원의 지속성이 존재해야 함
Wilbur (1997)	1) 전에 만난 적이 없는 다른 사람들과 커뮤니케이션 공간을 공유하는 경험. 2) 일종의 작업이며 몰입이자 연계. 3) 실재하는 사람들이나 커뮤니케이션이 없다는 점에서 공동체에 대한 환상. 4) 반드시 컴퓨터나 첨단의 테크놀로지와 연계되지 않아도 가능한 것. 5) 전통적인 공동체에 대한 시뮬레이션. 6) 전 세계 사람들 그 자체. 7) 제퍼슨 식 민주주의 가치가 실현될 수 있는 새로운 영역.
Bimber (1998)	두터운 공동체와 얇은 공동체 구분
Smith, Marc A. & Peter Kollock (1998)	통신망에 연결된 컴퓨터를 통해 일어나는 일련의 지속적이고 다양한 상호작용 집합체
Mueller (1999)	네트워크 차원에서 다양한 사람들과 개인적 관계를 맺고 있는 특정 개인을 중심으로 형성되며 다른 성원 간에는 반드시 어떤 관계가 형성되지 않는 개인적 공동체를 한 끝으로 하고, 공동체에 속한 성원들 모두가 상호 관계를 형성하는 집합적 공동체가 다른 끝이 됨. 결정화 정도 차원에서, 사람들 간의 단순한 상호작용에서부터 사회적 역할이 체계화된 조직체에 이르기까지 다양한 형태로 나타남

Cotherel & Williams (1999)	컴퓨터 네트워크를 상호작용에 활용하는 사람들의 집단. 단순히 사람들이 모인 집단이라기보다, 사회적 요소(공통 이해, 목적, 동류의식)가 핵심
Bressler & Grantham (2000)	문화적 가치가 가시화 · 의사소통되는 사회적 구조
김지화 · 조효래 (1997)	컴퓨터 통신망의 특정 경계 혹은 장소에서 유사한 이해, 관심과 목적을 가진 사람들이 반복적이고 지속적으로 상호작용함으로써 형성하는 사회적 관계와 유대
윤영민 (1999)	친숙함, 안정된 관계, 질서의 세 가지 객관적 요소와 정서, 의식의 두 가지 주관적 요소로 공동체를 구분
도준호 외 (2000)	경험 정도에 따라 최소 공동체(minimal community)로서 집단적 컴퓨터 매개 커뮤니케이션(CMC)과 동일(느슨한 정의)
이 건 (2001)	구성원에게 표현과 해석 및 의사소통 수단을 제공하는 상징물의 저장소. 공유한 상징에 대해 공통의 이해를 바탕으로 저마다 다양한 의미와 해석을 허용하는 소통 영역. 열린 공동체와 닫힌 공동체를 구분
이재관 (2002)	다자간 커뮤니케이션 개념에 따라 구축되는 네트워크이며, 형식적 참가가 아니라 구성원들이 매력을 느끼고 계속 머물고 밀도 있는 상호작용을 하도록 설계된 것이며, 영리적이든 비영리적이든, 그 목적과 초점이 분명하고 구성원들의 필요(needs)를 채워주기 위한 서비스가 제공되는 온라인상의 공동체
이재현 (2000)	인터넷 서비스를 매개로 공통의 관심사를 가지고 있는 사람들이 모여 의견과 정보를 교환하고 상호작용하는 공간
장용호 (2002)	두터운 공동체와 얇은 공동체로 구분. 특정 사회의 사회적 맥락이 사이버 공동체의 성격을 결정하는 주요 변수로 작동
이명식 (2003)	컴퓨터 네트워크를 상호작용의 주된 방법으로 사용하는 사람들의 그룹. 집단친화성을 유지하기 위해 공통의 유대관계를 가지고 물리적인 상호접촉이나 지리적 위치에 의존하지 않음. 개인적 공동체와 집합적 공동체로 구분

유시정 · 오종철 · 오상진 (2006)	인터넷에서 공통의 관심사나 경험을 가지고 유무형의 정보를 교환하고 공유하기 위해 상호작용하는 사람들의 집단 또는 관계
이헌아 · 류석진 (2013)	인터넷에서 공통의 관심사나 경험을 갖고 상호작용하는 사람들이 있는 공간으로, 공적 토론이나 정보 교환 등이 진행되는 공간

2) 구성 요소

연구자마다 강조점의 차이는 있지만, 대부분 1990년대 초반부터 2000년대 초반 사이에 집중적으로 제시된 이와 같은 온라인 커뮤니티 개념을 종합하면 온라인 커뮤니티 공간에서 활동하는 '구성원(행위자)', 그들 간의 지속적인 '관계' 및 온라인이라는 '(기술적) 공간'이 중요한 구성 요소가 된다. 즉 새로운 '온라인'이라는 공간 내에서 구성원들이 다양한 차원의 관계를 구성하며 활동하는 곳이 온라인 커뮤니티이다. 그 관계는 범위가 넓어서 종류가 다양하기도 하고, 관계의 깊이에 따라 두터운 공동체와 얇은 공동체가 되기도 하며, 한편으로는 개방적인 공동체와 폐쇄적인 공동체로 형성되기도 한다. 이와 같이 '구성원 · 관계 · 공간'이라는 세 가지 요소를 중심으로 온라인 커뮤니티 개념의 핵심 요소를 재구성하면 〈그림 1〉과 같다.

(1) 온라인 커뮤니티의 구성 요소 1 : 공간 | 연구자들이 제시한 개념에서 기술 환경으로서의 공간은 각각 온라인, 사이버(cyber), 가상공간, 네트워크(network, 혹은 네트), 컴퓨터, 통신망 등 매우 다양한 기

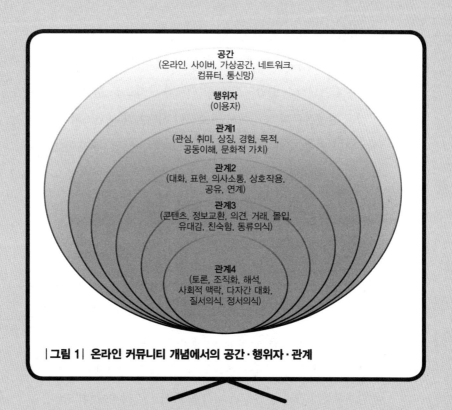

공간
(온라인, 사이버, 가상공간, 네트워크,
컴퓨터, 통신망)

행위자
(이용자)

관계1
(관심, 취미, 상징, 경험, 목적,
공동이해, 문화적 가치)

관계2
(대화, 표현, 의사소통, 상호작용,
공유, 연계)

관계3
(콘텐츠, 정보교환, 의견, 거래, 몰입,
유대감, 친숙함, 동류의식)

관계4
(토론, 조직화, 해석,
사회적 맥락, 다자간 대화,
질서의식, 정서의식)

|그림 1| **온라인 커뮤니티 개념에서의 공간·행위자·관계**

술적 표현으로 제시되었다. 물론 이러한 기술적 정의는 향후 모바일, 클라우드(cloud computing) 등이 활성화될 경우 더욱 다양하게 표현될 수 있을 것이다. 과거에는 인터넷에 기반을 둔 가상성이 온라인 커뮤니티 공간의 특성으로 제시되었지만 이제는 어디에서나 접속이 가능하기 때문에 공간과 기술의 문제보다는 '관계'의 측면이 온라인 커뮤니티에서 더 중요한 요소로 부각될 수 있다.

(2) 온라인 커뮤니티의 구성 요소 2 : 행위자 | 온라인 커뮤니티에서 행위자로서의 이용자는 무조건 필수 요소이기 때문에 핵심 강조사항으로 평가되지는 않았고 당연히 전제하는 요소로 평가되었다. 다만 많은 연구논문과 조사에서 나오듯이 시대마다 행위자의 행동 양태는 달라질 수 있기 때문에 주로 어떤 계층이 양적·질적으로 어떻게 온라인 커뮤니티를 이용하는가에 대해서는 지속적으로 파악할 필요가 있다.

(3) 온라인 커뮤니티의 구성 요소 3 : 관계 | 온라인 커뮤니티에서 가장 핵심을 이루는 요소는 '관계'이다. 관계를 구성하는 요소에 대해서는 연구자마다 강조점이 다르다. 구성원의 관여도를 중심으로 구분해보자면, 앞의 그림 '관계 1'에서 온라인 커뮤니티는 관심, 취미, 상징, 경험, 목적, 공동의 이해, 문화적 가치를 중심으로 정의할 수 있다. 이 단계에서의 관계는 '관심과 이익'을 중심으로 특성이 나타난다.

그러나 좀 더 관여도를 높여서 '관계 2'를 중심으로 보면, 각기 다양한 사람들이 모여 대화하고 표현하고 소통하며, 상호작용하고 공유하며 연계하는 것이 온라인 커뮤니티라고 정의할 수도 있다. 이 단계에서의 관계는 '대화'를 매개로 더욱 활성화된다.

한 걸음 더 나아가 '관계 3'을 중심으로 보면, 모여서 대화하는 공간에서 콘텐츠를 생산하고 정보를 교환하며 의견을 제시하고 또 거래하고 몰입하며 유대감, 동류의식과 친숙함을 느낄 때 온라인 커뮤니티가 성립한다고 평가할 수 있다. 이 단계에서의 관계는 '참여'를 통해 촉진된다.

　최종적으로 '관계 4'를 놓고 보면, 토론하고 해석하며 조직화를 지향하고 사회적 맥락을 반영하며 일대일 대화뿐만 아니라 다양한 대화를 하여야 비로소 온라인 커뮤니티라고 정의할 수 있다. 이 단계에서의 관계는 비로소 종합적인 차원에서 '집단행동'의 특징을 보인다.

　온라인 커뮤니티에서 이루어지는 관계는 관심과 이익, 대화, 참여, 집단행동을 중심으로 구분할 수 있다. 한편, 이와 같은 온라인 커뮤니티의 관계 요소는 객관적 요소와 주관적 요소로도 구분할 수 있다. 어쨌든 관계를 다양한 층위로 묘사한 온라인 커뮤니티 정의가 제시되었다는 것은 현재에도 많은 생각거리를 제공한다. 즉, 관계를 어떻게 생성하고 유지하는가에 따라 온라인 커뮤니티의 특성과 평가 기준이 달라질 수 있다는 것을 의미하기 때문이다.

　한편, 온라인 커뮤니티뿐만 아니라 모든 결사체에서 공간·사람·관계가 뼈대를 이루고 있다면 이 뼈대를 이어주는 신경은 정보·취향, 관심·대화, 토의·관행 그리고 규범·신뢰라고 할 수 있다. 즉, 이와 같은 신경이 활성화되지 않으면 공간·사람·관계가 원활히 이루어질 수 없거나 커뮤니티의 다양성이 활성화되기 어렵다. 정보, 취향과 관심, 대화와 토의, 관행과 규범, 신뢰는 온라인 공간을 통해 훨씬 다양하게 제공될 수 있다.

　구성원 및 구성원 간의 관계는 현실 세계의 동호회나 친목모임에서도 이미 공통적이기 때문에 새로울 것이 없지만 온라인 커뮤니티

|표 2| 기존 공동체와 온라인 커뮤니티의 특징 비교 ━━━━━━━━━━━

구분		기존 공동체	온라인 커뮤니티
존재 측면	준거 공간	물리적 장소	전자정보 공간
	공동체 형태	히피 집단, 종교적 영성 공동체, 농촌 공동체	일반 대화방, 뉴스 그룹 및 전자게시판, 동호회 등
구성 측면	일상 관계	기존 관계와 차별화	일상생활 유지
	참여 동기	대안적 삶의 구성	취미와 관심 공동체
	가입 및 탈퇴	일정 기간의 훈련 및 적응 과정 요구	편리한 가입 및 탈퇴 절차
	지도자 유형	카리스마 있는 혹은 권위적인 지도자	전자선거 혹은 평판체계 등을 통해 선출된 합리적 지도자
유대 측면	커뮤니케이션	커뮤니케이션	컴퓨터 매개 커뮤니케이션 및 오프라인에서의 만남
규범 및 제재	규범 형성	강제 혹은 합의	공동체 성원의 자율적인 합의 과정을 통해 구성
	제재 방식	자기비판 및 상호비판	공식적 · 비공식적 제재
외부관계	형태	고립된 섬의 공동체	열린 공동체
	활동 방식	기존 관계와의 단절을 통한 공동생활 및 봉사활동	공동체 활동 및 새로운 공공 영역의 구축

*자료: 윤명희(1997 : 79)를 참조하여 재구성

는 인터넷으로 연결된 공간을 매개로 한다는 기술 환경의 측면에서 현실 모임과 가장 큰 차이가 있다. 즉, 기술 환경의 특성이나 변화로 인해 나타나는 속성이 온라인 커뮤니티에서도 그대로 재현될 수 있다. 가상성에 의한 속보성, 정보 제공성, 대화, 실시간 반응, 경제성 등의 속성은 온라인 커뮤니티의 큰 장점으로 평가되고 있다.

2. 온라인 커뮤니티 연구의 중요성

온라인 커뮤니티에 대한 연구가 중요한 이유는 다음과 같다.

첫째, 양적인 차원에서 국내 온라인 공간에는 네이버(Naver)와 다음(Daum)에 각 1천만 개 이상의 카페가 있고 뿐만 아니라 디시인사이드, 일간베스트저장소(이하 일베), 오늘의 유머(이하 오유), MLB PARK, 82cook 등 포털 외의 공간에도 수많은 독립적인 온라인 커뮤니티가 존재한다. 4,000만 명이 이용하는 온라인 공간에 이미 2,000만 개 이상의 온라인 커뮤니티가 형성되어 있다. 1985년부터 생성된 PC통신 동호회, 1997년부터 시작된 웹 커뮤니티 등 오랜 역사만큼 다양한 온라인 커뮤니티가 존재한다.

현대사회에서 정당 당원이나 시민단체의 회원 수가 급감한 것에 비하면 온라인 커뮤니티의 종류뿐만 아니라 회원 수는 날이 갈수록 증가하고 있으며, 50만 명 이상의 회원을 가진 거대 커뮤니티도 매우 많다. 서키의 '많아지면 달라진다'는 명제 그리고 시공간을 초월하여 연결되는 수많은 노드(node)의 네트워크 효과를 고려할 때, 온라인 커뮤니티의 거대한 회원 수는 이것이 가져올 사회 변화의 잠재적 규모와 깊이를 다시 생각하게 만든다(Clay Shirky 2011). 네트워크의 힘이란 네트워크에 연결된 사람들의 생각·의지·관계의 힘을 의미하기 때문이다.

둘째, 공간과 미디어 차원에서 온라인 커뮤니티는 핵심적인 정보생산·유통·확산의 공간으로 온라인 콘텐츠의 흐름의 공간 및 새로운 대안 미디어와 공론장 기능을 수행하고 있다. 전통적인 매스미디어는 온라인 공간에서 다양한 미디어로 확대 재생산된다. 블로그(blog)와 같은 1인 미디어, 메신저(messenger), 팟캐스트(podcast), 소셜 미디어뿐만 아니라 온라인 커뮤니티도 쌍방향 의사소통이 가능한 하나의 거대한 뉴미디어 역할을 하고 있으며, 다수의 의견을 수렴하는 온라인 공론장의 역할을 수행하고 있다. 참여 인원이 확대되었기 때문에 참여 규모 증가와 더불어 다양한 개별적 화자(speaker)가 등장했다.

셋째, 사회·정치적 차원에서 온라인 커뮤니티의 현실 공간에의 영향력이 점차 강해지고 있다. 일베의 극단적인 주장뿐만 아니라 온라인 커뮤니티에서 생산되는 의제와 사회적 결집력은 매우 강한 추동력으로 정치사회적 시민권을 형성하고 있다. 온라인 커뮤니티의 광범위한 규모뿐만 아니라 정치 차원에서의 의제 생성·유통·확산을 통한 집단행동, 경제 차원에서의 소비자 운동, 사회 차원에서의 수많은 의제 운동(advocacy)의 중심에서도 중요한 역할을 하고 있다. 즉, 온라인 커뮤니티에서 생성되는 콘텐츠 다양성과 소통 콘텐츠가 양적으로 증가하고 질적으로 확대되고 있는 것이다.

따라서 이 책의 주요 주제는 온라인과 오프라인으로 이어지는 집단행동이 가능하게 된 기술·사회 환경 변화와 양적·질적인 참여 증가 때문에 나타난 온라인 공간에서의 신뢰, 내부 규율, 갈등 문제 연구의 중요성을 강조하는 것이다.

3. 온라인 커뮤니티의 미래

미국의 정치학자 퍼트넘(Robert Putnam)의 '개인화와 사회 자본(social capital)2 쇠퇴' 명제는 현대사회의 충격이었다(Putnam 2001). 대중화와 산업화 시대의 시민은 사회가 발전할수록 집단화나 사회 공익에 대한 관심을 거부하고 개인화될 것이라는 암울한 선고였기 때문이다. 제2차 세계대전 후의 68혁명, 산업 노동력 중심의 거대 노조가 촉발한 대중의 힘과 사회 진보에 대한 굳은 신뢰는 서서히 과거의 기억으로 사라져갔다. 정당 당원이나 시민운동 참여자 수의 급감은 '대중의 시대' 종언과 사회 자본 쇠퇴를 설명하는 징후가 되었다. 그러나 한편에서는 네트워크 사회와 탈근대사회에 접어들면서 퍼트넘의 명제를 정면으로 반박할 수 있는 새로운 집단화의 움직임이 등장하였다.

인터넷은 기존의 관계를 유지하는 것뿐만 아니라 새로운 관계의 형성에 있어서도 이용자들에게 다양한 자유로움과 편의성을 제공하였다(배영 2003b). 취미·유머·경제·사회·문화 그리고 정치 관심사를 중심으로 급격하게 확산되기 시작한 온라인 커뮤니티에 무수히 많은 사람들이 몰려들었다. 개설 등을 위한 초기 비용이 거의 들지 않고, 공간적 제약이 없으며, 가입과 탈퇴도 자유로운 온라인 커뮤니티는 누구나 손쉽게 골라서 가입할 수 있는 새로운 사회 자본 형성의 공간이 되었다.

온라인 커뮤니티에서는 다양한 정보를 얻을 수 있고, 연령·직업·

거주지를 초월한 무한한 인간관계를 자유롭게 맺을 수 있다. 오프라인 현실에서는 가깝게 만나기 어려운 노인 세대가 젊은 세대와 만나 '-님'이라는 대등한 호칭으로 부르며 대화하고 그저 만나는 것이 좋다는 것만으로 일주일에 몇 번씩 오프 모임을 하는 공간으로 작동한다. 그 결과 온라인 커뮤니티는 오프라인의 인간관계를 보완하고 사회 자본 형성에 긍정적 효과가 있다는 가설이 제시되었다(Blanchard & Horan 2000, Hampton · Wellman 2003, Haase 2002, Lee Rainie 2006. 1. 25, Lin 2001 : 201~239, 배영 2003b, 서이종 2002, 장용호 2002 등).

2015년은 국내에서 온라인 커뮤니티가 시작된 지 30년이 되는 해이다. 그동안 국내 네트워크 공간의 역동성은 개인 사용자뿐만 아니라 집합적인 온라인 커뮤니티의 주도 하에 확장되었다. 자발적으로 형성되는 온라인 커뮤니티는 수백만 명의 회원과 폭발적인 콘텐츠(contents) 생산력 그리고 집단행동(collective action)을 통해 주목받았고 영향력 있는 사회적 행위자로 부상하게 되었다.

이러한 온라인 커뮤니티는 지난 30년 동안 형성기 · 활성기 · 성숙기를 거쳐 변화하는 중이지만, 많은 디지털 자료와 다양한 의식조사의 분석을 통해 특징과 작동 원리를 파악한 결과, 2015년 현재 상황에서 앞으로도 과연 온라인 커뮤니티 미래를 낙관할 수 있는가에 대해서는 의문이 들었다.

첫째, 스마트폰과 기술 융합이 급속도로 이루어지는 기술 환경 속에서 PC통신 동호회에 이어 웹 기반 홈페이지를 바탕으로 활동해 온 온라인 커뮤니티들이 1인 미디어로서 블로그가 제공하는 수많은 정보, 모바일 메신저의 수많은 소모임의 강한 결집력 그리고 신속하게 의사소통하는 트위터(Twitter)나 페이스북(Facebook), 인스타그램(Instagram) 등 소셜 미디어(Social Media)의 기능을 능가하여 더욱 발전할 수 있을 것인가에 대해서는 선뜻 낙관적 전망을 제시하기 어렵다. 국내 스마트폰 사용자가 4,000만 명이 넘어가는 시대에 스마트폰을 통해서는 접근하기 불편한 온라인 커뮤니티의 인기가 계속 높아지기는 어려울 것이기 때문이다. 이제는 여러 IT(Information Technology) 라이벌이 많이 생긴 환경이기 때문에 온라인 커뮤니티도 생존 전략을 다시 생각해보아야 하는 시대가 되었다.

둘째, 기술 환경 변화뿐만 아니라 지난 30년간 온라인 커뮤니티의 활동 변화를 통한 정치사회적 변화를 보아도 명확히 낙관적인 전망을 제시하기는 어렵다. 온라인 커뮤니티가 생성되고 활성화되고 성숙한 단계를 거쳐왔지만, 그 거대한 에너지가 사회화되고 제도화되기까지는 여러 조건이 성숙되어야 하기 때문이다. 오랜 시간 우리 사회의 일부를 강력하게 구성해왔던 계, 두레, 동창회, 산악회, 친목회, 향우회뿐만 아니라 시민운동단체, 이익단체까지 수많은 결사체처럼 온라인 커뮤니티도 또 다른 결사체로서 그 기능을 다하기 위해서는 조직 체계, 규율, 문화 성숙을 위해 갖춰야 할 많은 과제가 남아 있다.

4. 책의 구성

 이 책은 온라인 커뮤니티의 역사·특징·쟁점이라는 세 가지 접근을 통해 현재 한국 사회에서 의미 있는 사회적 주체가 되는 온라인 커뮤니티의 현주소를 평가해보고자 한다. 먼저, 온라인 커뮤니티의 형성 과정을 다루는 제1부 1장에서는 현재 한국 사회에서 온라인 커뮤니티는 주요 시기마다 누가, 어떻게 사용하고, 어떤 변화 과정을 거쳤는가를 역사적인 관점에서 총정리를 하였다. 특히 양적인 확대 규모에 대한 정확한 데이터를 조사하고, 다양한 조사 결과를 종합하여 온라인 커뮤니티의 구조와 행위자가 표출하는 특성을 분석하였다.

 온라인 커뮤니티의 집단행동을 다루는 제2부 2, 3, 4장에서는 국내 온라인 커뮤니티의 특징을 디시인사이드, 여성 커뮤니티, 팬클럽을 중심으로 재정리하여 분석하였다.

 제2장에서는 하위문화와 폐인문화의 대표 격이라 할 수 있는 디시인사이드의 거대한 구조를 분석하여 이들이 창출하는 언어와 이미지의 독특한 문화를 소개하였다. 디시인사이드는 단순히 다수가 모여 있는 데 그치는 것이 아니라 소통과 토론을 하고 정치인과의 간담회 등에 참여하며, 팬덤과 같은 1,000개 이상의 갤러리 개설을 통해 일종의 '취향 포털'을 구성하고 있다. 또한 수많은 패러디를 생산하며 정치 담론을 생성하고 일본과의 갈등에서 일종의 온라인 민족주의를 형성하고 있는 것도 디시인사이드의 특징임을 밝혔다.

제3장에서는 초기 온라인 공간에서는 다수로 자리 잡지 못했지만 이후 생활 카페나 여성 삼국연합과 같은 적극적인 공동체를 형성하게 된 여성 커뮤니티의 형성 과정과 특징을 정리하였다. 특히 초기의 여성성 및 페미니즘 강조와 같은 특성이 이후에는 생활 이슈나 생활 정보 공유와 같은 다양한 의제로 발전하였고, 더 나아가 여성 삼국연합과 같은 독특한 여성 참여 현상을 보임으로써 온라인 커뮤니티로서의 입지를 강화하고 있음을 분석하였다.

제4장에서는 단지 10대의 편향적 모임으로만 평가받던 팬클럽이 사실은 10대뿐만 아니라 성인, 여성뿐만 아니라 남성, 내국인뿐만 아니라 외국인까지 참여 범위가 확장되고 있으며, 과거처럼 가수 1명을 추종하기만 하는 소극적인 팬의 입장이 아니라 적극적으로 집단 홍보를 하고, 스타의 홍보 효과 극대화를 위해 사회봉사에 뛰어들고, 제도 개선에까지 관여하는 팬덤으로 발전하고 있음을 분석하였다.

온라인 커뮤니티의 미래를 다루는 제3부 5장에서는 온라인 커뮤니티의 활동 배경으로서 제도 분석과 갈등 사례를 소개하였다. 제도 분석은 온라인 커뮤니티의 독창적인 규율로서 제도 규제와 비제도적 규제를 항목별로 구분하여 측정하였고, 이러한 규제가 온라인 커뮤니티의 활동과 문화 형성에 중요한 영향을 끼치고 있음을 살펴보았다. 갈등 사례는 안티 사이트부터 운영자와의 갈등까지 온라인 커뮤니티의 에너지가 표출되면서 나타나는 충돌의 원인과 과정을 분석하였다.

마지막으로 맺음말에서는 온라인 커뮤니티가 우리 사회에 기여한 내용을 사회·문화·정치적으로 평가하고, 공간·행위자·관계의 세 요소를 핵심으로 하는 온라인 커뮤니티가 이제 새로운 전환기에 직면하고 있으며, 환경 변화에 적응하기 위해 어떤 대응들이 필요한가를 정리하며 책을 마무리하였다.

CNTENTS

표 목차

한국
온라인 커뮤니티의
형성 과정

1부

초기의 10년은 PC통신 동호회로 시작하여 온라인 커뮤니티의 원형을 형성한 시기이다. 그 다음의 10년은 인터넷이 보급되면서 인터넷 공간에 수많은 온라인 커뮤니티가 만들어지고 가입자가 급증하였다. 각 커뮤니티마다 다양한 규범이 생성되었고, 활동이 이루어지고 참여가 이루어졌다. 다음과 네이버를 양대 주축으로 포털 공간에서 카페 형태로 온라인 커뮤니티가 늘어나 양대 포털에만 회원 수 40만 명 이상의 대형 커뮤니티가 100여 개 넘게 활동하고 있다.

온라인 커뮤니티의 역사

이 장에서는 우리나라 온라인 커뮤니티의 형성 과정을 정리한다. 1985년 PC통신 동호회부터 시작되어 현재까지 30년 동안 발전한 온라인 커뮤니티는 1998년까지의 형성기, 2007년까지의 활성기 그리고 2016년 현재까지의 성숙기로 구분할 수 있다.

초기의 10년은 PC통신 동호회로 시작하여 온라인 커뮤니티의 원형을 형성한 시기이다. 그 다음의 10년은 인터넷이 보급되면서 인터넷 공간에 수많은 온라인 커뮤니티가 만들어지고 가입자가 급증하였다. 각 커뮤니티마다 다양한 규범이 생성되었고, 활동이 이루어지고 참여가 이루어졌다. 다음과 네이버를 양대 주축으로 포털 공간에서 카페 형태로 온라인 커뮤니티가 늘어나 양대 포털에만 회원 수 40만 명 이상의 대형 커뮤니티가 100여 개 넘게 활동하고 있다. 이

년도	1985~2002	'03	'04	'05	'06	'07	'08	'09	'10	'11	'12	'13	'14
서비스	온라인 커뮤니티												
		블로그											
		미니홈피(2013년 모바일 웹 서비스 개시)											
	트위터												
								페이스북(2010년부터 트위터 이용자 수 추월)					
								카카오톡					

|표 1-1| 주요 IT 서비스의 국내 유행 시기 (1985~2014년)

어서 최근까지 10년 동안 온라인 커뮤니티의 사회 참여가 더욱 적극적으로 이루어졌을 뿐만 아니라 온라인 커뮤니티의 전문성으로 인해 개별 커뮤니티마다 독립적·차별적 성격이 강화되었다.

물론 이 기간에 온라인 커뮤니티만 발전한 것은 아니다. 블로그, 미니홈피, 트위터, 페이스북, 카카오톡 등은 독창적인 기술로 크고 작은 커뮤니티를 구성하고 있다. 온라인 커뮤니티보다 늦었지만 이들 최신 기술의 연결 효과는 매우 뛰어나다. 비록 한시적 혹은 주기적으로 새로운 기술이 인기를 끌 뿐이지만, 이용자들이 언제나 연결의 기술에 매력을 느끼고 찾는다는 본질은 변하지 않는다. 그리고 새로운 기술이 나타났다 사라져도 온라인 커뮤니티가 여전히 지속되고 있다는 사실 또한 중요하다.

1. 커뮤니티 형성기(제1기, 1985~1998년)

1) 개요

국내 온라인 커뮤니티 원형의 형성기인 제1기는 1985년 PC통신 동호회에서 시작되어 인터넷과 포털의 카페 서비스가 활성화되기 전인 1998년까지이다. 제1기의 10여 년 동안 PC통신이라는 초기 온라인 공간에서 천리안(1985년 대한민국 최초의 상용 BBS 서비스 시작 후 2002년 PC통신 사업 종료), 하이텔(1988년 케텔[KETEL]에서 1992년 하이텔로 변화 후 2003년 서비스 종료), 나우누리(1994~2013년), 유니텔(1996년 서비스 시작) 등의 다양한 서비스에는 수많은 커뮤니티가 '동호회'라는 이름으로 활동하였다(이 외에 넷츠고, 신비로, 채널i 등의 서비스도 있었는데 이 서비스들은 기존의 PC통신 서비스를 인터넷상에 구현한 것으로 초기의 PC통신 형태와는 차이가 있다). 지금도 인터넷 공간에 당시의 명맥을 유지하고 있는 동호회가 있는 것처럼 제

|그림 1-1| PC통신 접속 화면

*자료: http://www.memorystory.net/bbs/board.php?bo_table=B74S01&wr_id=12

1기의 PC통신 동호회는 매우 강력한 모임의 공간을 제공했고 그에 따라 현재 온라인 커뮤니티 문화의 원형을 형성하였다.

지금은 너무나 생소한 '이야기' 접속 파란 화면에 'atdt 01420'과 같은 접속번호를 입력하면 1,200bps 속도의 모뎀이 연결음을 내며 통신망에 연결하였는데, 접속자가 너무 많으면 그마저도 접속이 쉽지 않았다(PC통신마다 접속번호는 달랐는데 그 이전의 케텔[KETEL] 시대의 접속번호는 'atdt 157'이었다). 1989년 12월 무료 소프트웨어로 배포된 '이야기'는 한글로 채팅하기 위해 만들어진 PC통신 접속 프로그램(통신 에뮬레이터)으로 그래픽도 없고 한글 사용도 불가능했던 당시 PC 환경에서는 파격적인 프로그램이었다. '이야기'가 없었을 때에는 '안녕하세요'를 'annyeonghaseyo'로 표현할 수밖에 없을 정도로 한글 사용이 어려웠다.[3]

PC통신에 접속할 때에는 다른 곳에서 오는 전화를 받을 수 없었다. '이야기'에서는 전화가 와서 끊겼을 때 자동으로 접속해주는 기능이 있었지만 이마저도 너무 많은 사람들이 사용했기 때문에 유명무실할 정도로 PC통신의 인기가 좋았다. 그렇다 보니 개인 사용자들은 전화요금과 통신요금을 합쳐서 매월 10~20만 원이라는 거액을 부담[4]하게 되었음에도 불구하고 TV나 라디오에서 볼 수 없었던 새로운 세상과의 만남에 열광하던 시기가 PC통신의 시대였다.

(1) 이용자의 특징 | 제1기 이용자들은 주로 20대, 남성, 대학생이었으며, 꾸준한 규모로 증가하다가 2001년부터 1,000만 명을 기점으

로 감소세를 보이기 시작했다. 이 기간 동안 이용자층의 평균 특성을 보면, 동호회 가입률은 70.8%로 2개 이상 동호회 가입률도 높게 나타났다. 동호회 가입자 구성에 있어서 현재에는 남녀 간의 비율이 크게 차이나지 않지만 지금(2015년)부터 30여 년 전인 당시에는 남성의 가입률이 85.7%, 여성의 가입률이 13.7%로 크게 차이가 난다.

연령별로는 20대가 69%로 압도적으로 많았고, 거주지는 서울 및 대도시 거주자가 62.5%로 대부분이었다. 직업별로는 학생이 59%로 나타나 현재보다는 상당히 높은 비율이었음을 알 수 있다(전문직은 18.9%에 불과했다. 이만제 1995, YMCA 1995, 조사 규모: 271명. 임현경 1996, 한국갤

| 표 1-2 | **PC통신 동호회 가입 규모와 인기 동호회 현황** (1990~1998년) ━━━━

시기(년)	커뮤니티 이용자 수	규모	인기 동호회(회원 수)
1990	–	총 50개	PC 동호회(767명), 게임 동호회(652명), 소프트웨어 동호회(568명), 초보자 동호회(545명)
1991	10만 명	총 55개	초보자 동호회(2,307명), 게임 동호회(1,855명), 소프트웨어 동호회(1,674명)
1993	40만 명	총 270개 (35만 명)	게임 동호회(20,800명), 초보자 동호회(12,000명), 충청지역 동호회(11,700명), 소프트웨어 동호회(11,070명), 사진 동호회(7,000명)
1994	70만 명	총 300개 (50만 명)	–
1996	100만 명	총 1,200개	–
1997	200만 명	총 920개	컴퓨터/학술/예술 등 전문동호회 (49.2%), 취미/오락/문화/레저 동호회(23.8%), 지역/학교/종교 동호회(18.6%), 친목/생활/가정 동호회(5.3%), 사회봉사/사회비평 동호회(1.5%)
1998	400만 명	–	–

럽조사연구소 1996, 조사 규모: 1,000명. 한국정보문화센터 1996, 김지화·조효래 1997,

조사 규모: 천리안 이용자 450명. 한국정보문화센터 1998, 조사 규모: 하이텔 이용자

1,977명).

(2) 이용 행태의 특징 | 제1기 전체 기간 동안 천리안은 매일 '오늘
의 통신 매니아 100'이라는 통계를 발표하였는데, 가장 많이 이용하
는 이용자는 하루 평균 20시간 이상을 초과하는 경우도 있었으며,
10시간 이상 이용자가 100명을 넘는 경우가 많았다. 이용자들은 하
루 평균 1시간 30분, 평균 밤 10시~새벽 2시 사이에 PC통신을 이용
하였는데, 주로 자정부터 통신료 할인('야간 정액제')이 이루어졌기 때
문이다. 그럼에도 불구하고 현재의 주 단위로 평가하는 인터넷 이용
시간과 비교해 볼 때 꽤 많은 시간을 PC통신 이용에 할애한 것으로
볼 수 있다.

이용자들이 PC통신에서 가장 많이 이용하는 서비스는 공개자료
실(34%)과 동호회(25%), 게시판/정보광장(11.7%)일 정도로 동호회 이
용률이 상당 부분을 차지하고 있었다. 또한 이용자들의 절반가량은
하나의 통신망에는 불편을 느껴 2개 이상의 PC통신망을 사용하고
있다고 응답했다.

1996년의 주 이용 서비스는 공개자료실(59.7%), 대화방(30.2%), 인
터넷(17.2), 동호회(16.6%), 게시판(16.2%) 순으로 나타나 동호회 이용보
다는 공개자료실 이용도가 증가하는 경향이 고착되었다.[5] 이와 같
은 경향은 현재에도 이어지고 있는데, 이는 온라인 커뮤니티라는 관

계 중심성보다는 유용한 정보를 찾는 정보 추구형이 온라인 이용자의 가장 강한 속성으로 파악되는 것을 반영하는 것이다. 반면 동호회 가입 여부와 PC통신 이용 기간, 이용 빈도, PC 활용 능력, 통신망 가입 개수 등 기술 친근도나 기술 활용 능력이 중요한 변수로 나타났으며, 인구통계학적인 변수 가운데는 직업이 상관관계가 있는 것으로 나타났다(김지화·조효래 1997).

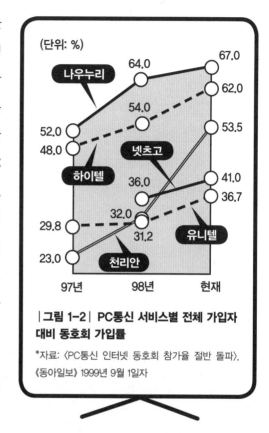

|그림 1-2| **PC통신 서비스별 전체 가입자 대비 동호회 가입률**

*자료: 〈PC통신 인터넷 동호회 참가율 절반 돌파〉, 《동아일보》 1999년 9월 1일자

2) PC통신 동호회

(1) 동호회 이용 목적 | 초기의 열광적인 분위기 속에 형성된 PC통신 동호회는 지금처럼 중독이나 몰입으로 인해 현실에서의 관계를 침해하는 수준은 아니었다. 현재 스마트폰이나 PC를 통해 어디서나 연결할 수 있는 상황에 비하면 당시에는 현실 공간과 온라인 공간이 어느 정도 분리되어 있었기 때문이기도 했다. 1995년 조사에 의

하면, PC통신을 이용하더라도 가족과의 대화나 친구와의 만남 횟수에 그다지 큰 영향을 미치지 않는다고 응답한 사람은 64~73% 비율로 비교적 높았다. 즉, 컴퓨터 네트워크 공동체의 구성 과정이 일상적인 관계를 깨지 않고, 기존의 사회적 관계를 유지하면서 형성되었다는 것을 의미한다(윤명희 1997 : 60).

이용자들은 동호회를 '자기 계발을 위해 활용하는 공간'으로 생각하는 경향이 강했으며, 오락 지향의 목적이나 사회 발전에 기여하는 공간으로 의미를 부여하는 사람은 상대적으로 적게 나타났다(이만제 1995 : 179). 한편, 통계로는 나타나지 않지만 당시 이용자들은 현실 공간에서 만났을 때 반드시 어떤 서비스 소속 동호회인가를 확인했다. 즉, 천리안, 하이텔, 나우누리, 유니텔 가운데 어떤 동호회에 속해 있는가를 확인하는 문화를 통해 자신의 동호회에 대한 소속감(loyalty)을 표현하였다.

PC통신 서비스는 기술적으로는 전자게시판, 전자우편, 채팅, 온라인 DB 서비스로

```
동호회   (FORUM)

 1. 사회/종교           2. 생활/가정
 3. 문화/예술           4. 음악/영상
 5. 취미/오락/게임      6. 레저/여행
 7. 스포츠             8. 학술/교육
 9. 경제/경영          10. 과학/기술
11. 건강/의료  ·       12. 컴퓨터일반
13. 컴퓨터 프로그래밍  14. 통신
15. 친목              16. 지역
17. 학교              18. 신규동호회

21. 동호회마당 - 하동연   22. 작은모임

번호/명령(H,P,T,GO,HI,Z,X)
>>
```

| 그림 1-3 | 하이텔 동호회 초기 화면

구성되어 있는데, 이 외의 기능은 이들의 조합에 의해 만들어질 수 있다. 즉, 동호회는 전자게시판, 채팅, 전자우편 기능의 조합이며 다운로드 기능은 전자게시판에 바이너리(binary) 자료를 게시하는 방식으로 구성되었다.

(2) 동호회 운영 방식 | 동호회 개설을 위해서는 미납 요금이 없어야 하고, 대표 운영진과 부운영진 그리고 20~30명 정도의 발기인을 확보해야 했다. 그렇기 때문에 개설 초기에는 운영진이라 할 수 있는 시삽(Sysop, System Operator)의 권한이 막강했다. 시삽은 동호회 운영과 관리를 위한 조정자 역할을 하였는데, 초기 개설 후에는 온라인 선거를 통해 결정되었다. 다만 현실 공간에서의 전형적인 리더의 특징인 카리스마적이거나 권위적이기보다는 묵시적으로 합리적 리더에 가까운 의무를 가지고 있었다 (윤명희 1997 : 67).

당시 동호회 게시판에서 공통된 토론거리 중의 하나는 시삽의 역할과 권한은 무엇인가에 대한 것이었다. 즉 규율과 조

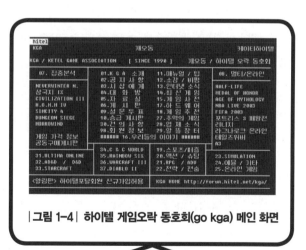

|그림 1-4| 하이텔 게임오락 동호회(go kga) 메인 화면

직이 안정되지 않은 상태에서 일단 공통의 관심사로 모인 사람들은 매우 열정적으로 규율과 조직 그리고 권력의 범위와 강도에 대해 끊임없이 토론하였다. 또한 현실적으로는 합리적이지 않은 리더도 많이 있었지만 회원들은 지속적으로 시삽에게 합리적인 의무 이행을 기대하였다.

(3) 동호회의 활동 방식 | PC통신에서는 높은 이용료와 열악한 접속 환경 때문에 동영상, 오디오, 그래픽, 사진 등 용량이 큰 자료들은 주고받지 않고 오로지 텍스트(text) 중심의 소통이 이루어졌다. 따라서 주요 참여 방식은 글쓰기였는데 이 모든 기록은 화면 갈무리로 저장할 수 있었다. 동호회나 PC통신 내의 각종 서비스를 이용하기 위해서는 'go 영문 서비스명'을 함께 직접 입력해야 했다.

동호회 내에서 신분증과 같은 ID와 대화명[6]은 현재도 쓰고 있는 '님'과 같은 호칭으로 불렸으며, 정모('정기 모임'의 줄임말로 현실 공간에서 정기적으로 모이는 것), 번개('번개 모임'의 줄임말로 갑작스러운 연락으로 만날 수 있는 사람끼리 현실 공간에서 모임을 갖는 것), 소모임, 공구('공동구매'의 줄임말) 등 현실 공간과 연계된 이벤트를 통하여 회원 간의 관계가 공고화되었다(〈표 1-3〉은 당시 PC통신 동호회들이 많이 이용한 대표적인 두 장소의 한 달간 모임 기록이다).

즉, 현재보다 더 높은 빈도와 강도로 오프라인 활동과 온라인 활동의 연계가 이루어졌다. 이는 완전히 인터넷이라는 온라인 공간으로 이동하기 전인 PC통신 상황에서 기존의 오프라인 경로에 기반

| 표 1-3 | PC통신 동호회의 오프 모임 시간표 예시 (1995년 6월) ━━━━

칸타타(대학로)	나우사랑방(나우콤 직영)
[95/6/30/금] 작은공간 모임(오후 3~6시)	[95/6/30/금] Selah 찬양팀(기획팀) 모임
[95/6/30/금] 치과의사 컴퓨터 소교육 모임 (오후 7~8시)	[95/6/30/금] 차분한 유월의 마지막 날, 예닮 모임
[95/6/30/금] 광운대 통신동호회(오후 7~9시)	[95/6/29/목] 썰렁했던 종이시계-비주얼 통합번 개 모임
[95/6/29/목] 서울여대 만화방 모임(오후 5~7시)	[95/6/27/화] 아카데미아 MT 후 번개 모임.
[95/6/27/화] FLIX 디자이너 모임(오후 2~4시)	[95/6/25/일] 친목 모임 King&Queen 모임
[95/6/27/화] 고1 미팅(오후 1~3시)	[95/6/25/일] 대화를 영어로?, 영어포럼 모임
[95/6/27/화] 포스서브 셈틀 모임(오후 4~6시)	[95/6/25/일] 안절부절했던 심리연구회 모임.
[95/6/27/화] 놀터 모임(오후 4~6시)	[95/6/24/토] 칵테일 파티, 알파인 스키동 모임
[95/6/25/일] 언어장애자 모임(오후 8~10시)	[95/6/24/토] Windows 95!, Win_OS 정기 모임
[95/6/25/일] 시네마 천국 모임(오후 3~5시)	[95/6/24/토] The Maple Leaf Rag !! 재즈 포럼
[95/6/25/일] 풋벼 모임(오후 8~10시)	[95/6/18/일] Muse 재즈모임 J's bar
[95/6/25/일] 코믹스 사설BBS 모임(오후 6~8시)	[95/6/18/일] Oh! my goddess,여신님 팬클럽(여 신당)
[95/6/25/일] 92학번 동호회(오후 3시|30분~6시)	[95/6/18/일] 세상을 만드는 아이들 번개 모임
[95/6/25/일] 애니메이션 동호회(오후 3~6시)	[95/6/18/일] 컴퓨터 출판 포럼 편집 모임
[95/6/25/일] 통신사랑 모임 동호회(오후 3~5시)	[95/6/17/토] 포레스트 검프를 감상한 비주얼 모임
[95/6/24/토] 성대통신 동호회(오후 5시|30분~7시)	[95/6/17/토] 게임 시뮬레이션 정보 교환, 삼국지 클럽
[95/6/24/토] 서울시립대 동호회 모임(오후 4~6시)	[95/6/13/월] 사이버 타임스와 인터뷰.ANC 번개 모임
[95/6/24/토] 무자본 경영 모임(오후 4~6시)	
[95/6/24/토] MOA 동호회(오후 7~9시)	[95/6/11/일] 동물은 오지 않았던 동물사랑 모임.
[95/6/23/금] FLIX 디자이너 모임(오후 2~5시)	[95/6/11/일] 찌그러진 신해철의 모습, 넥스트 팬 클럽
[95/6/23/금] 치과의사 컴퓨터 소교육 모임(오후 7~8시)	[95/6/11/일] 동전뒤집기 게임, 작은나무 모임
[95/6/18/일] 누비누리 동호회(오후 5~7시)	[95/6/10토] 예쁜 모임지기, 새진모
[95/6/18/일] 임지령 팬클럽 모임(오전 10~12시)	[95/6/9/금] 사랑방 행사- 윈도즈 95세미나
[95/6/18/일] 넥스트 팬클럽 꼬마철학자 모임(오 전 11~오후 1시)	[95/6/8/목] 수박파티를 벌인 절반의 시작
[95/6/16/금] 치과의사 컴퓨터 소교육 모임(오후 7~8시)	[95/6/4/일] 신화를 찾아서 모임
[95/6/17/토] MOA 동호회(오후 7~9시)	[95/6/4/일] 빛그림 시네마 소모임
[95/6/17/토] 아범동 - 나래 디자인(오후 5~7시)	[95/6/4/일] 만화창작 동호회
[95/6/11/일] 메이지(MAZE) 팬클럽 모임(오전 10 시~오후 1시)	[95/6/4/일] 그래픽 매니아 모임
[95/6/10/토] MOA 동호회(오후 7~9시)	[95/6/4/일] 시인들 정기 모임
[95/6/10/토] 세계로 가는 기차(오후 3~5시)	[95/6/4/일] 운영지기와 한판승부, 사각지대 번개 모임

칸타타(대학로)	나우사랑방(나우콤 직영)
[95/6/6/화] 나우누리 79년생 도깨비 모임(오후 12시30분~2시) [95/6/5/월] 고교생 검도 모임(오후 9~10시) [95/6/4/일] 하이텔 무예사랑 동호회(오후 12시 30분~2시) [95/6/3/토] 나우 찬우물 동호회(오후 4~6시) [95/6/3/토] MOA 동호회 Mania of Animation (오후 7~9시) [95/6/3/토] 농구 동호회(오후 2시30분~3시30분)	[95/5/31/수] 용감한 초보자들, 아카데미아 정기 모임 [95/6/3/토] '아틀란티스'를 감상한 OST 모임 [95/6/3/토] 회원들과 터미네이터2를. 경원대 사랑 모임

*자료: "진보공동체 플라자"(http://go.jinbo.net/commune/view.php?board=plaza&id=6278)

을 한 친교 방식을 통해 강화가 이루어졌음을 의미하며, 한편으로 는 온라인만으로는 친교를 강화하기에는 한계가 있었다는 이중적 인 의미를 지닌다.

PC통신 유행이 한참 지난 뒤인 1997년에 개봉한 영화 〈접속〉은 서울 관객 80만 명, 전국 관객 140만 명이 관람한 당시로서는 인기 있는 영화였다. 영화는 PC통신 문화를 소개하고 있는데, 영화 속에 서 유니텔 서비스를 사용하던 남녀 주인공은 오프라인 현실에서 '기 어이' 만나고 만다. 비록 현실의 PC통신에서는 모두 텍스트로 입력 해야 했기 때문에 오타가 속출하였지만 영화 속에서의 주인공들은 서로 대화하면서 단 한 번도 오타를 치지 않아서 비현실적이라는 통신인들의 비판을 받긴 했지만 영화의 판타지는 당시의 사이버 문 화와 사이버 관계의 특징을 잘 보여주고 있다.

3) PC통신 동호회의 참여

사람이 모인 곳에서는 다양한 참여 활동이 나타난다. 1995년, 동호회 가운데 정치적 참여 성격이 강했던 '바른 통신을 위한 모임'의 경우는 「5·18 특별법」 제정을 위한 서명운동을 전개하였다. 사회적 차원에서는 1995년 4월 대구 지하철 가스 폭발 당시 방송에서 속보를 올리지 않자 근처에 사는 학생이 PC통신에 글을 올려 당시 국내 최초로 온라인 시위가 진행되었다(방송사의 비보도는 두 달 뒤 선거를 염두에 둔 청와대의 지시로 인한 보도 통제 때문이었던 것으로 드러났다. 〈나우누리 사무실에 한총련 방이 몇 호실이야?〉, 《한겨레》 2014년 7월 20일자).

두 달 뒤, 삼풍백화점 붕괴 사고 당시에는 '하이텔 자원봉사대'들이 자원봉사를 하였는데, 하이텔 자원봉사 동호회 '누비누리'에 회원들이 삼풍백화점 앞으로 모이자는 글을 올렸고, 이후 각종 동호회와 토론방에서 자발적인 자원봉사 움직임이 조직되어 수많은 회원들이 현장에 모여들었다. 그들 중 일부는 각 병원 영안실에 컴퓨터를 설치하고 주검의 특징과 유품 등을 일목요연하게 정리하여 단일 게시판에 올려 속수무책으로 울고 있던 유족들에게 절실한 도움을 제공하는 한편, 긴급한 헌혈 요청이나 부족한 지원 품목을 게시하여 사람들의 호응을 이끌어냈다. 법학 동호회인 '법촌'은 실종자 가족에게 무료로 법률 상담을 해주었고, '아마추어 무선햄 동호회'는 무선망을 지원하였다. 이러한 활동은 국내에서 '온라인 자원봉사'라는 개념의 효시가 되었다(〈나우누리 사무실에 한총련 방이 몇 호실이야?〉, 《한겨레》 2014년 7월 20일자).

문화적으로는 '대중문화 동호회(하이텔)' 내 소모임인 듀스 팬클럽에서는 김성재 씨 죽음에 대해 타살설을 최초로 제기하여 사회 공론화하였다. 일본 문화 표절에 대한 문제 제기, '영화동호회(천리안)'의 '영화 바로보기 운동', '광고포럼(나우누리)'의 광고 모니터링과 비평 운동, '시네마천국(go cine)'의 영화제 활동이 있었다. 또한 나우누리 최초로 연예인 팬클럽 개설이 인기를 끌었고, 'ANC(Animation and Cartoon, 나우누리)', '애니메이트(Animate, 하이텔)', '만화창작 동호회(하이텔)', '애니메이트(Animate, 천리안)' 등 만화 동호회 회원 수가 1만 명 이상으로 급증하였다.

1996년에는 '만화사랑(유니텔)' 회원의 어머니가 급성 백혈병으로 쓰러졌다는 소식이 전해지자 '만화사랑'을 비롯한 각 동호회의 회원들이 자발적으로 헌혈운동을 전개하여 유니텔의 '씨네시타', '인터네트', '카톨릭' 등 30여 개 동호회가 200여 장의 헌혈증을 모집하였고 '씨네시타'는 '사랑의 헌혈 시사회: 내 친구 집은 어디인가'라는 독특한 이름의 영화 시사회를 개최하여 도움을 주었다.

1997년에는 '노래 하나 햇볕 한 줌' 등이 북한 살리기 모금운동을 전개하였고, 9개 음악 동호회는 북한 동포 살리기 공연을 하였으며, 한글 사랑 동호회는 국회의원 명찰 한글화 운동과 같은 독창적인 사회운동을 제안했다. 자동차 관련 동호회는 유가 인상 반대운동을 전개하였고, 7개 통신 동호회는 인터넷 인증 시험 반대운동을 전개하면서 시험 명칭과 온라인 시험의 공정성에 이의를 제기하였다.

문화적으로 큰 이슈가 되었던 것은 1997년 1월, 영화 〈에비타〉 관람료 인하운동이었는데, 영화를 수입한 SKC는 〈에비타〉가 고품격 뮤지컬 영화임을 내세워 관람료 인상을 유도했지만 영화 동호회 '시네시타(Cinecitta, 유니텔)' 등 PC통신 동호회들은 즉각적인 서명 및 관람 거부운동을 전개하였다.

한편, 7월, '주부동호회(하이텔)'는 '일본만화 추방 서명운동'을 전개하여 만화 동호회 '애니메이트'와 논쟁하였는데, 〈소년기사 라무〉와 〈달의 요정 세일러문〉이 지나치게 폭력적이고 선정적인 장면이 많아 어린이들의 정서를 해치고 있다며 이의 종영을 요구하는 서명운동을 전개하였다. 12월에는 천리안, 유니텔, 나우누리 등 PC통신 영화 동호인들이 경제 살리기 캠페인의 일환으로 '직배영화 바로 알기 운동'을 전개하였는데 '영화깨비(천리안, 유니텔)', '영화동(유니텔)', '빛그림 시네마(나우누리)', '시청자 옴부즈맨(하이텔)' 등 4대 PC통신 동호인들이 참여하였다.

1997년 외환위기 발생 이후인 1998년 1월에는 아나바다 운동이 전개되어 중학교 2학년 이하 어린이 학습 동아리인 '빛샘(go dstudy, 하이텔)'이 학습지와 학용품 물려주기 캠페인을 벌였고, 2월, '주부 동호회(go jubu)에서는 한 달 동안 '2천 원으로 요리할 수 있는 식단 정보'를 교환하였다. 한편, '매킨토시 동호회(go gomac)'는 홍대에 위치한 전자출판업체인 DPT하우스에서 고장 났거나 쓰지 않는 매킨토시 컴퓨터를 서로 교환하고 고쳐 쓰는 '올드맥(Old Mac) 전시회'를 개최하였다. 영화 동호회인 '시네드림(go sg22)'은 매달 4~5편의 영화 시사회를 개최하여 불우아동돕기 기금을 모금하였다. '이동통신 사용자 모임(go ISAMO, 나우누리)'은 '나우 가족 PCS 공동구매' 행사를 개최하여 회원들을 대상으로 PCS폰을 시세보다 약 45% 저렴하게 구입할 수 있는 기회를 제공하였다(〈PC통신서도 아나바다 운동 확산〉,《연합뉴스》1998년 2월 12일자).

2. 커뮤니티 활성기(제2기, 1999~2007년)

1) 개요

1999년은 온라인 커뮤니티 역사에서 분기점이 되는 해였다. 다음은 업계 최초 웹 커뮤니티인 카페(cafe) 서비스를 시작했고, 한 시대를 풍미하였던 아이러브스쿨과 프리첼도 서비스를 시작하였다. 1997년 초에는 네티앙(http://www.netian.com)이 본격적으로 웹 커뮤니티 서비스를 시작했다. PC통신 시대에서 인터넷을 기반으로 한 포털 카페 시대로 공간의 특성이 크게 변화하기 시작한 것이다. 이 시기에 온라인 커뮤니티가 활성화되었다는 것은 단지 웹으로 활동 공간이 이동했다는 것만 아니라, 커뮤니티의 폭발이라 할 정도로 양적인 측면에서 많은 온라인 커뮤니티가 생성되었다는 것을 의미한다.

한편 2002년 11월 4일 프리첼 서비스의 유료화 선언을 기점으로 사용자들이 대거 이탈하면서 카페 경쟁 및 독립 커뮤니티 형성 시대가 되었다. 2002년과 2003년에는 포털 카페에서 성장한 많은 커뮤니티들이 독립을 하며 거대 커뮤니티로 성장하였는데 현재까지 유명한 커뮤니티들이 모두 2002년과 2003년에 만들어졌다. 당시 프리챌 동호회와 다음 카페는 경쟁 관계였다. 2004년부터는 미니홈피, 블로그 이용의 증가세에 비해 온라인 커뮤니티 이용도가 하락세를 보이기 시작하였다. 특히 온라인 커뮤니티의 '개인화'가 중요한 특징으로 대두되었다(랭키닷컴 2004b).

인터넷 초창기라 할 수 있는 1999~2003년 조사에 의하면 인터넷을 매일 이용하는 이용자는 59.6% 수준이고, 가구당 PC 보유율은 59.3%이며, 평균 이용 시간은 11시간으로 나타났다. 성비는 56대 43으로 과거에 비해 여성 인터넷 이용자의 비율이 증가하는 경향이 나타나고, 연령별로는 30대와 40대의 이용률이 크게 증가하였으며, 직업별로는 학생이 그 집단의 93%로 역시 가장 높았지만 사무직과 전문직, 관리직도 그 집단의 81.5%를 보여 크게 증가했음을 알 수 있다.

인터넷의 주 이용 목적은 정보 검색이 49.7%, 오락·게임이 22.7%로 나타났다(한국인터넷정보센터 2001, 조사 규모: 10,978명). 2000년에는 남성 네티즌은 컴퓨터·인터넷(46.7%) 분야에 여성은 취미·오락(33.3%)을 비롯한 영화, 학교 동문 동호회 참여가 상대적으로 활발하게 나타났다. 2006년 조사에서는 이용자들의 평균 커뮤니티 활동 기간은 8.8개월, 평균 커뮤니티 이용 시간은 주당 3.6시간, 평균 커뮤니티 접속 횟수는 주당 8.2회인 것으로 나타났다(박유진·김재휘 2006 : 61). 2007년의 인터넷 이용률은 76.3%, 이용자 수는 3,400만 명으로 인터넷 사용이 보편화되었다(한국인터넷진흥원 2007).

초기의 온라인 커뮤니티 운영자들의 커뮤니티 개설 동기는 매체 소유, 정보 교환, 관심 공유, 여론 형성으로 분류할 수 있다. 매체 소유란 커뮤니티 개설과 운영을 통해 매체를 소유하고자 함이며, 정보 교환은 커뮤니티 공간을 통해 다양한 정보를 교환하고자 하는 목적이고, 관심 공유는 같은 관심사를 지닌 사람들과의 만남과 활동 목적을 의미한다. 그리고 여론 형성이란 온라인상의 커뮤니케이션을 통해 현실 사회에서 영향력을 행사하고자 하는 목적을 의미한다(김경희 외 2004 : 27).

2) 포털 카페의 성장 : 네이버 vs 다음 카페

포털 다음의 카페 서비스는 1999년 5월 시작되어 현재에 이르고 있다. 다음 카페는 서비스 측면에서 일정 정도 규모의 설립 조건을 필요로 했던 PC통신 동호회와 달리 누구나 혼자 자유롭게 개설할 수 있는 서비스를 제공함으로써 1인 커뮤니티 시대를 열었다. 2001년 미국 9·11 테러 사건 후 20분 만에 다음에 관련 카페가 개설되어 하루 만에 회원 수가 1만 명을 돌파하고 5,000건의 글이 게시된 것도 이와 같은 카페 설립의 용이함과 신속함을 나타내는 사례이다(《조선일보》 2001년 9월 20일자).

규모 면에서는 3만 개/회원 100여만 명(1999년), 13만 개/회원 500여만 명(2000년), 250만 개/회원 2,400만 명(2003년), 480만 개/회원 3,200만 명/하루 평균 2,000~3000개 카페 개설/총 게시 글 14억 개(2004년), 700만 개(2007년, 네이버 카페 300만 개, 랭키닷컴 2004a ; 2007a), 800

|표 1-4| 네이버와 다음 카페 이용자 규모 비교 (2009년 기준)

구분		네이버 카페	다음 카페
방문자수	총 방문자 수(2007년/랭키)	1,944만 명	1,688만 명
	순 방문자 수(2006년/코클)	1,200만 명	1,500만 명
	순 방문자 수(2007년/코클)	1,457만 명	1,442만 명
	순 방문자 수(2009년/코클)	2,471만 명	2,140만 명
	일평균 방문자 수(2004년/랭키)	116만 명	328만 명
	100페이지 뷰 이상 방문자 비율(2007년/랭키)	19.4%	29.9%
페이지뷰	페이지 뷰(2009년/코클)	51억 건	68억 건
	페이지 뷰(2009년/매트릭스)	45억 건	73억 건
	월간 페이지 뷰(2009년/코클)	514만 건	618만 건
	1인당 페이지 뷰(2007년/랭키)	189.9페이지	332.9페이지
	1인당 평균 페이지 뷰(2009년/코클)	208건	318건
체류시간	총 체류 시간(2013년/코클)	17억 분	14억 분
	월간 총 체류 시간(2009년/코클)	215만 시간	287만 시간
	평균 체류 시간(2009년/코클)	87.01분	133.98분
	1인당 평균 체류 시간(2007년/랭키)	1분 49초	12분 29초
	1인당 평균 체류 시간(2009년/코클)	87분	134분

*자료: 랭키(랭키닷컴), 코클(닐슨코리안클릭), 매트릭스

만 개(2010년) 규모로 증가하였다. 다만 2004년에는 1월 평균 방문자 수 460만 명을 기록하였으나 11월에는 330만 명을 기록하여 당시 426만 명이 방문하던 미니홈피에 역전당하기도 했다.

네이버 카페와 다음 카페는 2016년 현재에도 가장 많은 수의 사람들이 이용하고 있는 서비스이다. 〈표 1-4〉를 보면 다음 카페는 꾸준히 방문하고 활동하는 이용자가 많고, 네이버 카페는 검색 결과와 노출을 통한 일시적 방문이 많다는 해석, 혹은 정반대로 네이버

의 검색 점유율이 높기 때문에 다음 카페보다 방문자 수가 앞선다는 해석이 제기되고 있다.

이러한 상반된 통계에 대해서는 주요 데이터를 제공하는 업체들의 트래픽 측정 방식의 차이 때문이라고 볼 수 있는데, 툴바(tool bar) 설치자를 대상으로 트래픽 지표를 조사하는 랭키닷컴(2009년 기준 6만 명 규모)과 사전 모집 패널의 로그(log) 데이터를 수집하는 닐슨 코리안클릭과 매트릭스(2009년 기준 1만 명 규모) 사이에 집계 방식을 놓고 아직도 논란이 진행되고 있어 데이터 신뢰도에 대해서는 명확한 결론이 나와 있지 않다.

대형 포털 카페의 특징은 첫째, 일단 규모로 보면 회원 수 40만 명 이상의 대형 카페는 네이버에 80개, 다음에 34개가 있다(〈표 1-5〉 참조. 2015년 12월 말 기준). 또한 100만 명 이상의 대형 카페는 두 포털을 통틀어 27개가 있는데 네이버가 15개, 다음이 10개 정도이다(〈표 1-8〉 참조). 이 가운데 중고물품·휴대폰·부동산 등 경제·기술 분야가 8개, 취업, 대학생·어학 등 교육 분야가 6개, 뷰티·육아 등 여성 카페가 5개, 애완동물·게임·스포츠 등 취미 분야가 4개, 유머 분야가 2개, 여행 분야가 1개를 차지하고 있다. 아울러, 2014년 12월 조사 후 1년이 지난 시점에서 카페 규모의 변화를 비교해도 우리나라의 온라인 커뮤니티는 꾸준한 증가세를 보이고 있다는 것을 알 수 있다.

둘째, 개설 시기가 빠를수록 회원 수가 많은 편이다. 포털별로 보면 네이버의 경우는 2003~2007년에 개설된 카페들이, 다음은 1999~2002년에 개설된 카페들이 대형 카페로 성장하고 있다. 시기적으로 보았을 때 온라인 커뮤니티 초기에 다음은 본격적으로 카페 서비스를 시작했기 때문에 대형 카페의 역사도 좀 더 일찍 시작한 것으로 평가된다.

셋째, 네이버는 2008년부터, 다음은 2003년부터 대형 카페 수가 급격히 줄어들고 있다. 그나마 네이버에서 2010년과 2011년에 개설된 카페들은 대부분 휴대폰 (정보가 아닌) 판매와 관련된 카페여서 관계 중심이라는 순수한 온라인 커뮤니티의 정의에 부합되기 어려운 카페이다. 대형 카페의 퇴조기가 2008년부터 이어지고 있다는 것은 현재의 온라인 커뮤니티 판도가 변화하고 있다는 것을 의미한다. 즉 포털 중심의 대형 카페가 아닌 포털에서 파생하거나 독립적으로 커뮤니티를 꾸리는 중형 카페들로 다변화되어 커뮤니티 헤게모니의 지각 변동이 일어났다는 것을 알 수 있다. 이 시기는 소셜 미디어나 스마트폰이 발전하게 되는 시기와도 겹치기 때문에 온라인 커뮤니티 외에 대체할 수 있는 관계 미디어가 많이 활성화되었다는 것을 의미한다. 한편, 2008년은 미국산 쇠고기 수입 반대 촛불집회에 커뮤니티들이 적극적으로 참여하던 시기로 이전의 일상적인 비정치적 집단행동과 달리 촛불집회와 같은 정치적 사건을 거치면서 온라인 커뮤니티가 정치적 집단행동의 임계점을 넘지 못한 측면이 있다는 분석도 가능하다.

규모별 포털 순위를 보면 다른 어떤 카페보다 규모가 큰 곳은 네이버의 중고나라로 1,400만 명의 회원 수를 자랑한다. 일반 스태프 (staff)를 포함한 운영진만 수십 명에 이르는 이 카페는 12년의 역사를 자랑하며, 공구 및 이벤트 등을 통해 얻은 카페 수익금은 전액 기부하여 2008년에만 총 4천만 원을 기부했다. 다만 최대 규모의 카페라 하더라도 일시적인 매매를 위한 가입 등의 단순 사용자가 많기 때문에 카페에 대한 충성도나 집단행동이 활발하게 나타나지는 않는다.

| 표 1-5 | **대형 포털 커뮤니티 현황** (2015년 11월 말 기준, 회원 수 40만 명 이상) ━

개설 년도	네이버 카페(80개)	다음(Daum) 카페(34개)
1999년	–	**(4개)** 부자만들기, 성공다이어트/비만과의 전쟁, 증권정보채널, 찬양나라(종교)
2000년	–	**(5개)** 러브장/결혼준비의 모든 것, 엽기혹은진실, 유머나라, 임신 출산 그리고 육아 임산부 모여라, 장미 가족의 포토샵 교실
2001년	–	**(8개)** 9꿈사(공무원시험), 닥취고 취업, 베스트드레서, 뷰티가이드, 스타크래프트 맵진, 짠돌이, 중고나라, 텐인텐
2002년	–	**(7개)** 마담의 크스 카페(컴퓨터), 아이러브사커, 웹컴 영어, 재야고수 주식클럽, 취업 뽀개기, 피터팬의 좋은 방 구하기, 공공기관을 준비하는 사람들의 모임(공준모)
2003년	**(17개)** 고양이라서 다행이야, 곰신 모임(군대), 네일동(일본 여행), 맘스홀릭 베이비, 부동산 모아, FM폐인(게임), 영어 잘했으면 원이 없겠다 정말!, 올댓폰, 은샘이네 초보요리, 창업자 카페, 자전거로 출근하는 사람들, 중고나라, 토익캠프, 파우더룸, 파워포인트전문가 클럽, 포완카(포토샵), 훈남훈녀	**(5개)** 동방신기 팬 카페, 원피스 온라인(만화), 이종격투기, 프로방스 집꾸미기, 쭉빵카페

연도	목록	
2004년	**(14개)** 강사모(강아지 분양), 느영나영(제주도 여행), 레몬테라스, 미드 영어자막, 바이트레인, 수만휘닷컴(수능), 숯골(피파게임), 여우야(뷰티), 유랑(유럽 여행), 전대모(대학생), 중고카페, 포에버 홍콩, 피터팬의 좋은 방 구하기, 황인영 영어 카페	**(1개)** 몸짱 만들기
2005년	**(7개)** 공드림(공무원 시험), 임산부 모여라, 던파카페, 디젤매니아, 맘스홀릭 사과나무, 친구 만들기, 피부인	–
2006년	**(8개)** 로고 세상(디자인), 뷰티 파우더룸, 맥 쓰는 사람들, 솔루션(취업), 아사모(휴대폰), 취업의 달인, 피아노 악보와 영혼의 자유, 리치업(재테크)	**(1개)** 주식 투자로 100억 만들기
2007년	**(14개)** 갤럭시 공식 카페, 기출비(교육), 리치팩토리(재테크), 뽐뿌(버스폰), 서든어택(게임), 솔루션 마을(대학/교육), 스마트폰 카페, 아유공(휴대폰), 오라이 버스폰, 워크래프트(게임), 이지업(어학), 주식 카페, 화장발, 서든어택(게임)	–
2008년	**(4개)** 독취사(취업), 스펙업(취업), 지후맘(임산부), 피파 온라인(게임)	**(1개)** 뉴빵 카페(뷰티)
2009년	**(2개)** 리그 오브 레전드(게임), 투게더월드(여행)	**(2개)** 여성시대, 자필 폰트 카페
2010년	**(6개)** 몰데일 스토리(게임), 스마트하게 공구카페(휴대폰), 아이로이드(휴대폰), 안드로이더스(휴대폰), 초캠장터(캠핑), 닥치고 취업&스펙	–
2011년	**(2개)** 공짜버스 폰 카페, 우주폰 카페	–
2012년	**(2개)** 파티게임즈, 창업대학교	–
2013년	**(2개)** 몬스터 길들이기(게임), 모두의 마블(게임)	–
2014년	**(2개)** 세븐나이츠(게임), 레이블공식 카페(게임)	–

| 표 1-6 | 네이버 대형 카페 (네이버 분류순) ━━━━━━━━

대분류	소분류	카페명	회원 수 (명, 2014.12)	회원 수 (명, 2015.11)	개설 (년)
게임	롤플레잉 게임	몬스터 길들이기 공식 카페	718,979	770,477	2013
		세븐나이츠 for Kakao 공식 카페	484,701	1,025,690	2014
	시뮬레이션 게임	리그 오브 레전드 한국 커뮤니티	721,764	788,237	2009
		워크래프트 3 맵 전문카페	606,371	642,723	2007
	FPS / 슈팅게임	서든어택 공식카페(서공카)	447,013	464,097	2007
	스포츠 게임	피파온라인3 커뮤니티 투게더 (피커투)	484,198	507,623	2008
		FM 폐인들의 모임	402,080	402,483	2003
	모바일 게임	모두의 마블 모바일 for Kakao	–	515,314	2013
		강철의 제왕 레이븐 공식 카페	–	610,659	2014
		파티게임즈 공식 커뮤니티	584,018	569,595	2012
	게임 일반	던파카페(던카)	820,843	823,993	2005
		숮골(위닝 피파 토탈 커뮤니티)	457,145	444,944	2004
문화 예술	디자인	로고세상	483,749	503,245	2006
음악	악기 / 악보	피아노 악보와 영혼의 자유	598,124	597,386	2006
여행	국내 여행	바이 트레인	517,552	589,336	2004
		느영나영(제주도 여행 100배 즐겁게 여행하기)	452,868	483,524	2004
	일본	네일동(일본 여행 카페)	626,425	764,010	2003
	유럽	유랑(유럽 여행의 든든한 동반자)	1,281,610	1,463,534	2004
	여행 일반	투게더월드, 특별한 여행을 꿈꾸는 사람들	–	456,536	2009
		포에버 홍콩, 포에버 마카오	498,408	538,302	2004
스포츠 레저	스포츠 기타	초캠장터(캠핑퍼스트장터)	414,468	461,624	2010
애완 동물	개 / 강아지	강사모	1,128,983	1,283,540	2004

취미	수공예	리폼맘 베이비	406,441	카페 변경 및 회원 수 40만 명 이하로 대상 아님	2005
	취미 일반	COWON MINI PMP	481,493	경제/금융—재테크의 '리치업'으로 변경	2006
		인터넷 소셜닷컴(인소닷, 책과 소설)	426,587	경제/금융—취업/창업의 '창업자 카페'로 변경	2003
생활	요리	은샘이네 초보 요리	815,603	811,351	2003
	인테리어	레몬테라스	2,689,733	2,855,868	2004
	중고용품	중고나라	13,265,425	14,068,119	2003
		중고카페	2,122,873	2,167,267	2004
		훈남훈녀	673,975	폐지됨	2003
	생활 일반	자전거로 출퇴근하는 사람들	595,308	638,955	2003
		몰테일스토리(쉽고빠른해외직구)	439,029	488,123	2010
패션 미용	의류	디젤매니아	584,368	664,989	2005
	피부 관리	피부인	460,131	463,011	2005
	화장 / 향수	뷰티파우더룸	656,138	648,572	2006
		파우더룸(아름다운 공간)	1,476,904	1,607,152	2003
		화장발(뷰티 NO.1 커뮤니티)	423,456	428,321	2007
	성형	여우야(뷰티 카페)	790,996	820,382	2004
가족 육아	임신 / 출산	맘스홀릭 베이비 (임신, 육아, 교육)	2,257,117	2,397,403	2003
		임산부모여라	493,310	494,666	2005
		지후맘	422,891	446,038	2008
	육아 / 여성	맘스홀릭 사과나무	471,586	478,985	2005
컴퓨터 통신	통신 / 네트워크	뿜뿌(버스폰, 터미널 공동구매)	459,930	442,940	2007
	운영체제	맥 쓰는 사람들	461,473	515,590	2006
	소프트웨어	포완카	532,936	527,884	2003
		파워포인트전문가클럽	498,640	501,889	2003

컴퓨터 통신	무선 / 모바일	스마트폰카페	1,445,413	1,394,728	2007
		아사모(애플 아이폰)	1,435,482	1,517,430	2006
		올댓폰(국내 No.1 버스폰 공동 구매 카페)	1,070,108	1,044,039	2003
		아이로이드	924,788	893,587	2010
		갤럭시 공식 카페	922,722	915,461	2007
		아유공	819,182	793,345	2007
		안드로이더스	619,979	584,420	2010
		공짜 버스폰 카페	552,222	582,420	2011
		최저가 버스폰 카페 → 우주폰 카페로 변경	486,169	473,737	2011
		애플 디바이스 포럼 → 투게더 월드로 변경	479,203	456,536	2009
		스마트하게(공동구매 카페)	461,921	440,705	2010
		오라이 버스폰	444,243	443,297	2007
교육	대학교육	전대모(전국대학생온라인모임)	1,034,176	1,110,741	2004
		솔루션 마을	470,781	477,882	2007
	시험 / 자격증	공드림(공무원 합격 드림)	521,169	571,912	2005
	교육 일반	수만휘닷컴	2,073,839	2,227,129	2004
		기출비	745,531	795,983	2007
외국어	영어	황인영 영어 카페	1,328,733	1,396,111	2004
		영어 잘했으면 원이 없겠다. 정말!	938,286	949,446	2003
		토익캠프	844,684	877,063	2003
		미드영어자막, 미드영어대본, 영화영어자막, 영화영어대본 공유	451,110	476,244	2004
		이지업	441,335	431,218	2007
경제 금융	증권	주식카페	461,889	525,455	2007
	재테크	리치팩토리(대한민국 상위 1% 부자 만들기 프로젝트)	400,362	회원 수 40 만 명 이하로 대상 아님	2007
		리치업	–	462,588	2006

	부동산	피터팬의 좋은방구하기	2,067,162	2,191,984	2004
		부동산모아	660,316	648,773	2003
경제 금융		독취사	1,743,385	1,921,324	2008
		스펙업	1,332,399	1,465,838	2008
		솔루션	460,525	528,768	2006
	취업 / 창업	닥취고 취업&스펙	412,380	474,827	2010
		창업자 카페	–	401,695	2003
		취업대학교	–	415,163	2012
		취업의 달인	403,281	425,243	2006
친목 모임	군대	고무신 카페(곰신 모임)	493,177	504,363	2003
	연인 / 친구	친구만들기	466,511	488,394	2005
	친목 / 모임 일반	고양이라서 다행이야	400,618	436,038	2003

*분류 기준: 총 카페 수 9,822,500여 개(2014년 말), 총 카페 수 9,974,340여 개(2015년 11월 말 기준)
회원 수 40만 명 이상

| 표 1-7 | 다음 대형 카페 (다음 분류순) ━━━━━━━━

대분류	소분류	카페명	회원 수 (명, 2014.12)	회원 수 (명, 2015.11)	개설 (년)
문 화 / 엔 터 테 인먼트	만화 / 애니메이션	원피스 온라인	475,409	469,386	2003
	게임	GTA자료실	–	743,453	2001
		스타크래프트 맵진™	1,148,885	1,123,393	2001
	방송 / 연예	엽기혹은진실 (연예인 과거사진)	2,482,475	2,441,931	2000
	팬클럽	유愛루비 (동방신기 Fan Cafe)	565,619	547,310	2003
생활 / 취미	스포츠 / 레저	I Love Soccer	1,316,612	1,353,936	2002
		이종격투기	931,608	984,440	2003
	생활 / 건강	프로방스 집 꾸미기	562,525	567,346	2003
		성공 다이어트 / 비만과의 전쟁	787,341	776,155	1999

생활 / 취미	생활 / 건강	몸짱 만들기	464,598	465,026	2004
		러브장(결혼 준비의 모든 것)	522,116	508,316	2000
		베이비 중고나라	409,171	회원 수 40만 이하로 제외	2001
		임신, 출산, 그리고 육아 임산부 모여라!!	510,990	499,101	2000
	여성	뉴빵 카페	1,149,057	1,165,717	2008
		뷰티가이드	457,993	456,471	2001
		베스트드레서	582,758	508,101	2001
지식 / 정보	경제 / 금융	텐인텐(10년 10억 만들기)	777,655	815,641	2001
		짠돌이	788,130	799,663	2001
		증권정보채널 (주식랭킹1위 카페)	676,286	709,993	1999
		피터팬의 좋은 방 구하기	429,050	438,106	2002
		주식투자로 100억 만들기	800,254	885,511	2006
		부자만들기	495,733	491,832	1999
		재야고수 주식클럽(증권정보 카페)	459,089	452,248	2002
	교육 / 외국어	9꿈사 (공무원을 꿈꾸는 사람들)	680,071	724,893	2001
		공공기관을 준비하는 사람들의 모임(공준모)	–	410,419	2002
		닥취고 취업(닥취, TOEIC 900)	1,099,821	1,094,805	2001
		웰컴영어	534,139	523,635	2002
	컴퓨터 / 인터넷	중고나라	1,961,346	2,045,579	2001
		파란연필(자필폰트카페)	456,258	505,657	2009
		장미가족의 디자인&마케팅 정보 교류	2,058,693	2,001,992	2000
		마담의 크스 카페 (포토샵 & 웹디자인)	667,251	650,752	2002
친목	대학 / 대학원	취업 뽀개기™	1,504,249	1,500,671	2002
	친목	여성시대(차분한 20대들의 알흠다운 공간)	594,373	634,441	2009

친목	친목	유머나라	1,293,970	1,290,492	2000
		쭉빵카페	1,485,612	1,553,833	2003
	종교	찬양나라	423,626	416,682	1999

*분류 기준: 총 카페 수 10,563,494여 개(2014년 말 기준),
총 카페 수 9,974,340여 개(2015년 11월 말 기준) 회원 수 40만 명 이상

| 표 1-8 | 규모별 포털 커뮤니티 순위 (2014년과 2015년 비교, 회원 수 100만 명 이상) ━

순위	카페명	포털	회원 수 (명, 2014.12)	카페명	포털	회원 수 (명, 2015.11)
1	중고나라	네이버	13,265,425	중고나라	네이버	14,068,049
2	레몬테라스	네이버	2,689,733	레몬테라스	네이버	2,855,836
3	엽기혹은진실	다음	2,482,475	엽기혹은진실	다음	2,441,897
4	맘스 홀릭 베이비	네이버	2,257,117	맘스 홀릭 베이비	네이버	2,397,364
5	중고 카페	네이버	2,122,873	수만휘닷컴	네이버	2,227,128
6	수만휘닷컴	네이버	2,073,839	피터팬의 좋은 방 구하기	네이버	2,191,953
7	피터팬의 좋은 방 구하기	네이버	2,067,162	중고카페	네이버	2,167,264
8	장미가족의 포토샵 교실	다음	2,058,693	중고나라	다음	2,045,581
9	중고나라	다음	1,961,346	장미가족의 디자인&마케팅정보 교류	다음	2,001,992
10	독취사(취업)	네이버	1,743,385	독취사(취업)	네이버	1,921,297
11	취업뽀개기	다음	1,504,249	파우더룸	네이버	1,607,059
12	쭉빵카페	다음	1,485,612	쭉빵카페	다음	1,553,797
13	파우더룸	네이버	1,476,904	애플아이폰, 아사모	네이버	1,517,414
14	스마트폰 카페	네이버	1,445,413	취업뽀개기	다음	1,500,687
15	애플아이폰, 아사모	네이버	1,435,482	스펙업(취업)	네이버	1,465,782
16	스펙업(취업)	네이버	1,332,399	유랑, 유럽 여행의 든든한 동반자	네이버	1,463,507

17	황인영 영어 카페	네이버	1,328,733	황인영 영어 카페	네이버	1,396,088
18	아이러브사커	다음	1,316,612	스마트폰 카페	네이버	1,394,772
19	유머나라	다음	1,293,970	아이러브사커	다음	1,353,928
20	유랑, 유럽 여행의 든든한 동반자	네이버	1,281,610	유머나라	다음	1,290,492
21	뉴빵 카페(뷰티)	다음	1,149,057	강사모(강아지 분양)	네이버	1,283,532
22	스타크래프트 맵진	다음	1,148,885	뉴빵 카페(뷰티)	다음	1,165,707
23	강사모(강아지 분양)	네이버	1,128,983	스타크래프트 맵진	다음	1,123,398
24	올댓폰	네이버	1,070,108	전대모(대학생)	다음	1,110,730
25	닥취고 취업	다음	1,099,821	닥취고 취업	다음	1,094,803
26	전대모(대학생)	네이버	1,034,176	올댓폰	네이버	1,044,055
27	–	–	–	세븐나이츠 for Kakao 공식 카페	네이버	1,025,683

3) 프리챌

국내에서 아바타 서비스 신드롬으로 큰 반향을 일으키고, 한때 가입자가 1,000만여 명에 달했던 커뮤니티 포털의 강자, 최초의 커뮤니티 포털 서비스 프리챌은 자본금 5천만 원으로 2000년 서비스를 시작할 때만 해도 폭발적인 인기를 구가하던 서비스였다. 메일은 다음, 채팅은 세이클럽, 친목 커뮤니티는 프리챌이라는 평가를 받을 정도로 대표적인 커뮤니티 포털이었으며, 1세대 인터넷 커뮤니티 서비스라고 평가받았다. 프리챌은 서비스 시작 1개월 만에 회원 수가 30만 명으로 증가하였고, 커뮤니티 수는 18만여 개에 달했다.

| 그림 1-5 | 프리챌 서비스 메인 화면

*자료: http://web.archive.org/web/20021126064356/
http://community.freechal.com

그러나 3년 만인 2002년 유료화 정책 발표를 기점으로 사용자가 급감했다. 프리챌은 2002년 11월 14일부터 커뮤니티 운영, P2P 서비스 '바다조'(후에 '파일구리'로 이름 변경), 마이홈피 및 메일 서비스를 패키지로 묶어 월 3,000원에 유료화한다는 계획을 발표하였는데, 그 과정에서 2002년 12월 프리챌 대표가 주식대금 가장 납입 및 횡령 혐의로 구속되었다. 이후, 2003년 6월 커뮤니티 서비스를 다시 무료로 제공한다고 밝히고, 다양한 사업을 전개했지만 2011년 3월 파산 신고와 함께 2013년 2월, 서비스 개시 13년 만에 커뮤니티 서비스를 종료했다.

프리챌의 커뮤니티 수는 2002년 7월 100만 개를 돌파하였고 이후 112만 개에 달하였으나 1년 만에 40만 개로 떨어졌다. 일 평균 방문

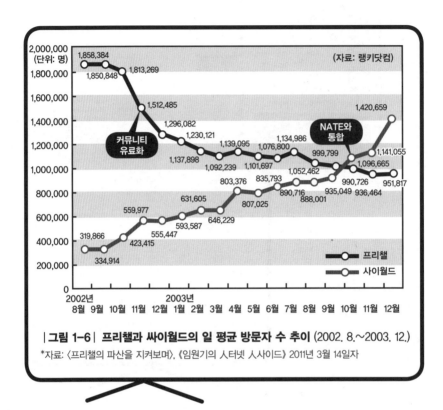

| 그림 1-6 | 프리챌과 싸이월드의 일 평균 방문자 수 추이 (2002. 8.~2003. 12.)

*자료: 〈프리챌의 파산을 지켜보며〉, 《임원기의 人터넷 人사이드》 2011년 3월 14일자

자 수가 200만 명에 이르렀던 규모도 100만 명(2003년), 17만 명(2004년) 수준으로 급감한 반면, 싸이월드는 2001년 9월에 14만 명이었던 방문자 수가 2003년 9월에는 94만 명으로 급증하였다. 싸이월드는 프리챌의 유료화 정책 발표 1주일 뒤인 10월 10일 '싸이월드의 약속: 클럽 서비스는 무료입니다'라는 제목의 보도자료를 통해 평생 무료로 클럽 서비스를 제공하겠다는 입장을 발표하였다. 그리하여 하루 평균 1,000여 개였던 신규 커뮤니티 개설 수가 프리챌 유료화 이후

2,000~3,000개로 증가하여 프리챌 유료화 특수를 독차지하였다.

한편 프리챌의 종료에 따른 사회적 충격 외에도 프리챌 종료는 서비스 유료화 문제, 잊힐 권리(Right to be Forgotten)나 자

| 그림 1-7 | 프리챌 서비스 종료 화면 (2013년)

기정보결정권, 정보 이전과 데이터 저장 문제와 같은 여러 이슈가 공론화되는 계기가 되었다. 한 사용자는 프리챌의 갑작스러운 서비스 종료로 인해 그간 올렸던 자료가 한순간에 사라졌다며 회사를 상대로 손해배상 소송을 제기했지만 패소했다. 이때 재판부는 "프리챌 측이 이용자에게 커뮤니티에 보관된 자료를 백업하거나 다운로드할 시간을 주어야 할 법적 의무가 있다고 인정할 만한 자료가 없다. 프리챌은 이용약관에 따라 서비스 종료 사실을 초기 화면에 한 달간 공지한 만큼 손해배상 책임을 인정할 수 없다."라고 판시했다.

3. 커뮤니티 성숙기(제3기, 2008~2016년 현재)

1) 개요

2008년 촛불집회에서는 다양한 커뮤니티들의 사회적 참여가 주목받았다. 소위 삼국카페라고 하는 쌍화차코코아, 소울드레서, 화장발 및 MLB PARK와 같은 스포츠 커뮤니티 등은 신문 광고를 통한 촛불집회 지지 및 현장 참여를 통해 정치성이 강한 사회적 실천을 하였으며, 이는 이전까지 소비자 운동 수준에 머무른 커뮤니티 관여 형태가 진일보한 것으로 평가된다. 즉, 커뮤니티 성숙기에는 제2기에 양적으로 폭발한 온라인 커뮤니티가 조직과 활동을 정비하고 더욱 심도 있는 참여를 보여주었다.

이 시기에는 2008년 촛불집회를 계기로 10대 이용자들의 인터넷 이용률에 대한 관심이 높아졌다. 실제로도 13~19세 이용자의 인터넷 이용 시간은 29시간, 1인당 평균 페이지 뷰는 431만 회로 35~39세보다 2배 이상 많았다. 이용자 수는 20~30대가 10대보다 많았지만 1인당 페이지 뷰는 10대가 월등히 높게 나타난 것이다. 특히 2007년 12월 기준으로 우리나라 10대의 인터넷 이용률은 99.8%로 전 연령대 가운데 가장 높게 나타났다(랭키닷컴 2008a).

2010년에는 50대의 인터넷 이용률이 급증하였다. 2000년에는 50대 인터넷 이용자가 43만 명이었지만 2010년에는 370만 명으로 8.6배 증가하였다. 이와 같은 변화는 커뮤니티 회원의 세대 구성에도 영향을 주었다. 2014년 국내 만 3세 이상 인구의 인터넷 이용률은

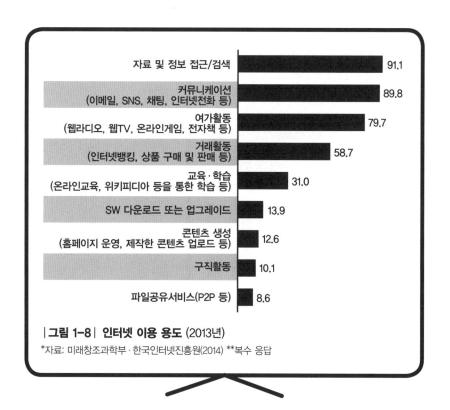

| 그림 1-8 | 인터넷 이용 용도 (2013년)

*자료: 미래창조과학부 · 한국인터넷진흥원(2014) **복수 응답

83.6%에 달한다. 이는 2001년의 56.6%부터 꾸준히 증가한 규모로만 60세 이상 고령층의 인터넷 이용률도 32.8%에 달하는 등 가히 IT 강국으로서의 규모를 보이고 있는 것이다.

2013년 말 현재, 이용층을 구분해보면 성별이나 연령에서의 큰 차이는 나타나지 않지만 직업으로는 사무직, 학생, 전문/관리직, 서비스/판매직 순으로 높게 나타나고, 주부의 이용률은 70.6%이다. 학력별로는 대졸 이상 고학력자의 이용률이 99.1%로 가장 높게 나타났으며, 주된 인터넷 이용 용도는 자료 및 정보 접근/검색(91.1%)과

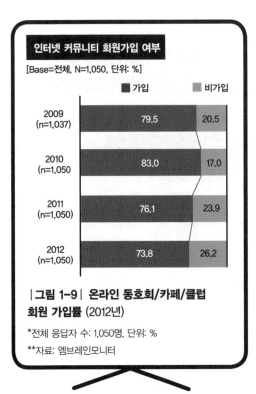

커뮤니케이션(89.8%)이다(미래창조과학부·한국인터넷진흥원 2014).

반면, 2010년을 지나며 온라인 커뮤니티 가입률이 79.5%(2009년), 83%(2010년), 76.1%(2011년), 73.8%(2012년) 추세로 줄어들고 있는 것으로 조사되었다(조사 기관: 엠브레인 트렌드모니터). 가입 커뮤니티 수는 3~5개(27.9%)에 가입한 경우가 가장 많았고, 6~10개 가입(21.4%)과 1~2개 가입(18.6%)

인터넷 커뮤니티 회원가입 여부

[Base=전체, N=1,050, 단위: %]

■ 가입　■ 비가입

2009 (n=1,037) 79.5 / 20.5
2010 (n=1,050) 83.0 / 17.0
2011 (n=1,050) 76.1 / 23.9
2012 (n=1,050) 73.8 / 26.2

| 그림 1-9 | 온라인 동호회/카페/클럽 회원 가입률 (2012년)

*전체 응답자 수: 1,050명, 단위: %
**자료: 엠브레인모니터

이 그 뒤를 이었다. 6~10개 커뮤니티에 가입한 사람은 2009년(22.2%), 2010년(24.6%), 2011년(25.7%)보다 줄어든 반면 1~2개만 가입한 응답자는 2009년(21.3%), 2010년(16.2%)과 2011년(11.9%)에 비해 증가한 특징을 보여, 전반적으로 인터넷 커뮤니티 이용 규모는 감소하고 있다는 것을 알 수 있다. 즉, 소셜 미디어의 속보성이 온라인 커뮤니티의 소속감과 결합력을 대체하는 현상이 심화되고 있다고 할 수 있다.

주요 인터넷 사이트나 카페의 이용자 비율에서도 세대별 격차는

뚜렷하다. 2008년 '디시인사이드' 이용자의 50.9%는 20대 이하, 30대가 32.6%인데 40대 이상은 16.5%에 불과했다. '광우병 괴담'이 유포됐던 다음 카페 '엽기혹은진실'은 20대 이하가 72.6%인 데 반해 40대 이상은 14.0%에 그쳤다. 유머 사이트인 '웃긴대학' 역시 20대 이하 사용자가 65.3%이고 40대 이상은 14.3%로 나타났다. 싸이월드 미니홈피와 네이버 카페 역시 40대 이상 이용자는 각각 전체의 14.0%, 19.0%에 불과했다(랭키닷컴 2008b).

그러나 이후에 소셜 미디어가 유행하면서 온라인 커뮤니티의 세대 구성이 변화하고 있다. 이른바 베이비부머(baby boomer, 1955~1963년생)의 온라인 커뮤니티 이용률이 높아지고 있는 것이다. 58년 개띠, 40~50대 카페 등으로 검색되는 온라인 커뮤니티의 수도 늘어나고 있고, 가족모임 카페도 증가하고 있다(2014년 말 기준 다음 카페의 '가족' 카테고리에만 8만 개가량의 카페가 존재한다).

2) 가입 커뮤니티 종류

이용자들이 가장 많이 가입한 커뮤니티는 친목 분야였으며, 특히 40대 남성(44.8%)과 50대 이상 남성(47.1%)의 가입 비중이 높았다. 그 다음으로 여행, 요리·맛집, 패션·미용, 게임, 디지털 기기, 음악, 쇼핑 순으로 가입을 많이 하였다. 눈에 띄는 추세는 여행 관련 커뮤니티의 가입률이 2009년 이후 꾸준히 증가한 반면, 게임과 음악, 쇼핑 분야의 커뮤니티 가입은 확연히 감소하였다는 점이다. 남녀 모두 친목 커뮤니티의 가입(남성 40%, 여성 38.6%, 중복 응답)이 가장 많은 가운데,

|표 1-9| 가입 커뮤니티 종류별 순위 ────────────────

분야＼시기	2009년	2010년	2011년	2012년	2013년
친목	38.1%	42.0%	43.9%	39.3%	29.5%
여행	18.0%	20.6%	23.3%	22.9%	12.4%
요리/맛집	19.0%	23.0%	23.2%	22.3%	12.8%
패션/미용	21.6%	19.6%	21.5%	22.1%	15.4%
게임	27.5%	24.5%	27.3%	21.0%	13.4%
음악	25.6%	23.2%	26.8%	18.8%	–
쇼핑	20.2%	23.0%	30.4%	18.6%	–

*자료: 트렌드모니터
**모두 중복 응답

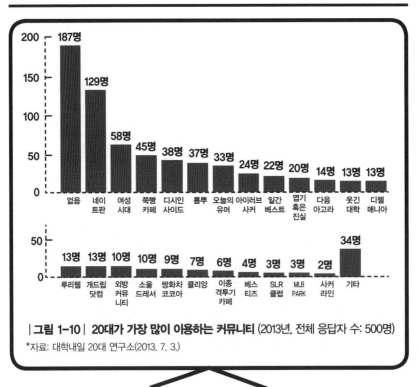

|그림 1-10| **20대가 가장 많이 이용하는 커뮤니티** (2013년, 전체 응답자 수: 500명)
*자료: 대학내일 20대 연구소(2013. 7. 3.)

남성은 게임(33.1%)과 디지털 기기(24.2%), 여성은 패션·미용(38%) 분야와 요리·맛집(30.8%) 커뮤니티 가입 비중이 높은 특징을 보였다.

3) 온라인 커뮤니티 활동 행태

2012년의 조사에 이어 2013년 조사에서 가장 적극적으로 온라인을 활용하는 20대가 가장 많이 활동하는 온라인 커뮤니티의 종류를 보면 네이트판(31.8%)[7]으로 나타났다. 이들이 선택한 커뮤니티를 이용하는 주요 이유는 그냥 익숙하다(186명), 게시물의 양과 질적 수준

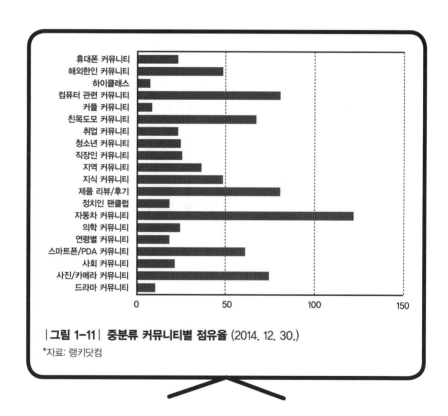

|그림 1-11| 중분류 커뮤니티별 점유율 (2014. 12. 30.)

*자료: 랭키닷컴

이 높다(148명), 디자인이나 이용 방식이 편리하다(65명) 순으로 나타나 특정 목적성보다는 편리성을 중요시하는 경우가 많았다.

한편, 커뮤니티를 방문하는 주요 이유도 정보를 얻을 수 있어서 (44.1%), 유머 자료를 보기 위해서(41.2%), 취미를 공유할 수 있어서 (13.1%)로 나타나 소통보다는 정보 습득에 주안점을 두고 있음을 알 수 있다. 커뮤니티 이용 시간은 30분 이상 1시간 이내(33.2%), 30분 이내(32.6%)로 나타나 하루 중의 상당 시간을 커뮤니티 이용에 할애하고 있었다. 참여도는 글 읽기, 글쓰기와 같은 행위보다 토론, 투표 등의 참여처럼 상대적으로 적극적인 참여 행위가 훨씬 낮게 나타났으며, 연령별로는 20대층의 참여가 가장 빈번한 것으로 나타났다. 20대의 온라인 커뮤니티에 대한 활동성은 〈그림 1-12〉와 〈표 1-10〉에 나타나듯이 높지 않았으며, 신뢰도도 〈그림 1-13〉과 같이 낮은 수준이었다.

전통적인 커뮤니티는 지리적 인접성, 현실적 귀속에 의한 것이지만 온라인 커뮤니티는 시공간을 초월하여 구성되기 때문에 구성원들의 심리적 접근성이

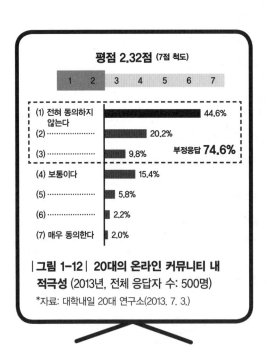

| 그림 1-12 | 20대의 온라인 커뮤니티 내 적극성 (2013년, 전체 응답자 수: 500명)
*자료: 대학내일 20대 연구소(2013. 7. 3.)

| 표 1-10 | **온라인 커뮤니티 활동과 정치사회 참여 활동 빈도** —————
(2012년. 전체 응답자 수: 10,319, 단위: %)

세부 활동		활동 빈도	
		거의 안 함	월 1회 이상
온라인 동호회/카페/클럽	게시글 읽기	77.0	23.1
	댓글 달기	84.2	15.8
	게시글 스크랩	90.8	9.2
	글쓰기	87.1	12.9
인터넷 뉴스/토론 게시판	댓글/글쓰기	93.7	6.4
	게시글 스크랩	95.5	4.5
온라인 참여	온라인 투표	93.3	6.6
	온라인 추천/평점 주기	91.6	8.4

*자료: 하태림(2013 : 9)

중요하다(박유진·김재휘 2006 : 43). 전문 포럼에서조차도 정서적 요인이 중요하다는 연구가 있다(배영 2003a).

2014년 말을 기준으로 우리나라의 주요 온라인 커뮤니티는 〈표 1-11〉과 같이 29개이다. 이들은 오랜 역사와 많은 회원 수 그리고 분야별 대표성을 확보할 정도로 풍부한 콘텐

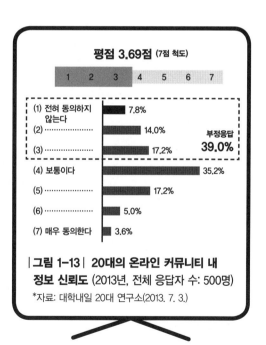

| 그림 1-13 | **20대의 온라인 커뮤니티 내 정보 신뢰도** (2013년, 전체 응답자 수: 500명)
*자료: 대학내일 20대 연구소(2013. 7. 3.)

츠를 자랑하는 커뮤니티들이다.

　제3장의 〈표 3-3〉에 제시한 주요 여성 커뮤니티 10개와 주요 팬클럽 20여 개를 합친다면 우리나라 온라인 공간에서의 핵심 커뮤니티는 50여 개라고 볼 수 있다. 이들이 속한 주요 분야는 게임, 경제, IT, 연예, 유머, 의류·패션, 스포츠, 자동차, 국방·안보, 포털, 여성 등의 11개 분야인데, 주로 2000년대 초반에 형성되어 현재까지 10년 이상의 역사가 오래된 커뮤니티이다. 기본 회원 수는 5만~1,300만 명까지 편차가 매우 큰 편이지만 단지 양적인 의미에서의 규모보다는 전문성, 사회참여성, 회원의 충성도가 높다는 측면에서 사회적 이슈의 주요 생산 및 유통이 이루어지는 공간이라고 평가할 수 있다.

　게임과 IT 분야의 동호회가 활발한 이유는 온라인 공간과 IT 간의 연결이 밀접하기 때문이다. 그러나 유머 커뮤니티의 위력이 상당하다는 것과 스포츠 분야의 커뮤니티도 매우 활성화되어 있다는 것은 매우 특징적인 부분이다. 스포츠 분야의 축구 커뮤니티의 경우 가장 유명한 것은 1998년의 프랑스월드컵 아시아 예선을 앞두고 축구동호회(1993년 설립, 하이텔)에서 만든 국가대표 응원단이다. 이 응원단은 현재의 '붉은 악마'로 발전했는데, 2006년 기준 회원 수 30만 명이다. 2002년에는 월드컵 개막 후 다음 카페에만 2,500여 개 팬클럽, 미니 팬클럽 600개가 형성되었으며 다음 카페에서는 선수들 팬클럽 사이트가 매일 20~30개씩 생겨나기도 했다(김남일 21만 명[8], 홍명보 6만 명).

　또한 국방·안보 분야의 대표 커뮤니티인 '유용원의 군사세계'의 지속성과 영향력도 매우 높게 나타나고 있다. 국방부 출입 10년 경험을 토대로 개인 홈페이지에서 출발하여 10년 만에 커뮤니티 형태로 발전한 '유용원의 군사세계'는 회원제로 운영된다. 온라인 공간에서 많은 토론을 진행하고 주요 안보 이슈를 생산하고 있는데 오프라인 공간에서도 활발한 활동을 벌이고 있다.

이 외에도 온라인 커뮤니티는 수능 시험의 오답에 대한 문제 제기, 각종 문화적 이슈에 대한 의견 제시, 환자 회원 가족을 지원하기 위한 헌혈증 보내기 운동, 재난 지역에의 자원봉사, 제도 변화를 위한 서명운동 등 온라인 커뮤니티에서의 사회 공조와 관여 활동을 통해 생활정치의 지평을 넓히는 적극적인 참여 활동을 전개하였다.

│표 1-11│ 주요 온라인 커뮤니티 (2014년 말 기준, 분야별·커뮤니티 이름별 가나다순) ━

분야	커뮤니티 이름	URL	생성 년도	특징 (기원, 운영, 정보, 참여, 회원 등)
스포츠	MLB PARK	mlbpark. donga.com	2001년	• 기원 : 박찬호의 Park에서 이름 유래 • 운영 : 동아일보 • 정보 : 야구 • 참여 : 불펜 게시판을 통해 연예, 정치 등 다양한 글 게시. 2008년 회원들이 자발적으로 모금하여 이명박 대통령 비판 광고를 내면서 유명해짐. 응집력과 실천력이 강함 • 회원 : 20~30대 남성이 주로 활동. 연령대가 높고 주로 존댓말 사용
	사커라인 ·	www.soc cerline.co.kr	2003년	• 정보 : 해외 축구 정보 • 참여 : 라커룸 게시판(자유게시판)에 정치 글 게시 • 특징 : 한준희 해설위원이 초기에 운영자의 부탁으로 해외 축구 글을 올리면서 '싸버지(사커라인의 아버지)'라 불림 • 회원 : 100만 명. 남초 커뮤니티. 최근 활동하는 회원 수는 이보다 적을 것으로 보임

스포츠	아이러브사커	cafe.daum.net/WorldcupLove	2002년	• 기원 : 다음 카페. 2002년 월드컵 이후 개설 • 정보 : 축구 중심이며 국내 축구와 해외 축구를 모두 다룸 • 참여 : 프리토크 게시판에 정치적인 글이 다수 게시됨 • 특징 : 규정이 강한 편. 야구 글 금지. 타 스포츠에 대한 글 금지 • 회원 : 131만 명(10~20대 남성 다수)
	이종격투기	cafe.daum.net/ssaumjil	2003년	• 기원 : 다음 카페 • 정보 : 이종격투기 • 특징 : 2010년, 운영자가 6년 동안 활동을 하지 않아 다음(Daum) 측에서 카페 블라인드를 시행. 회원들이 서명운동을 벌여 이를 해제. 개인사 때문이었다며 2011년 운영자 복귀 • 회원 : 93만 명(대부분이 준회원이지만 활동 제약은 없는 편)
IT	RULIWEB	ruliweb.daum.net	2000년	• 기원 : 비디오 게임 전문 개인 사이트에서 시작 • 운영 : 다음과의 제휴를 통해 지원을 받음 • 정보 : 비디오 게임(50%), 온라인 및 PC 게임(30%), 모바일 게임(20%), 웹툰 정보 다수. 애니메이션, 피규어 정보. 게임 커뮤니티 기능이 강함 • 참여 : 정치/경제 토론 게시판 제공 • 회원 : 남성 74%, 여성 26%. PC 웹 UV: 약 55만 회/1일, PV: 약 1,750만 회/1일. 모바일 웹 UV: 약 14만 회/1일, PV: 약 310만 회/1일
	SLR Club	www.slrclub.com	2000년	• 기원 : 카메라 정보 사이트 • 운영 : 로그인 필수. 1인 1 게시물만 작성 가능 • 정보 : 디지털 카메라 SLR 관련 커뮤니티, 사진과 카메라 정보 • 참여 : 이슈 게시판에 정치 글 실명 인증 완료 회원만 이슈 게시판 이용 가능. 이슈 게시판 외의 다른 게시판에 정치 글 게시 금지 • 기타 : 2014년 랭키닷컴 선정 슈퍼 웹사이트 23에 선정됨 • 회원 : 26만 명

IT	디시인사이드	www.dcinside.com	1999년	• 기원 : 디지털 카메라 정보에서 출발 • 운영 : 대표이사 김유식 • 정보 : 국내 최다(1,500여 개) 커뮤니티(갤러리) 보유 • 그 외 세부사항에 대해서는 이 책의 제3장 참조
	뽐뿌	www.ppomppu.co.kr	2005년	• 기원 : 쇼핑몰 정보 공유 • 운영 : 2008년 개인사업자에서 법인으로 전환됨. ㈜뽐뿌커뮤니케이션에서 운영 • 정보 : 스마트폰, IT 기기 가격 비교 커뮤니티 • 참여 : 별도 게시판인 '이정토(이슈정보토론)' 게시판 운영 • 회원 : 140만 명(하루 방문자 수 40만 명(2002년), 페이지 뷰 600만 회(2002년), 하루 방문자 수 170만 명(2014년), 페이지 뷰 5,500만 회(2014년). 10대 37%, 20대 28%, 30대 19%, 40대 12%, 50대 이상 5.1% (자료: 리얼 클릭)
	세티즌	www.cetizen.com	2000년	• 기원 : 이동통신기기 전문 사이트. KT의 사내벤처기업으로 시작하여 2개월 만에 분사함 • 운영 : ㈜나눔 커뮤니케이션 • 정보 : 스마트폰 리뷰로 유명. 비영리와 영리(쇼핑, 중고매매)로 구분 • 회원 : 173만 명(2012년 12월 기준). 주로 20∼40대(남성 70%, 여성 30%), 월 5,000만 명의 페이지 뷰
	시코	www.seeko.co.kr	1999년	• 기원 : CDP, 이어폰, 헤드셋 관련 커뮤니티인 '시디피 코리아'로 출발. 2008년부터 줄여서 시코라고 부름 • 정보 : 스마트폰, IT 기기 리뷰 및 체험단, 중고물품 거래, 시코몰 운영 • 회원 : 남성회원이 많을 것으로 추정
	클리앙	www.clien.net	2001년	• 기원 : 소니 PDA 소모임으로 싸이월드 클럽에서 출발. 클리에라는 이름을 따서 지었지만 단종 후에도 이름을 유지함 • 운영 : cipher(사이퍼, 이봉희 씨)가 운영. 소모임 활동 활발 • 정보 : 음향 관련 디바이스와 관련된 포털 커뮤니티로 성장. IT 기기 사용기 게시판 운영 • 회원 : 10만 명 이상. IT와 기기에 관심이 많은 남성회원이 다수

IT	파코즈	www.par koz.com	2001년	• 기원 : 하드웨어 사이트로 시작 • 운영 : 실명제로 운영자가 직접 관리 • 정보 : IT, 컴퓨터 관련 하드웨어 정보. 해외 하드웨어 정보가 가장 빨리 올라오는 곳으로 유명 • 회원 : 남성회원 다수. 회원들이 직접 조립 혹은 업그레이드한 기기들을 올림
연예	듀나의 영화 낙서판	djuna.kr/xe	1999년	• 기원 : 영화평론가 듀나의 게시판 • 운영 : 회원들도 영화 리뷰 게시 가능. 시사회 이벤트 개최 • 정보 : 영화 • 참여 : 메인 게시판에 회원의 글이 게시됨. 2008년 촛불집회 때 신문 광고 게재
	베스티즈	www.bestiz. net	2001년	• 정보 : 연예인 팬클럽 활동 활발 • 참여 : 잡담방에 정치 글 게시 • 회원 : 10만 명. 여초 카페. 10대 중반~20대 초중반이 다수
	엽혹진	cafe.daum. net/truepic ture	2000년	• 운영 : 규칙 엄격 • 정보 : 유머, 연예인. 초기에는 연예인 관련 글이 많이 올라왔지만 현재는 사담 게시판이 더욱 활발 • 회원 : 248만 명
	인스티즈	www.instiz. net	2009년	• 기원 : 베스티즈의 운영진과 갈등 후 분화 • 운영 : 운영진 개입 최소화 • 정보 : 연예 • 회원 : 6만 명(추정), 20만 명 (자료: 리얼 클릭)
유머	한류열풍사랑	cafe.daum. net/han ryulove	2001년	• 참여 : 2008년 촛불집회 때 광고 게재 및 회원들의 열성적인 활동. 정치적 성향이 뚜렷한 편 • 회원 : 25만 명
	오늘의 유머	todayhumor. co.kr	1999년	• 기원 : 순수 유머 사이트. 메일링으로 시작하여, 2002년 현재의 모습으로 리뉴얼. 이후 메일링 서비스 중단 • 정보 : 유머 • 참여 : 정치 게시판이 별도로 있지 않고, 주로 시사 게시판에서 정치 토론 • 회원 : 20만 명. 다양한 연령층, 존댓말로 대화

유머	웃긴대학	web.humor univ.com	1998년	• 운영 : ㈜웃긴대학재단 • 정보 : 유머 • 참여 : 주로 '웃긴자료' 게시판에 올라오지만 '왁자지껄'에도 게시. 최근 웃긴대학 목적('남을 행복하게 만들어주기')에 어긋난다며 아예 정치 글이 올라오는 것을 반대하는 시각이 있음 • 회원 : 10~20대 다수(기부와 같은 선행이 알려지면서 20대 유입 증가)
	일간베스트 저장소	www.ilbe. com	2010년	• 기원 : 디시인사이드에서 분화 • 운영 : 유비에이치 • 정보 : 유머 • 참여 : 2011년 4월 정치 게시판 개설 • 회원 : 동시접속 회원 수 5,000~20,000명
게임	게임샷	www.game shot.net	2000년	• 기원 : 게임 전문 웹진 • 운영 : ㈜엔티샷 운영. 기자 체제. 인터넷 신문 • 정보 : 게임 관련 정보 다수(게임 리뷰, 공략 정보), 온라인, PC, 콘솔 • 회원 : 10~20대
	게임메카	www. gamemeca. com	2000년	• 기원 : 게임웹진('게임계의 디시인사이드') • 운영 : 제우미디어 • 정보 : 게임 정보. 피파3, 디아3 길드워, 와우 블소 아이온 커뮤니티 • 회원 : 10~20대
	도탁스	cafe.daum. net/dotax	2004년	• 기원 : 게임 워크래프트 유즈맵 카오스 유저 카페 • 운영 : 회원 등급제, 규제 있는 편, 다수 운영 체제 • 정보 : 게임 커뮤니티 카페, 도탁스, 카오스, LOL 정보 다수 • 회원 : 30만 명
	인벤	www.inven. co.kr/web zine	2004년	• 기원 : 한국 최초 게임포털 사이트인 플레어 포럼 • 운영 : ㈜인벤커뮤니케이션즈 • 정보 : LOL 인벤, 디아3인벤, 블소 인벤, 와우 인벤 등 커뮤니티 • 회원 : 게임 커뮤니티 중 가장 큰 규모. 일 방문자 140만 명. 게임웹진시장 점유율 80%

경제	중고나라	cafe.naver.com/joonggonara	2003년	• 기원 : 대한민국 최대 규모 • 운영 : ㈜네스케에서 운영. 운영진 다수. 등급제 • 정보 : 마약, 사행성 제품 제외 모든 물건 거래 가능. 중고거래 • 회원 : 1,326만 명
의류/ 패션	디젤매니아	cafe.naver.com/dieselmania	2005년	• 기원 : 청바지 브랜드 디젤 관련 카페로 출발. 다음(Daum) 카페로 시작했지만 현재는 네이버 카페가 대세 • 정보 : 의류와 패션 정보 • 참여 : 선거 기간 등에는 정치 글이 자주 올라오는 경우가 있으며, 정치 글이 꾸준히 올라오는 편이지만 특정 기간에 비해 환영받지 못하는 편임. 단, 원색적으로 비난하면 강퇴/경고 사유에 해당됨 • 회원 : 58만 명(1970~1996년 출생자만 가입 가능). 남초 카페
자동차	보배드림	www.bobaedream.co.kr	2000년	• 기원 : 자동차 커뮤니티. 현재는 국내 1위 자동차 · 중고차 쇼핑몰 • 운영 : ㈜보배네트워크 • 정보 : '자동차 관련 성지' • 참여 : 정치/사회 게시판 있음 • 회원 : 경제력 있고, 자동차에 관심 많은 회원 다수(40~50대 회원도 다수)
국방/ 안보	유용원의 군사세계	bemil.chosun.com	2001년	• 기원 : 국방부 출입기자 10년 만에 홈페이지 개설 후 회원제로 운영 • 운영 : 유용원 기자의 개인 사이트이지만 《조선일보》 소속이므로 도메인에 조선이 포함됨. (사)한국국방안보포럼 창립(2006년). 세미나 개최 등 오프라인 모임도 활발. 지역 지부도 있음 • 정보 : 군사, 안보, 무기, 토론방, 전문가 광장, 자료실(사진, 동영상, 군사소설). 관련 코너만 70여 개 • 특징 : 2014년 랭키닷컴 군대 커뮤니티 부분 10년간 1위 차지(점유율 84%). 앱 런칭(2011년) • 회원 : 회원제. 5만 명(2011년). 총 방문 수 150만 명, 하루 평균 65,000명 방문. 개설 7년 만에 누적 방문자 수 2억 명 돌파(2008년)
종합/ 포털	네이트판	pann.nate.com	2006년	• 기원 : 네이트 소속 커뮤니티에서 출발 • 운영 : SK 커뮤니케이션즈 • 정보 : 판춘문예라는 말이 나올 정도로 낚시성 글 다수, 연예인 관련 글 다수, 연예인 루머의 원산지 • 회원 : 로그인해야 하며, 10대 다수

* URL 앞에 http:// 생략

** 여성 온라인 커뮤니티는 제3장 참조

온라인 커뮤니티의 집단행동

2부

제2부에서는 대표적인 온라인 커뮤니티로서 디시, 여성 커뮤니티 그리고 팬클럽 커뮤니티의 형성 과정과 참여문화의 특징을 정리한다. 가장 먼저 제2장에서 소개할 디시는 1999년 시작한 국내 온라인 커뮤니티의 최고봉이다. 최근에 사회 이슈화된 일베(일간베스트저장소)의 고향일 뿐만 아니라 독특한 온라인 문화의 생산지이자 인터넷 하위문화를 주도적으로 생산하는 커뮤니티이며, 단순 취미 커뮤니티가 아닌 팬클럽과 같은 갤러리가 2,000개 가까이 생산되고 있는 취향 포털이다.

정치의 문화적 소비와 참여
―디시인사이드

제2부에서는 대표적인 온라인 커뮤니티로서 디시, 여성 커뮤니티 그리고 팬클럽 커뮤니티의 형성 과정과 참여문화의 특징을 정리한다. 가장 먼저 제2장에서 소개할 디시는 1999년 시작한 국내 온라인 커뮤니티의 최고봉이다. 최근에 사회 이슈화된 일베(일간베스트저장소)의 고향일 뿐만 아니라 독특한 온라인 문화의 생산지이자 인터넷 하위문화를 주도적으로 생산하는 커뮤니티이며, 단순 취미 커뮤니티가 아닌 팬클럽과 같은 갤러리가 2,000개 가까이 생산되고 있는 취향 포털이다.

제2장에서는 디시인사이드의 독특한 문화와 다양한 참여 현상을 정리한다. 이들의 참여는 사회문제의 이슈화, 투표 독려나 촛불집회와 같은 정치적 참여, 한일 간 사이버 대전에 이르기까지 그 스펙트

럼이 매우 다양하다. 이러한 현상은 온라인 커뮤니티의 적극적인 활동을 통해 사회의 활력과 역동성이 형성되는 과정을 보여준다.

1. 이용 행태와 이용자 특성

규모 면으로 봤을 때, 디시의 일 순 방문자 수는 170만 명, 일 평균 방문자 수는 10만여 명, 일 페이지 뷰는 5,500만 회,[9] 총 갤러리 수는 2014년 말 1,646개에서 1년 만인 2015년 11월 말에 1,802개로 150여 개가 늘어나 월평균 10~15개의 갤러리가 신설되고 있다. 또한 일 평균 40~45만 개의 글과 100만 개 이상의 댓글이 등록되고 있다.

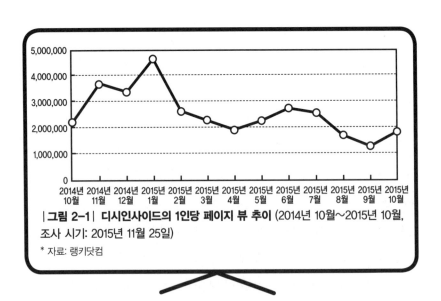

|그림 2-1| **디시인사이드의 1인당 페이지 뷰 추이** (2014년 10월~2015년 10월, 조사 시기: 2015년 11월 25일)
* 자료: 랭키닷컴

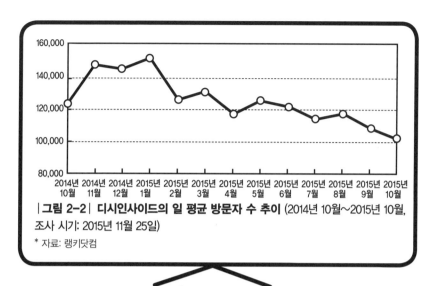

|그림 2-2| **디시인사이드의 일 평균 방문자 수 추이** (2014년 10월~2015년 10월, 조사 시기: 2015년 11월 25일)

* 자료: 랭키닷컴

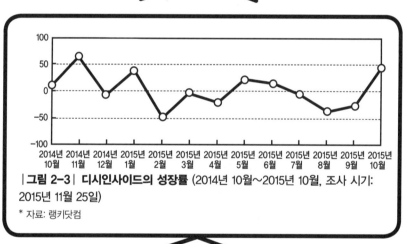

|그림 2-3| **디시인사이드의 성장률** (2014년 10월~2015년 10월, 조사 시기: 2015년 11월 25일)

* 자료: 랭키닷컴

그러나 한편으로는 2015년 11월 말을 기준으로 최근 1년간 페이지 뷰나 성장률 추이를 보면 완전히 성장세를 유지한다고 보기는 어렵다(〈그림 2-1〉, 〈그림 2-2〉, 〈그림 2-3〉 참조). 즉, 절대 최강 커뮤니티로서의 위치를 공고하게 유지하고 있지 않은 측면이 있는 것이다(물론 이와 같은 분석은 한 개 조사 기관의 조사에만 근거하여 분석하는 것이 절대적이지는 않다는 것을 전제로 한다).

같은 조사 기관을 통해 방문자의 특성을 연령 기준으로 살펴보면, 10대나 50대보다는 20대, 30대, 40대가 골고루 약 30%씩을 점유하고 있는 것으로 나타난다. 즉, 저연령이나 고연령 이용자에 치중되어 있다기보다는 활동적인 연령대가 고르게 분포하고 있음을 알 수 있다.

다시 방문자들의 체류 시간을 보면 평균 8분 내외로 나타나고 있다(〈그림 2-5〉). 온라인에서 8분은 대체적으로 올릴 글만 올리고 글 몇 개 읽고 나간다든가, 아니면 몇 개의 글을 읽고 리플을 다는 정도의 시간으로 그렇게 충성도가 높은 시간이라고 평가하기는 어려운 측

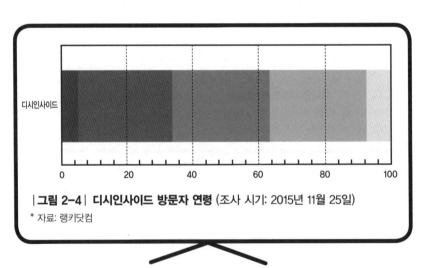

|그림 2-4| 디시인사이드 방문자 연령 (조사 시기: 2015년 11월 25일)
* 자료: 랭키닷컴

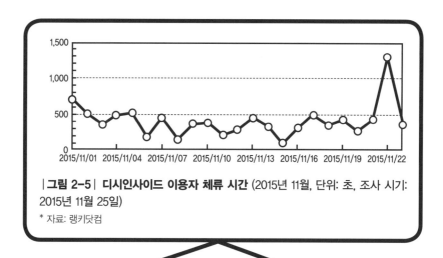

|그림 2-5| **디시인사이드 이용자 체류 시간** (2015년 11월, 단위: 초, 조사 시기: 2015년 11월 25일)

* 자료: 랭키닷컴

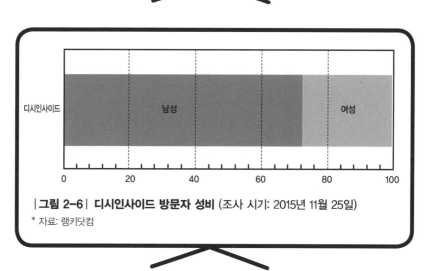

|그림 2-6| **디시인사이드 방문자 성비** (조사 시기: 2015년 11월 25일)

* 자료: 랭키닷컴

면이 있다.

디시의 방문자를 성별로 보면, 남성(73%)이 여성(27%)보다 압도적으로 많다. 흔히 커뮤니티 이용자 성비가 치중될 경우, '남초', '여초'

커뮤니티라고 표현하는데, 〈그림 2-6〉과 같은 통계를 보면 디시는 대표적인 남초 커뮤니티라고 할 수 있다.

2. 디시와 폐인문화

디시는 '아햏햏', '방법하다', '행자', '폐인', '성지순례', '~하삼'과 같은 신조어와 인터넷 스타 '개죽이'의 고향이기도 하다. 초기의 디시는 그 명칭인 디지털 카메라 인사이드(Digital Camera Inside)에서 알 수 있듯이 디지털 카메라 정보를 공유하는 곳이었지만, 취향을 공유하는 매니아가 늘어나면서 다변화되어 디지털 콘텐츠, 디지털 커뮤니티 등 한 시대의 커뮤니티 문화를 이끄는 메카로 변화하게 되었다. 설립 초기, 디지털 제품의 전문가와 매니아를 주로 끌어들였던 디시는 제품 정보 이상의 사회적 담론을 생산하였고 여러 가지 놀이 문화들을 개발하면서 인기가 급상승하였다(방희경 2006 : 57).

또한 디시는 댓글문화(2002년), 폐인문화부터 한일사이버대전(2004년), 대통령탄핵반대 촛불집회(2004년), 투표부대(2004년), 개똥녀(2005년), 황우석 사건(2006년), 명품시계 지오모나코 고발(2006년), 된장녀(2006년), 송유근 박사학위논문 표절 제기(2015년) 등에 이르기까지 우리 사회 내 문화와 사회 이슈의 생산지가 되었다.

한편, 디시는 UCC(User Created Contents)와 창의적인 합성 사진과 패러디 등으로 국내 커뮤니티 문화를 주도했지만, 악플과 음란물의 근원지라는 비판을 받기도 했고 많은 사건 사고의 온상지로 평가되기도 한다(『우연한 여행자』 http://mazzellan.tistory.com/5, 2010년 6월 9일자). 그러나 디시에서 생산된 정보가 온라인 공간으로 확산되는 위력이 강력하기 때문에 수많은 비판과 논란에도 불구하고 여전히 온라인의 핵심 공간으로 평가받는다.

대표적으로 디시는 다양한 하위문화를 양산하는 유희와 문화의 공간이다. '아햏햏', '햏자', '폐인', '성지순례', '~하삼'과 같은 신조어와 댓글(reply)놀이 등 디시에서는 많은 독창적인 문화가 생성되었다. 대표적인 신조어들의 의미를 살펴보면 다음과 같다(『우연한 여행자』 http://mazzellan.tistory.com/5, 2010년 6월 9일자를 참조하여 재구성).

먼저 '아햏햏'은 디시가 뽑은 최고의 신조어이면서 디시를 온라인에 알린 일등 공신이다(디시 운영자들은 주로 '아행행'으로 읽는다. http://wstatic.dcinside.com/guide/guide1_1.html). 2002년 언론 매체들에서는 '아햏햏'을 대표적인 인터넷 문화로 선정하였는데, '아햏햏'은 가벼운 웃음을 주는 듯한 '햏햏'에 약한 감탄의 뜻을 표현하는 '아'를 붙여 만든 단어이다. 약간의 감탄이 섞인, 그리고 과하지도 모자라지도 않은 웃음을 의미한다. 전라도 사투리 가운데 '거시기하다'란 표현쯤 된다.

'방법하다'는 '깔고 안진 나일론 방석 갖다 노라. 안갖다 노면 방법한다. 방법하면 손발이 오그라진다. 갖다 노면 안한다'는 부산의 어느 할머니가 잃어버린 방석을 찾기 위해 붙여놓은 경고문에서 시작된 말로 혼내거나 응징할 일이 있을 때 '방법하다'라는 단어를 붙여 쓰기 시작했다.

종교적인 의미에서 성지를 찾아 참배하는 '성지순례'라는 용어는 디시에 의해 '온라인에서 꼭 한번 방문해봐야 할 콘텐츠를 찾아가는 행위'라는 의미로 변화하였는데, 2001년 7월 17일 이용자 '복숭아맛'이 올린 '오늘 산 중저가형 모델 싸게 팝니다'라는 게시물은 70만 회 이상의 최고 조회 수를 올리며 성지순례라는 말의 기원으로 평가되는 레전드급 게시물이다.

자신이 먹던 과자를 쿠키닷컴으로 표현하며 매매하겠다는 이 게시물에 대해 이용자들은 창의적인 제안이라며 열광하였고 현재까지도 성지순례가 이어져 댓글이 2만 개에 이르며, 댓글놀이나 성지순례가 하나의 놀이문화가 되는 데 결정적으로 기여했다.

이후 디시의 콘텐츠들은 온라인으로 급속히 확산되었다. 2008년 7월의 '빠삐놈병神디스코믹스(feat. 엄기뉴, 전스틴, 디제이쿠, 이효리, 한가인. http://gall.dcinside.com/

| 그림 2-7 | 할머니의 경고문

*자료: http://gall.dcinside.com/board/view/?id=hit&no=163(2002년 7월 27일)

board/view/?id=hit&no=6417&page=1)'는 빙과류의 CM송과 연예인 목소리를 조합하여 만든 음악으로 지상파에서 화제가 되면서 수많은 유사 UCC를 낳았다(〈독특한 인터넷 문화 공간 만든 디시인사이드〉,《전자신문》2010년 5월 31일자). 이 콘텐츠는 디시에서 댓글이 가장 많은 콘텐츠로 선정되었는데 78만 회 이상의 조회 수와 25,700개의 댓글을 기록하였다(2015년 12월 기준). 이와 같은 인기는 디시 이용자들의 자유분방함이 형식 파괴라는 재미를 창조했기 때문에 가능한 것이었다.

| 그림 2-8 | 오늘 산 중저가형 모델 싸게 팝니다

*자료: http://gall.dcinside.com/board/view/?id=hit&no=12&page=1

한편, '폐인'(2002년)은 디시에 실시간으로 글을 올리며 몰입하는 회원을 일컫는다. 원래 폐인의 의미는 '아무것도 못할 정도로 망가진 사람'을 의미했지만 디시의 한 이용자가 KTF의 "Main" 광고에 등장하는 "한시라도 일을 떠나지 못하는 당신, 당신은 메인입니다"를 패러디하여 "한시라도 디시를 떠나지 못하는 당신, 당신은 폐인입니다"라는 사진과 함께 올린 것에서 유행하게 되었다(http://wstatic.dcinside.com/guide/guide1_1.html). 이후에는 불필요한 인간이라는 의미로 '잉여인간'이라는 말을 많이 쓰기도 했으며, 〈다모〉(2003년)나 〈네 멋대로 해라〉(2003년), 〈미안하

|그림 2-9| 디지털 폐인

*자료: http://www.dcinside.com

|그림 2-10| 개죽이

*자료: http://www.dcinside.com

다, 사랑한다〉(2004년), 〈왕의 남자〉(2005년)와 같은 드라마·영화 폐인도 양산되었다.

'득행'은 폐인들의 패러디 놀이를 의미한다. 2002년에 시작된 '개벽이' 패러디 중의 하나인 '개죽이'(2003년)는 디시의 마스코트이기도 한 강아지로 대나무에 매달린 귀여운 표정으로 화제가 되었다. '개죽이'뿐만 아니라 '딸녀', '솔로부대', '투표부대'와 같은 많은 이미지 합성과 자유로운 패러디물이 디시에서 생산되었다.

디시 폐인에 이어 2003년 7월에 방영한 MBC 드라마 〈다모〉의 'MBC 다모 클럽(http://club.imbc.com/club/damoa)'의 4만여 명, 다음 다모 카페의 20만 명의 회원은 편당 다시보기 평균 10회 이상, 1개월 총 게시물 25만여 개 이상의 참여율을 보이며 '하오체'(혹은 '다모체') 문화와 드라마 폐인이라는 문화를 양산하

였다. 또한 방송
사 홈페이지 시청
자 게시판에 게시
물 수가 100만 건
을 돌파하는 초유
의 사태가 벌어졌
다. 당시에 큰 인
기를 끌었던 드
라마인 〈올인〉이
나 〈옥탑방 고양이〉

|그림 2-11| 다모 폐인 증서

*자료: http://www.cine21.com/news/view/mag_id/20520/p/1

의 게시판에 올라온 글의 수는 각각 67,000건, 34,000건 수준으로
〈다모〉의 열기에 비해 큰 격차를 보였다. 다모 공식 홈페이지(http://
www.imbc.com/broad/tv/drama/damo), 다모 팬 카페(http://cafe.daum.net/
mbcdamo), 한성 좌포청 신보 사이트(http://myhome.naver.com/fsmali) 등
에 자발적으로 올린 다모 관련 콘텐츠들은 드라마에 대한 몰입과
문화 공유뿐만 아니라 다양한 연령층의 원활한 커뮤니케이션, 드라
마 배경에 대한 전문적 해석, 제작진과의 소통, 다양한 콘텐츠 생산
및 다양한 소모임 생산으로 유명해졌다.

3. 소통과 토론

디시는 다양한 커뮤니케이션이 이루어지는 소통의 공간이다. 초기의 디시에서 이루어진 소통(http://wstatic.dcinside.com/guide/guide1_1.html)은 이용자들이 디지털 카메라로 직접 촬영한 사진을 갤러리에 올리고 서로의 사진을 평가하면서 시작되었다. 2000년대 초는 디지털 카메라가 많이 보급되지 않았던 시절이기 때문에 디지털 카메라에 관심이 있던 특정 매니아층을 중심으로 사이트에 대한 입소문이 나기 시작했다.

기술적으로는 제로보드(Zeroboard, 고영수가 개발한 홈페이지용 전자게시판〔BBS〕 소프트웨어 또는 프레임워크) 게시판으로 교체하면서, 제목과 이름, 비밀번호를 남기던 댓글 작성 방식이 간단하게 이름과 비밀번호만 입력하는 형태로 바뀌어 누구나 손쉽게 댓글을 달 수 있도록 소통 범위가 확장되었다. 처음 댓글을 다는 데서 느끼는 희열을 표현한 '앗싸, 1등'과 같은 말은 1등 놀이문화를 낳았고, 유행어와 신조어가 생산되면서 소통은 더욱 확대되었다. '소녀시대 유리, 개념 시구 연예인 1위', '박진영 과대평가된 작곡가 1위', '술 못 끊게 하는 광고 모델은 이승기와 김선아' 등의 연예 뉴스는 모두 디시에서 한 설문조사를 토대로 한 것이다. 보통 사람들은 그저 재미삼아 보고 넘기는 무의미한 질문이나 주제를 놓고 열심히 댓글을 달고 진지하게 토론하는 곳이 디시이기 때문이다(〈독특한 인터넷 문화 공간 만든 디시인사이드〉, 《전자신문》 2010년 5월 31일자).

상업적 공간에서 소통 공간으로의 변이는 디시 폐인들의 문화구성체가 형성되는 결정적 분기점 가운데 하나로, 이용자들의 욕망 분출을 통한 자생적 공간으로 자율적으로 이동했다는 점이 중요하다. 디시가 카메라를 사고파는 시장이기보다 놀이의 공간과 소통의 공간이 된 것이다. 디시에서 핵심적인 것은 일상적인 소통을 통해 웃음이 유발되는 순간들이며 즐거움을 찾는 행위이다(방희경 2006 : 58).

디시는 (명시적이고 논리적인 결론을 지향하지 않지만) 누구나 자유롭게 의견을 게시하는 토론의 공간이다. 이길호는 디시에서 커뮤니티를 유지하는 중요 장치를 '극단적 평등주의'라고 보았다(이길호 2012). 디시는 '갤러(이용자)' 간에 사적인 교류를 금기시하는데 '친목질(상대방에 대한 안부, 신상을 묻거나 모임을 추진하는 등의 교류 행위)'을 하는 사람은 갤러리에서 응징당하고 퇴장된다. 이는 친목 행위가 역동성과 개방성을 해쳐 커뮤니티의 쇠퇴를 가져온다고 생각하기 때문이다. 커뮤니티가 유지되려면 '뉴비(새로운 이용자)'들이 지속적으로 유입되어야 하는데, 특정 '올드비(기존 이용자)' 간에 끈끈한 유대가 생기면 뉴비들의 활동에 장벽이 된다는 것이다. 또한 주도권을 쥔 이용자 간의 담합이나 커뮤니티를 둘러싼 이권 문제에도 취약한 구조가 될 수 있다. 디시는 사적 친목 행위로 권력의 차이가 생기는 것을 차단하고자 한 것이다. 서로 반말을 쓰고 호칭은 '홍아', '갤러', '개럴' 등으로 통일하고 있다. 모든 이용자는 평등하게 '디시인'이라는 정체성으로 뭉치게 된다. 즉, 기존 동호회나 인맥 기반 사이트와는 전혀 다른 '평등주의'가 디시인사이드의 가장 중요한 문화로 나타나고 그에 기반한 소통이 이루어지고 있는 것이다(《디시, 촛불, 좌좀, 우꼴… 정보 교류서 이념 논쟁의 장으로 분화〉, 《경향신문》 2012년 9월 7일자).

이용자들은 온라인 공간을 누비며 다양한 종류의 정보들을 디시로 옮겨 온다. 이 가운데 대화와 토론이 필요한 사회적 이슈들은 디시 내 토론 주제로 선정된다. 사회적으로 중요한 사건들이 '안건 발의' 게시판을 통해 제시되고, 많은 사람들이 관심을 보인 주제들은 토론 게시판으로 옮겨 보다 깊이 있게 논의된다. 안건 발의 게시판과 토론 게시판은 2004년 노무현 대통령 탄핵 사건을 계기로 정치 토론 게시판으로 이름을 바꿔 정치적 담론을 중점적으로 생산하였다(방희경 2006 : 63). 디시 갤러리에 소개되어 있는 지난 이슈만 해도 2011 후쿠시마 원전, 2014 인천 아시아경기, 국가안보, 나는 꼼수다, 한미 FTA, 2012 총선, 2012 런던올림픽, 2012 대선, 남성연대, 소치 동계올림픽, 2014 지방선거, 브라질 2014, 남아공 2010, 2010 지방선거, 밴쿠버 동계올림픽, 나로호, 촛불집회, 북경 올림픽, 숭례문, 정상회담, 2007 대선, 2008 총선, 4대강 등 우리 사회의 핵심 이슈들이다.

또한 전문가도 많이 이용하고 있는 디시는 고급 정보 제공의 공간으로서 일종의 미디어 기능을 수행한다. 2006년 2월, 디시의 과학갤러리(과갤)와 브릭(BRIC) 회원들이 《사이언스(Science)》지에 실린 황우석 교수팀의 줄기세포 논문 부록에 실린 일부 줄기세포 사진들이 중복되었다고 지적하였다. 이후 〈PD수첩〉(MBC)의 추가 보도와 황우석 교수의 또 다른 논문 조작 의혹을 과갤 이용자들이 제기함으로써 황우석 사건은 크게 이슈화되었다. 또한 2010년 천안함 사건 당시 디시 해군 갤러리에 올라온 탁월한 정보 분석 글은 많은 이들의 관심을 받았다.

또한 가장 최근인 2015년 11월, 디시 갤러리에서는 국내 최연소 박사학위를 받을 것으로 예상되던 송유근의 박사학위 논문이 표절이라고 주장하였다. 11월 15일, 물리학 갤러리 이용자들이 송유근의 박사학위 논문이 표절이며, 논문의 핵심 주장 역시 특출한 연구 성과가 아님을 지적하기 시작했다. 이어 송유근 반대파와 찬성파 간에 갈등이 나타났는데, 물리학 갤러리 이용자 '김물리'가 송유근이 유도한 편미분방정식의 오류를 세세하게 지적하였고, 이 글은 11월 23일 디시의 '힛갤러리'에 게시되고 디시의 메인에 나타나면서 논란이 확산되었다. '김물리'의 게시 글은 하루만에 2만여 건의 조회와 120건의 추천을 받았다. 이후 11월 25일(한국시간), 미국천문학회가 《천체물리학저널(The Astrophysical Journal)》에 실린 송유근의 논문 게재를 철회하면서 송유근 논문의 표절 논란은 일단락되었다(《월간 디시》, 2015년 12월호).

4. 갤러리, 취향의 집합소

본래적인 의미에서 디시는 취향 공유의 공간이다. 디시 내에 잡담, 정치, 예능, 애니메이션, 게임, 스포츠, 인물, TV 프로그램 등으로 다양한 주제를 다루는 갤러리들이 추가되면서 주제별 갤러리가 활성화된 커뮤니티 사이트로 성격이 변화하였다(노명우 외 2012 : 10).

2015년 12월 기준, 디시에는 게임, 교육, 교통, 대학, 동영상, 디지털, 미디어, 밀리터리, 방송, 브랜드, 서브, 성공, 성인, 생물, 생활, 쇼핑, 스페셜, 스포츠, 스포츠(인물), 여성, 여행, 연예, 운송, 음식, 음악, 이슈, 인물, 인물 기타, 장터, 정부 기관, 정치인, 지역, 직업, 취미, 패션, 풍경, 학술, 합성, 해외 방송, 기타의 40개 카테고리에 1,802개의 갤러리가 운영되고 있다.

카테고리 분류는 포털처럼 많지만 포털이나 도서관 같은 정형화된 분류 체계와는 다르게 매우 독창적이며 선별적이다. 밀리터리 카테고리에는 육·해·공군뿐만 아니라 사단과 군단별 갤러리가 있으며, 전쟁 종류별로도 갤러리가 있다. 생물 카테고리의 분류 또한 매우 선별적이어서 동식물 분류뿐만 아니라 멍멍이, 야옹이, 기생충 등의 갤러리가 있는 것도 매우 독창적이다. 쇼핑 카테고리에는 백화점과 마트, 홈쇼핑 외에 영등포 타임스퀘어 갤러리가 별도로 있으며, 여성은 10대, 20대, 30대 여성 갤러리가 있지만 남성 카테고리가 따로 있지 않다는 것도 특징이다.

최근 디시에 여성회원의 유입이 많아지면서 이른바 '찻집'(팬덤 갤러리에서는 존댓말을 해야 하는 공식 카페 등을 지칭하기도 한다. 주로 서로 차 마시는 것처럼 다정한 분위기를 연출하는 것을 비하할 때 사용하는 용어)처럼 되는 것을 경계하는 기존 남성회원들이 많이 나타났다.

방송, 연예, 스포츠 카테고리에는 프로그램이나 구단, 선수, 연예인 갤러리 등이 거의 모두 포함되어 있으며 독특한 팬덤을 자랑하는

| 표 2-1 | 디시인사이드의 갤러리

분류	갤러리 수(개) 2015.1.	갤러리 수(개) 2015.12.	갤러리 명
게임 1	44	53	FPS게임, H1Z1, PC방, PlayStation, PSP, XBOX 360, 게임, 격투게임, 고전게임, 닌텐도 DS, 닌텐도 Wii, 데빌메이커, 동방 프로젝트, 디시게이머스, 레이싱게임, 로드투드래곤, 루나레이드, 리듬게임, 마비노기듀얼, 마인크래프트, 마작, 모바일게임, 미연시, 바람의 나라, 배틀필드, 보드게임, 블랙스쿼드, 비디오게임, 비트파일럿, 비행 시뮬레이션, 사커스피리츠, 서든어택, 세븐나이트, 슈팅 게임, 스타중계진, 스포츠게임, 아이돌마스터, 언리쉬드, 영웅서유기, 온라인게임, 전략 시뮬레이션, 체인징히어로, 카와이 헌터, 칸코레, 크로스파이어, 크루세이터퀘스트, 클래시 오브 클랜, 퍼즐앤드래곤, 포켓몬스터, 프렌즈팝, 헤일로, 헬게이트 런던, 확산성 밀리언아서
게임 2	51	54	C&C, C9, CJ ENTUS, EVE Online, GTA, KT Rolster, LOL-SKTT1, MBC게임 HERO, SKT T1, STX 소울, WOW, 건즈, 겟앰프드, 그라나도에스파다, 네이비필드, 대항해시대, 던전앤파이터, 도타 2, 디아블로, 라테일, 러스티하츠, 로한, 리그 오브 레전드, 리니지, 리니지2, 마구마구, 마비노기, 마비노기 영웅전, 메이플스토리, 메이플스토리2, 블레스, 사이퍼즈, 삼성전자 칸, 스타크래프트, 스타크래프트 II, 썬, 아발론, 아이온, 아키에이지, 에이지 오브 코난, 엘소드, 오게임, 워크래프트, 워해머, 이전 던전앤파이터, 제라, 카오스, 카트라이더, 타르타로스, 테라, 프리스타일 풋볼, 한빛스타즈, 헤바 클로니아, 화승 오즈
게임 3	11	16	검은사막, 던전스트라이커, 디아블로3, 레전드 오브 파이터, 리프트, 블레이드&소울, 월드 오브 탱크, 이터널시티, 최강의 군단, 크리티카, 클로저스, 티르, 파이널판타지 14, 피파온라인, 하스스톤, 히어로즈오브더스톰
교육	12	12	고시/시험, 공무원, 사법, 어학연수, 영어회화, 외무, 유학영어, 자격증, 토익, 편입, 학점은행제, 행정

교통 (자동차)	19	19	BMW, 국산자동차, 기아자동차, 렉서스, 르노삼성, 벤츠, 볼보, 블랙박스, 수입자동차, 쉐보레, 쌍용자동차, 아우디, 자동차, 자동차 주차장, 자동차 튜닝, 폭스바겐, 푸조, 현대자동차, 혼다
기타	9	9	공포이야기, 기타, 마이크로, 수수께끼, 영상 소설, 잡동사니, 접사, 창작유머, 퍼온 유머
대학 1	43	43	2~3년제 대학, 4년제 대학, KAIST, 가톨릭대학교, 강원대, 건국대, 경북대, 경상대, 경희대학교, 고려대학교, 광운대, 교육대학교, 국민대, 단국대학교, 대학원, 동국대, 동아대, 명지대, 부산대, 사범 대학교, 사이버대학, 상명대, 서강대학교, 서울대학교, 성균관대학교, 세종대, 숙명여자대학교, 숭실대, 아주대, 연세대학교, 영남대, 외국대학, 이화여자대학교, 인하대, 전남대, 전북대, 중앙대학교, 충북대, 포항공과대학, 한동대, 한림대, 한양대학교, 홍익대
대학 2	34	34	가천대, 경기대, 경성대, 계명대, 금오공대, 남서울대, 대구가톨릭대, 대구대, 대진대, 덕성여대, 동덕여대, 배재대, 부경대, 삼육대학교, 서경대, 서울시립대학교, 서울여대, 성결대학교, 성신여자대학교, 수원대, 순천향대, 안양대, 원광대학교, 인천대, 제주대, 조선대, 창원대, 충남대학교, 한국산업기술대, 한국외국어대학교, 한국항공대학교, 한남대, 한성대학교, 해양대
동영상	4	4	동영상-엽기, 동영상-퍼온 동영상, 뮤직비디오(시범), 스타크래프트(동영상)
디지털	25	26	MP3P, PMP, 가전, 네비게이션, 바탕화면, 사무기기, 소프트웨어, 스마트폰, 아이폰, 아트릭스, 안드로이드폰, 애플워치, 엑스피드 플레이, 오디오, 윈도우폰, 이어폰/헤드폰, 인터넷-기술, 인터넷-사이트, 전자사전, 컴퓨터 본체, 컴퓨터-네트워킹, 컴퓨터-주변기기, 태블릿PC, 프로그래밍, 홈시어터, 휴대폰
미디어	4	4	KBS, MBC, 다음(Daum), 조선일보

밀리터리	32	32	1군, 1군단, 1사단(전진), 20사단(결전), 27사단(이기자), 2군단, 2차 세계대전, 3군, 3사단(백골), 5군단, 6사단(청성), 7군단, 7사단(칠성), 8사단(오뚜기), 공군, 공익, 기갑, 나이프, 무기, 밀리터리, 밀리터리 내무반, 수기사(맹호), 육군, 이전 밀리터리 내무반, 총기, 특수부대, 한국전쟁, 항공전, 해군, 해병대, 해전, 현대전
방송 1 (드라마)	305	337	2009 외인구단, 49일, 7급 공무원, 90일 사랑할 시간, 9회말 2아웃, KBS드라마, MBC드라마, SBS드라마, 가면, 가문의 영광, 각시탈, 감격시대, 강남엄마 따라잡기, 강력반, 강적들, 개과천선, 개와 늑대의 시간, 개인의 취향, 거침없이 하이킥, 검사 프린세스, 결혼 못하는 남자, 경성스캔들, 고맙습니다, 골든타임, 공부의 신, 공주의 남자, 구여친클럽, 괜찮아 아빠딸, 괜찮아 사랑이야, 구가의서, 구미호 여우누이뎐, 굿 닥터, 굿바이솔로, 궁, 궁S, 그 겨울 바람이 분다, 그녀는 예뻤다, 그대 웃어요, 그들이 사는 세상, 그저 바라보다가, 근초고왕, 글로리아, 금 나와라 뚝딱!, 기황후, 김수로, 김치치즈스마일, 꽃보다 남자, 꽃 피는 봄, 나도 꽃!, 나쁜 남자, 난폭한 로맨스, 남자가 사랑할 때, 남자이야기, 내 마음이 들리니, 내 생애 마지막 스캔들, 내 생애 봄날, 내 여자친구는 구미호, 내 연애의 모든 것, 내 이름은 김삼순, 내 인생의 황금기, 내게 거짓말을 해봐, 내겐 너무 사랑스러운 그녀, 내일도 칸타빌레, 내조의 여왕, 냄새를 보는 소녀, 너는 내 운명, 너를 기억해, 너를 사랑한 시간, 너의 목소리가 들려, 너희들은 포위됐다, 넌 내게 반했어, 넌 어느 별에서 왔니, 누구세요?, 누나, 눈의 여왕, 뉴하트, 늑대, 다섯 손가락, 닥터 이방인, 닥터깽, 닥터진, 닥터챔프, 달자의 봄, 달콤한 나의 도시, 달콤한 인생, 달콤한스 파이, 대물, 대왕세종, 대조영, 대한민국 변호사, 더킹 투하츠, 도망자 Plan B, 돈의 화신, 돌아온 일지매, 돌아와요 순애 씨, 동안미녀, 동이, 드라마시티, 드라마의 제왕, 드림하이, 따뜻한 말 한마디, 떠루아, 로드 넘버원, 로비스트, 로열 패밀리, 마녀유희, 마왕, 마을-아치아라의 비밀, 마의, 마이 프린세스, 마이걸, 마이더스, 매리는 외박중, 맨 땅에 헤딩, 맨도롱또똣, 메디컬 탑팀, 메리대구 공방전, 메이퀸, 못난이 주의보, 못된 사랑, 못 말리는 결혼, 몽땅 내 사랑, 무사 백동수, 무적의 낙하산요원, 미남이시네요, 미녀의 탄생, 미래의 선택, 미세스 캅, 미스 리플리, 미스코리아, 미스터 굿바이, 미스터 백, 미우나 고우나, 미워도 다시 한 번, 바람 불어 좋은날, 바람의 나라, 바람의 화원, 반짝반짝 빛나는, 발칙하게 고고, 밤을 걷는 선비, 밤이면 밤마다, 백만장자와 결혼하기,

방송 1 (드라마)	305	337	베토벤 바이러스, 별에서 온 그대, 보고 싶다, 보스를 지켜라, 복면검사, 부부클리닉, 부활, 불굴의 며느리, 불량가족, 불량커플, 불멸의 이순신, 불의 여신 정이, 불한당, 브레인, 비밀, 비밀의 문, 비천무, 빅, 빅맨, 빛과 그림자, 뿌리깊은 나무, 사랑비, 사랑에 미치다, 사랑하는 사람아, 사랑하는 은동아, 사랑해, 상류사회, 상속자들, 상어, 서동요, 서울1945, 선덕여왕, 성균관 스캔들, 송곳, 수상한 가정부, 순정에 반하다, 스캔들, 스타의 연인, 스타일, 스파이, 시크릿 가든, 시티헌터, 시티홀, 식객, 식사를 합시다2, 신데렐라 언니, 신데렐라맨, 신돈, 신사의 품격, 신의, 신의 선물−14일, 신의 저울, 심야식당, 싱글파파는 열애중, 싸인, 쓰리데이즈, 아가씨를 부탁해, 아내의 유혹, 아랑 사또전, 아빠 셋 엄마 하나, 아이 엠 샘, 아이두 아이두, 아이리스, 아이리스 2, 아이언맨, 아직도 결혼하고 싶은 여자, 아침드라마, 아테나: 전쟁의 여신, 애인 있어요, 애정만만세, 앵그리맘, 야경꾼 일지, 야왕, 얼렁뚱땅 흥신소, 엄마가 뿔났다, 에덴의 동쪽, 에어시티, 엔젤아이즈, 여왕의 교실, 여우야 뭐하니, 여인의 향기, 역전의 여왕, 연개소문, 연애결혼, 연애시대, 연인, 예쁜남자, 오로라 공주, 오 나의 귀신님, 오 마이 비너스, 오만과 편견, 옥탑방 왕세자, 온에어, 완벽한 이웃을 찾아서..., 왕가네 식구들, 왕과 나, 왕의 얼굴, 용팔이, 외과의사 봉달희, 욕망의 불꽃, 운명처럼 널 사랑해, 유령, 육룡이 나르샤, 응답하라1988, 이산, 이전궁, 이죽일놈의사랑, 인생은 아름다워, 인순이는 예쁘다, 일지매, 자명고, 자이언트, 장사의 신, 장옥정/사랑에 살다, 적도의 남자, 전우, 전우치, 정도전, 제5공화국, 제빵왕 김탁구, 제왕의 딸 수백향, 제중원, 조선 총잡이, 종합병원2, 주군의 태양, 주몽, 즐거운 나의 집, 지붕뚫고 하이킥, 직장의 신, 진짜진짜좋아해, 징비록, 짝패, 쩐의전쟁, 착하지 않은 여자들, 착한남자, 찬란한 유산, 참 좋은 시절, 천명, 천추태후, 천하무적 이평강, 천하일색 박정금, 총리와 나, 최강칠우, 최고다 이순신, 최고의 사랑, 추리다큐별순검, 추적자, 카인과 아벨, 칼잡이, 오수정, 커피프린스 1호점, 커피하우스, 케세라세라, 쾌도 홍길동, 크리스마스에 눈이 올까요?, 크크섬의 비밀, 킬미 힐미, 타짜, 탐나는도다, 태양을 삼켜라, 태양의 여자, 태왕사신기, 투윅스, 트라이앵글, 트로트의 연인, 트리플, 파스타, 파트너, 패밀리, 패션70, 패션왕, 펀치, 포도밭 그 사나이, 풍문으로 들었소, 프로듀사, 피노키오, 하얀탑, 하이드 지킬 나, 하이킥3, 학교 2013, 한성별곡, 해를 품은 달, 헬로!애기씨, 호텔킹, 혼, 화정, 환상의 커플, 황금사과, 황금의 제국, 황진이, 히어로, 히트, 힐러

방송 2 (드라마 외)	65	70	100분토론, 1박2일, K팝스타, MUST 밴드의 시대, SNL코리아, TOP밴드, 가십 걸, 고교처세왕, 곽진언, 기타 국내 드라마, 기타 프로그램, 긴급출동SOS24, 김명규, 김필, 나는 가수다, 남자의 자격, 냉장고를 부탁해, 뉴스, 다큐멘터리, 댄싱9, 더 지니어스, 디시인사이드쇼, 뜨거운 형제들, 라인업, 로맨스 타운, 로스트, 로이킴, 마녀사냥, 마이리틀텔레비전, 무한도전, 미녀들의 수다, 미생, 밀회, 박시환, 박재정, 복면가왕, 비정상회담, 삼시세끼, 상상플러스, 셜록, 쇼미더머니4, 쇼바이벌, 슈퍼맨이 돌아왔다, 슈퍼스타K, 신드롬, 아빠! 어디가?, 에디킴, 오빠밴드, 오천만의 대질문, 우리 결혼했어요, 위대한 탄생, 유승우, 응급남녀, 응답하라1994, 이선태, 정준영, 종합편성채널, 진실게임, 진짜 사나이, 천하무적 야구단, 청춘불패, 코리아 갓 탤런트, 코미디 프로그램, 특명 공개수배, 패밀리가 떴다, 하휘동, 한선천, 허니지, 홍대광, 히든싱어
브랜드	2	2	기타카메라, 펜탁스
서브	20	20	LG, SK, 골드, 곽영훈 박사, 그린, 대우, 레드, 바이올렛, 블루, 삼성, 손학규 전 지사, 실버, 애플, 옐로우, 원희룡 의원, 페인 동호회, 핑크, 한화, 현대, 흑백
성공	6	6	구인구직, 비정규직, 아르바이트, 연습생, 창업, 취업
성인	12	12	DDR Now, 네이키드 뉴스, 모텔, 섹드립, 소라넷, 속옷, 유흥, 유흥업소, 은꼴사, 해외연예(성인), □자들의 성 상담소
생물	8	8	곤충, 기생충, 동물-기타, 멍멍이, 물고기, 식물, 야옹이, 파충류/양서류
생활	4	7	LGBT, ROOM, VS, 고민, 공짜의 달인 Q&A, 공짜의 달인 신청하기 게시판, 공짜의 달인 종료 게시판, 공짜의 달인 후기작성 게시판, 공짜체험, 관상, 광고, 꿈, 노력, 농업, 다이어리, 다이어트, 담배, 대출, 도전, 독거, 돈지랄, 뒷북, 로또, 무속, 미갤러스, 미스터리, 백수, 보험, 손금, 신용카드, 아웃사이더, 억울, 역학, 연봉, 연애상담, 자랑거리, 좌절 갤러리, 추억거리, 타로카드, 토토, 흙수저, 희망
쇼핑	5	5	백화점/마트, 영등포 타임스퀘어, 온라인 쇼핑, 해외 직접 구매, 홈쇼핑

스페셜	11	11	COOL, HIT, 디시나누미, 보이스리플, 성탄절, 엽기, 유저라이프, 유저추천힛, 축하, 퍼온 엽기, 펀이슈
스포츠	31	33	(임시)여자축구, (임시)피스스타컵, KT위즈, LG 트윈스, NC 다이노스, xgame, 검도, 겨울스포츠, 격투, 골프, 국내야구, 국내축구, 넥센 히어로즈, 농구, 당구, 두산 베어스, 롯데 자이언츠, 맨체스터, 배구, 복싱, 빙상, 삼성 라이온즈, 손연재, 수상스포츠, 수원삼성 블루윙즈, 스포츠, 이전 해외축구, 테니스, 프로레슬링, 피겨스케이팅, 한화 이글스, 해외야구, 헬스
스포츠 (인물)	33	34	FC서울, NBA, SK 와이번스, 강구열, 강민, 기아 타이거즈, 김연아, 김택용, 류현진, 마재윤, 미셸위, 박성준, 박정석, 박지성, 박지수, 박찬호, 박태환, 손흥민, 서지훈, 송병구, 안정환, 여자농구, 이성은, 이승엽, 이영표, 이영호, 이윤열, 이제동, 임요환, 차유람, 최연성, 태권도, 해외축구, 홍진호
여성	4	4	10대 여성, 20대 여성, 30대 여성, 남자친구(임시)
여행	16	16	국내, 동남아, 미주, 숙박, 아프리카, 여행(해외)-Q&A, 여행-국내Q&A, 여행-기타, 여행-일본, 유럽, 유학/해외유저, 인도/터키/중동, 자전거 타고 씽씽, 중국/홍콩/마카오, 캠핑, 호주/뉴질랜드
연예	6	6	국내연예, 모델, 베스티즈(임시), 일본 연예, 쟈니스, 중국연예
연예 1	206	209	15&, AKB48, BTOB, f(x), FT아일랜드, missA, Mot, 가비엔제이, 감우성, 강동원, 강지영, 강지환, 강호동, 고아라, 고현정, 구혜선, 김동률, 김동욱, 김래원, 김명민, 김민정, 김민종, 김민준, 김범수, 김사랑, 김상경, 김선아, 김아중, 김옥빈, 김용준, 김재욱, 김태원, 김하늘, 김현아, 김혜수, 나얼, 나혜미, 남궁민, 남상미, 노홍철, 니콜, 대성, 동방신기, 동영배, 드렁큰 타이거, 류승룡, 류승범, 류진, 메이비, 문소리, 문정혁, 문채원, 문희준, 민경훈, 박명수, 박민영, 박보영, 박성웅, 박시후, 박신양, 박용하, 박재범, 박진영, 박한별, 박해미, 박해일, 박희본, 방예담, 배두나, 배슬기, 배용준, 배치기, 배틀, 백아연, 별, 브라운 아이드 걸스, 비, 비틀즈, 빅뱅, 샤이니, 서민정, 서태지, 서현, 선미, 성유리, 세븐, 손예진, 손호준, 솔비, 송강호, 송윤아, 송일국, 송지효, 송혜교, 수영, 스톰, 신세경, 신승훈, 신하균, 심지호,

연예 1	206	209	싸이, 써니, 씨야, 아이비, 아이유, 애프터스쿨, 양동근, 양파, 엄기준, 엄태웅, 에픽하이, 오만석, 오지호, 원빈, 유노윤호, 유리, 유병재, 유선, 유세윤, 유승호, 유재석, 유진, 유진박, 윤건, 윤계상, 윤시윤, 윤아, 윤은혜, 윤하, 은정, 은지원, 이나영, 이다해, 이민기, 이민우, 이민정, 이민호, 이범수, 이보영, 이상엽, 이서진, 이선균, 이성민, 이세은, 이수영, 이승기, 이승환, 이연희, 이영애, 이윤지, 이제훈, 이지아, 이필립, 이필모, 이하나, 이현진, 이효리, 이희준, 임수정, 장근석, 장기하와 얼굴들, 장나라, 장동건, 장서희, 장재인, 장진영, 장혁, 재희, 정경호, 정려원, 정엽, 정유미, 정은우, 정일우, 제시카, 조관우, 조성하, 조연우, 조재현, 조진웅, 조현재, 주, 주진모, 쥬얼리, 지성, 지진희, 지현우, 차태현, 천상지희, 최강창민, 최정원, 최철호, 카라, 톡식, 티파니, 파이브돌스, 패닉, 피아, 하지원, 한가인, 한상진, 한석규, 한지민, 해외연예, 현빈, 홍종현, 황정민, 효연
연예 2	63	63	2AM, 2NE1, 2PM, JK김동욱, T.O.P, YB, 공효진, 구하라, 김경호, 김남길, 김범, 김정훈, 김준, 김태희, 남자 연예인, 넬, 다비치, 달샤벳, 류수영&박예진, 마이클 잭슨, 문근영, 박규리, 박해진, 박효신, 백청강, 보아, 서인국, 선우선, 소녀시대, 손담비, 송승헌, 송중기, 송창의, 승리, 신화, 씨스타, 알렉스, 여자 연예인, 원더걸스, 유아인, 유지태, 윤상현, 이병헌, 이상우, 이소라, 이승호, 이요원, 이준기, 임재범, 임주환, 조민기, 존박, 주지훈, 최강희, 태연, 티아라, 포미닛, 한승연, 한채영, 한효주, 허각, 허욱
연예 3	62	62	CNBLUE, EXO, JYJ, MBLAQ, 강소라, 강승윤, 거미, 고수, 공유, 곽정욱, 국카스텐, 김소연, 김소은, 김수현, 김우빈, 김윤석, 김준수, 김지수, 김현중, 김희선, 나인뮤지스, 레인보우, 바닐라루시, 박기웅, 박완규, 박재정, 박정현, 박진희, 박하선, 백진희, 버스커버스커, 슈퍼주니어, 슈프림팀, 스윗 소로우, 스피카, 시크릿, 신민아, 연정훈, 울랄라 세션, 유인나, 유키스, 이경규, 이종혁, 이현지, 인피니트, 임주은, 정용화, 제국의 아이들, 조승우, 조인성, 조정석, 주니엘, 주상욱, 지창욱, 진이한, 차승원, 천정명, 투개월, 한예슬, 한정수, 헬로비너스, 황정음

연예 4	70	95	AOA, B.A.P, B1A4, B2ST, CLC, DAY6, HISTORY, Team B, VIXX, 걸스데이, 권율, 김강우, 김구라, 김소현, 김연우, 김재원, 김재중, 김조한, 남주혁, 노을, 뉴이스트, 로맨틱펀치, 류덕환, 류준열, 리쌍, 마마무, 몬스타 엑스, 바비킴, 바이브, 박보검, 박신혜, 박유천, 방탄소년단, 블락비, 서강준, 서하준, 설리, 성시경, 세븐틴, 셰인, 소지섭, 수애, 수지, 시나위, 써니힐, 악동뮤지션, 에릭남, 에이프릴, 에이핑크, 여자친구, 여진구, 연우진, 오마이걸, 위너, 유희열, 육성재, 윤종신, 이광수, 이다희, 이동욱, 이수혁, 이승준, 이시영, 이적, 이정재, 이종석, 이종현, 이준혁, 이진욱, 이하이, 이현우, 임시완, 임창정, 자우림, 장동민, 정동하, 정승환, 정우, 정우성, 정재형, 조성모, 조윤희, 주원, 최다니엘, 최진혁, 최창엽, 케이윌, 크레용팝, 테이, 트와이스, 틴탑, 하정우, 헨리, 혁오, 홍수현
연예 5	30	30	BOBBY, EXID, EXO-K, EXO-M, god, GOT7, 그룹 헤일로, 김성균, 김진호, 도희, 러블리즈, 레드벨벳, 박서준, 박형식, 백현, 버나드박, 송재림, 심은경, 안소희, 엠씨더맥스, 유연석, 이상윤, 이재훈, 전지현, 정은지, 정형돈, 최태준, 탑독, 플라이투더스카이, 휘성
운송	7	7	DC라이더스, 바이크, 버스, 선박, 자전거, 철도(지하철), 항공기
음식	20	20	과일/야채, 과자/빵, 롯데리아, 맥도날드, 면식, 빙과, 아웃백, 양식, 오땅, 음식-기타, 일식, 점심, 주류, 중식, 차/음료, 치킨, 패스트푸드, 편의점, 피자, 한식
음악	16	16	가요, 댄스, 락, 미국음악, 악기, 유럽음악, 음반, 음악, 인디밴드, 일렉트로니카, 일본음악, 작곡, 재즈, 클래식, 피아노, 힙합
이슈	37	41	2007 대선, 2008 총선, 2010 지방선거, 2012 대선, 2012 런던 올림픽, 2012 총선, 2014 지방선거, 2014인천아시아경기대회, 4대강, 국가안보(연평도 북괴도발), 국뽕, 김유식 대표 에세이, 나는 꼼수다, 나로호, 남성연대, 남아공 2010, 메르스, 르포, 스쿠프, 제보, 막장, 막장, 밴쿠버 동계올림픽, 범죄, 북경 올림픽, 브라질 2014, 사고, 소셜커머스, 소치 동계올림픽, 숭례문, 스포츠서울, 연예 루머, 이전 정치/사회, 이전 막장, 정치/사회, 지진, 촛불집회, 한미 FTA, 헬조선, 후쿠시마 원전

인물	17	18	가족, 결혼, 그라비아, 남자친구, 누드, 리터칭, 사회복지사, 아기, 어린이, 여자친구, 와이프, 인물-기타, 일반셀프, 커플, 코스튬플레이, 패러디, 폐인셀프, 표정, 피팅모델
인물 기타	9	9	김성모, 김일성, 김정일, 박정희, 이해찬, 임종석, 진중권, 허영만, 히틀러
장터	17	17	그냥드립니다, 물물교환, 삽니다-MP3플레이어, 삽니다-기타 물품, 삽니다-디지탈 카메라, 삽니다-카메라 악세사리, 삽니다-컴퓨터,주변기기, 삽니다-휴대폰, 팝니다-MP3플레이어, 팝니다-기타 물품, 팝니다-디지탈 카메라, 팝니다-자동차용품, 팝니다-카메라 악세사리, 팝니다-컴퓨터,주변기기, 팝니다-휴대폰
정부 기관	2	2	경찰, 보건복지가족부
정치인	11	11	김문수, 노무현, 문국현, 박근혜, 손학규, 유시민, 이명박, 전두환, 전여옥, 정동영, 허경영
지역 1	41	41	강남구, 강동구, 강북구, 강서구, 고양(일산), 관악구, 광명, 광진구, 구로구, 금천구, 남양주, 노원구, 도봉구, 동대문구, 동작구, 마포구, 부천, 서대문구, 서울지역, 서초구, 성남(분당), 성동구, 성북구, 송파구, 수원, 시흥, 안산, 안양, 양천구, 영등포구, 용산구, 용인, 은평구, 의정부, 인천/경기지역, 종로구, 중구, 중랑구, 파주, 평택, 화성
지역 2	8	8	강원/제주/해외 지역, 광주/전라 지역, 대구/경북 지역, 대전/충청 지역, 독도, 부산/울산/경남 지역, 북한, 지역 모임
직업	6	6	기상캐스터, 기자, 레이싱모델, 성우, 아나운서, 항공승무원
취미	88	101	2012, 35만 화소급, GP506, HP, SLR, 강철중, 겨울왕국, 공연/이벤트, 과속스캔들, 교세라, 그래비티, 꿀벌 대소동, 낚시, 놀이공원, 니콘, 다크 나이트, 더 게임, 도박/경마, 도서, 도시바, 드래곤 길들이기2, 드래곤골, 드론, 등산, 디 워, 디시애갤러스, 디자인/일러스트, 디즈니, 디지몬, 라디오, 라스트갓파더, 로봇, 리코, 마더, 마이리틀포니, 만화, 명량, 모바일(폰카), 무협, 문구, 미니언즈, 밀키홈즈, 바둑, 바르게 살자, 본 얼티메이텀,

취미	88	101	부당거래, 산요, 삼국지, 삼성카메라, 색/계, 설국열차, 소니, 수공예, 스타워즈, 스피드 레이서, 식객, 실종, 아이언맨, 아저씨, 애니-미국, 애니-일본, 애니-한국, 애자, 어벤저스, 엡손, 연극/뮤지컬, 영화, 영화(이전), 올림푸스, 원티드, 웹소설, 웹툰, 인디아나 존스, 인사이드아웃, 인셉션, 인터넷방송, 인터스텔라, 인형, 전우치, 점퍼, 좋은 놈 나쁜 놈 이상한 놈, 지브리, 진격의 거인, 착시, 추격자, 카시오, 캐논, 캐릭터, 코니카미놀타, 코닥, 쿵푸 팬더, 타입운, 토이, 트랜스포머, 트와일라잇, 특촬, 파나소닉, 판타지, 화려한 휴가, 화이, 후지필름, 히어로
패션	21	22	가방, 구두, 나이키, 노스페이스, 루이비통, 메이크업, 면도, 명품, 문신/헤나, 상의, 시계, 신발, 아디다스, 악세사리, 온라인 쇼핑, 이전 패션, 하의, 퍼스널 컬러, 향수/화장품, 허슬러 란제리, 헤어스타일, 홈쇼핑
풍경	12	12	건물, 구글어스, 도갤러스, 도시, 야경, 우리동네, 유저 추천 출사지, 전원, 천체, 청계천, 파노라마, 풍경-기타
학술	50	53	ELW, 간호학, 경제, 공학, 과학, 과학, 논술, 독서실, 디시수갤러스, 머니, 무신론, 문학, 물리학, 미술, 법학, 부동산, 비트코인, 사회, 선물옵션, 성형, 수능, 수리, 수의학, 수학, 심리학, 안구, 약학, 언어, 언어, 역사, 영어, 외국어, 우주, 우울증, 의약, 의학, 인강, 일어, 입시학원, 재수, 전자, 종교, 주식, 중국어, 지리, 철학, 치의학 게시판, 탈모, 파생상품, 펀드, 한의학, 행정, 확률
합성	16	16	CG/3D, 디지타이저, 애니메이터, 움짤, 카툰-단편, 카툰-성인, 카툰-연재, 카툰-연재 HQ, 카툰-연재 LQ, 틀린 곳 찾기, 퍼온 카툰, 플래쉬, 합성, 합성-그림, 합성-기타, 합성-시사
해외 방송	21	22	1리터의 눈물, 24, CSI, 그레이 아나토미, 기타 미국드라마, 기타 해외드라마, 노다메 칸타빌레, 덱스터, 미국 드라마, 미국 쇼프로그램, 수퍼내추럴, 쉴드, 스킨스, 영국드라마, 왕좌의 게임, 위기의 주부들, 일본드라마, 전차남, 프리즌브레이크, 하우스, 화려한 일족, 히어로즈
합계	1,646	1,802	

*자료: http://gall.dcinside.com

팬 갤러리도 매우 많다. 그러나 정부 카테고리에는 경찰과 보건복지가족부 갤러리만 있으며, 정치인 카테고리에는 단 11명의 갤러리만 있을 뿐이다. 정부 부처 카테고리에 경찰과 보건복지가족부만 있다는 것은 정부 부처 가운데 디시 활동과 가장 연관이 높은 기관을 선별적으로 선택하고 주목하고 있다는 것을 나타낸다.

지역 카테고리의 서울 지역은 구별로 갤러리가 있지만 그 외 지역은 도별 정도로 8개뿐이다. 학술 카테고리에는 모든 학문 분야가 거의 다 있지만 언론학이나 정치학 등의 갤러리가 없는 것도 눈에 띈다. 이와 같이 전체적으로 디시 갤러리를 보면, 남성 편중, 서울 편중, 특정 (정부)기관 편중, 방송/연예/스포츠 등 취향에 따른 문화 편중 현상이 매우 강하게 나타나고 있지만 이 또한 이용자 취향 혹은 필요에 의한 갤러리 생성이라는 운영 구조를 보면 당연한 결과이기도 하다.

이 가운데 방송 종료된 TV 프로그램이나 역사적으로 오래된 사건에 대한 토론 종료 등 활성화되지 않은 갤러리가 많다고 해도 활발한 참여가 이루어지는 온라인 커뮤니티가 1,000개가 넘는 규모로 운영되는 곳은 디시가 유일하다. '시갤(시계 갤러리)', '밀갤(밀리터리 갤러리)', '스갤(스타크래프트 갤러리)', '기드갤(기타 미국 드라마 갤러리)', '코갤(코미디 프로그램 갤러리)'처럼 보통 2~3글자의 축약어로 표현되는 이와 같은 갤러리는 디지털 정보뿐만 아니라 디시 방문자들의 다양한 취향을 반영하는 것이며, 디시의 외연을 확장시킬 수 있는 중요한 요소이기도 하다.

5. 패러디와 참여

디시에서는 일상생활에서의 주요 소비자 고발, 정치인과의 대화, 촛불집회 참여 그리고 주요 선거 때마다 독창적인 참여문화가 이루어졌다.

1) 투표 독려

2003년 밀리터리 내무반 갤러리에서 독일, 구소련의 군사 포스터를 패러디했던 '무적의 솔로부대'는 솔로들이 지켜야 할 지침을 코믹하게 표현하여 인기를 끌었으며, 이에 대항하기 위해 만들어진 커플부대의 포스터도 높은 관심을 받았다. 2004년 4월 15일에는 총선을 앞두고 솔로부대, 커플부대에 이은 투표부대가 탄생하였다. 투표부대는 솔로부대, 커플부대의 포스터를 패러디한 '빙구리'의 포스터를 통해 많은 이용자로부터 지지를 받으며 처음 생겨났는데(http://www.dcinside.com/new/dcissue/2004_top_61.htm), 솔로부대에서 쓰인 포스터를 그대로 이용하며 '데이트를 하더라도 투표는 하고 만나라' 등의 기발하고 웃음을 자아내는 문구로 투표 참여를 권장하였다. 또한 '총선일에 놀러 가는 것은 우리에게 사치일 뿐이다'라며 선거 당일 놀러 가는 사람을 비난하는 직설적인 표현을 제시하기도 하였다.

투표부대 콘텐츠는 포스터에만 머무는 것이 아니라 '투표부대가'(작사: 빙구리햏, 작곡: 윤민석)부터 뮤직비디오에 이르기까지 다양한 콘텐츠로 생성되었으며, 디시 이용자들은 온라인에 머물지 않고 개죽이 깃발을 들고 거리에 나가 직접 참여운동을 벌이기도 했다(http://wstatic.dcinside.com/guide/guide1_1.html). 한편, 2004년 4월 9~15일 20대의 투표 참여를 독려하기 위한 패러디 콘테스트를 개최하여 네티즌의 '퍼나르기' 참여를 독려하였다.

제도적이고 형식적인 투표 장려만 횡행하던 상황에서 아래로부터의 자율적인 투표 독려는 신선한 문화 충격으로 다가왔다. 또한 투표 '독려' 자체가 정치 참여의 대표적인 문화로 자리매김하는 계기를 마련하였다. 한편, 이러한 정치문화 전통은 이후에 트위터에서의

| 그림 2-12 | 투표부대 패러디

*자료: http://www.dcinside.com

|그림 2-13| 투표부대가 가사

"우리는 무적의 투표부대다. 투표가 우리의 공격무기다.
언제까지 욕만 하며 지켜볼 텐가, 오라 투표부대로.
폭설이 내려도 투표는 한다, 데이트를 하더라도 투표는 한다.
주침야활 햏자는 도움 청하여, 오라 투표부대로.
어떠한 시련이 있다 하여도, 투표에 참가하라,
우리는 무적의 투표부대다, 출전 태세를 갖추어라.
나가자 투표부대, 4월 15일, 모조리 방법하자, 꼴통 무리들"

*자료: http://www.youtube.com/watch?v=eMASlpjhpvA

투표 '인증샷'과 같은 세계 최초의 독창적인 참여 행태로 이어지기도 했다.

2) 촛불집회

디시 이용자들은 2004년 노무현 대통령 탄핵 반대 촛불집회에 개죽이 깃발을 들고 참여하였다. 또한 이전의 집회에서는 오프라인 단체, 대학 혹은 정치집단만이 깃발을 드는 것이 보편적인 현상이었지만, 이제는 누구나 깃발을 들 수 있다는 새로운 정치 참여 현상으로 변화하게 되었다.

2008년 미국산 쇠고기 수입 반대 촛불집회의 경우에는 참여뿐만 아니라 갤러리마다 촛불집회에 대한 찬반 논란이 전개되었는데, 음식 갤러리는 성금을 모아 김밥으로 시위대를 지원했고, 밀리터리 내무반 갤러리는 촛불집회 지지 광고를 게재했다. 음식 갤러리 이용자들은 5일간 모은 성금 320만 원으로 1,700명분의 김밥과 생수를 구입해 "우리가 여러분의 배후 세력입니다. 맛있게 드시고 조심히 귀가 하십시오."라는 내용의 스티커를 붙여 촛불집회 참여자들에게 나눠 주었다.

한 여성 이용자의 제안으로 시작된 모금운동이 뜨거운 호응을 불러일으키자 음식 갤러리 이용자들은 2차 모금운동을 시작하였다. 2차 모금에서는 3일 만에 4천만 원이 넘게 모였고 현장에서 김밥을 나눠주는 자원봉사 신청자도 줄을 이었다. 반면, 촛불집회를 반대하는 촛불집회 갤러리에서는 전·의경에 위문품을 전달하기도 했다. 이와 같은 한 동호회 내에서의 상반된 참여 현상은 커뮤니티의 규모가 확대되는 만큼 서로 다른 참여 양태가 활성화된 것으로 평가할 수 있다.

3) 정치인 간담회

2004년 디시의 정치사회 갤러리는 김근태(6월), 임종석(9월), 전여옥 (11월) 등 정치인과의 간담회를 주최하였다. 대부분 정치인과의 '호프 미팅'이 의례적인 덕담을 주고받으며 화기애애하게 진행되는 것에 비해 디시의 간담회에서는 한총련에 대한 평가, 국가보안법 철폐의 전망 등 사회 현안에 대한 진지한 질문이 제기되었다. 이와 같은 질문은 인터넷에 올린 질문 중에 선택된 것으로 참석자 가운데에는 18세의 고교생도 포함되어 있었다. 간담회는 인터넷 채팅과 캠코더를 통해 실시간 중계되었으며 정치인의 팬클럽도 참여하였다. 정치인 섭외부터 행사 준비까지 이용자들의 자발적인 참여와 주도로 이루어진 간담회는 언론의 높은 관심을 받았다.

4) 소비자 고발

2006년 6월, 디시의 시계 갤러리(시갤)는 이탈리아 명품 시계 브랜드라는 지오모나코가 과장 광고를 하고 있다고 문제 제기를 했다(《악플 때문에 '댓글 순기능' 훼손되진 말아야》, 《아이뉴스24》 2006년 9월 1일자). 시갤 이용자들은 180년의 역사를 자랑한다는 지오모나코가 eBAY, JP auction, 소더비, 크리스티에서 거래된 적이 없고, 국내외에서 브랜드 시계 사용기나 착용 사진이 없으며, 지오모나코 미국 매장이 코리아타운 쇼핑센터 내 일반 보석가게인 점, 세계적으로 권위 있는 시계 보석 박람회인 바젤 페어(Basel Fair)에 2006년 처음 출품된 점, 이 브랜드의 국내상표권 등록 절차를 법인이나 그룹이 아닌 개인 명의로 했다는 점, 스위스 시계협회에 등록되어 있지 않은 점, 상표권 등록을 두 번이나 거절당했다는 점, 특정 커뮤니티 사이트에서 할인권을 판매하고 있다는 점 등을 들어 이 시계가 명품 시계로 둔갑한 가짜 명품이라고 주장했다.

이에 대해 지오모나코 측은 180년의 역사는 홍보 대행사의 과장 홍보로 인해 발생한 잘못된 정보이며, 실제 역사는 5~6년 정도이지만, 3대째 보석 세공을 전문으로 다루어온 브랜드로 품질 면에서 명품과 비교하여 손색이 없다고 반박했다. 1개월 넘게 걸린 시갤과 지오모나코의 공방은 경찰이 지오모나코 수입업체 대표 등 2명을 사기 혐의로 입건하면서 종결되었다.

6. 온라인 민족주의와 사이버 대전

디시는 민족주의의 공간이기도 하다. 한·중·일 간의 인터넷 민족주의 대결은 영토 문제를 둘러싸고 한·중·일 네티즌들의 '사이버 임진왜란'에서도 극적으로 발견된다. 오노와 싱하(2005년), 을룡타(2005년) 패러디뿐만 아니라 2004년 한 일본인이 한국을 조롱하는 내용과 디시 엽기 갤러리에 올라온 특이한 사진을 마치 한국의 일상처럼 올려 자극했다. 때마침 2004년 9월 고이즈미 일본 총리의 '독도는 일본땅' 발언으로 촉발된 '사이버 임진왜란'에서 양국 네티즌은 서로의 문화를 비하하는 사이트를 잇따라 개설하고, 해당 사이트의 서버를 과다한 접속 부하로 다운시키는 '트래픽 폭격'을 퍼부었다(《서울신문》 2004년 1월 12일자).

일본의 한 네티즌이 한반도가 삭제된 지도를 한국 비하 사이트 'K국(코리아를 빗댄 지칭)의 방식'(http://kanokuni.hp.infoseek.co.jp)에 올리자 우리나라 네티즌은 '원폭투하 기념우표'를 만들고 'K국의 방식'에 대응하는 'J국의 방식' 사이트를 만드는 등 상상을 초월하는 비이성적이고 국수주의적인 반응을 보였다(류석진·조희정 2008). 이후 이 사이트들은 한일관계에 문제가 생길 때마다 서로를 공격하며 사이버 대전을 펼치곤 한다(「우연한 여행자」, http://mazzellan.tistory.com/5, 2010년 6월 9일자).

2007년 8월 광복절에는 일본의 니챠네루(2ch)와 디시 간에 서로 게시판을 공격하는 사태가 벌어졌고, 2011년 8월에는 독도 문제와 이종격투기 임수정 선수 구타 사건으로 갈등이 고조되었다. 일본 배

우의 한류 편중 발언을 계기로 다시 코갤과 넷 테러 대응연합 2천 명이 8월 15일 오후 3시에 공격을 선포하면서 일본인 개인정보 해킹을 제안하였다.

비단 디시에서만 촉발된 것은 아니지만 2001년부터 2013년까지 13년 동안 이루어진 한·중·일 삼국 간 온라인 갈등은 〈표 2-2〉처럼 시기와 분야별로 정리할 수 있는데 이들 사건을 통해 나타나는 특징은 다음과 같다(류석진·조희정·박설아 2013 : 164, 171~172).

첫째, 삼국은 온라인상에서 지속적으로 갈등하고 있지만 삼국 가운데, 시기적으로 가장 오래 갈등하고 있는 국가는 2001년부터 현재까지 갈등하고 있는 한국과 일본이다. 13년간 한·일의 주요 갈등 사건 빈도만 36건이며, 이는 한·중(14건), 일·중(8건) 간 갈등에 비해 월등하게 높은 빈도로, 외교적인 국가 간 공식 갈등을 제외하고 민간 부분에 국한하더라도 1년 평균 3회 정도 갈등했다는 것을 의미한다. 양국이 익히 잘 알고 있는 바와 같이 삼일절과 광복절이 있는 3월, 8월에는 매해 주기적으로 갈등이 예견되기까지 하는 상황이다.

둘째, 온라인 민족 갈등은 네트워크를 배경으로 담론이 증폭되는 특징이 있다. 온라인 공간에서 단 하나의 문제 제기가 수많은 사람의 호응을 통해 힘을 얻게 되는 네트워크 효과(network effect)는 비단 민족주의 담론에만 나타나는 현상은 아니지만, 민족주의 담론의 경우 이슈의 특성상 응집과 확산의 속도가 그 어떤 담론보다 크게 나타난다.

셋째, 온라인 민족 갈등은 사례의 선별성을 통해 극명한 모순을 가시적으로 표현하는 특징이 있다. 즉, 문화적 코드와 경제적 코드의 긴장관계나 근대적 가치와 탈근대적 가치의 갈등 혹은 세대 간 갈등 모두를 현시화하는 특징이 있다.

|표 2-2| 한·일 온라인 갈등 현황 (2001년~2013년) ━━━━━━━

구분	한 - 일
영토	*** 한국 동해 표기(2001년 1월)** [한] 한국 알리기 동호회 '반크(VANK)'는 론리 플래닛에 이메일로 일본해 대신 동해 표기를 요구하여 병기하기로 결정 (2000년 8월 내셔널지오그래픽, 12월 라이코스가 동해 표기) *** 동해 표기(2012년 4월)** [한] [일] 국제수로기구(IHO) 연차총회를 앞두고 한일 누리꾼 75,000명이 백악관 We the people에 '미국 교과서 동해 표기 바로잡기' 서명 청원 *** 독도(2002년)** [일] 게임업체 시스템 소프트는 일본이 독도를 점령한다는 가상 스토리를 담은 '현대대전략 2002' 발매. 이어 발매된 '현대대전략 2005 : 호국의 방패 이지스함대'에서는 자위대가 독도를 점령하고 제주도까지 공격하는 내용을 포함. '현대대전략 2009' 역시 마찬가지 *** 독도(2004년 9월)** [일] 고이즈미 총리의 '독도는 일본땅' 발언 때문에 사이버 임진왜란 촉발/ K국의 방식 vs. J국의 방식 사이트 개설, 기념우표 발행 *** 독도(2005년 3월)** [한] 싸이월드가 일본 시마네현의 '다케시마의 날' 조례 제정에 반대하는 사이버 서명 캠페인 진행. 2004년 1월에는 독도 미니홈피 개설. 네이트온은 대화명에 태극기 달기 캠페인 진행 *** 독도(2006년 4월)** [한] 다음이 포털 최초로 '일본 독도 근해 배타적 경제 수역 탐사 논란'에 대응하여 KBS와 함께 향후 3개월간 독도 현지 실시간 생중계(issue.media.net/Japan_eez/index.html) : 속보, 포토갤러리, 카페 및 블로그, 독도사랑 메시지 서비스. 독도사랑 메시지에만 하루 만에 5만여 개 댓글. 아고라 청원에는 2,200여 명이 청원 *** 독도(2008년 7월)** [일] 총리가 정상회담에서 독도의 일본 영토 표기를 중학교 학습지도 요령 새 해설서에 명기하겠다는 방침을 전달. 세컨드라이프에서 일장기를 단 탱크로 사이

영토	버 독도에 몰려와 총격과 핵폭탄 공격. 경복궁과 경회루 앞에 우익 선전 차량을 몰고 와 태극기에 불을 지름 [한] 블로그 독도 혹은 다케시마(dokdo-or-takeshima.blogspot.com)에서 독도 영유권에 대해 설문. 369,533명 참여. 아바타를 배설물 모양으로 변하게 함. 아고라에 사이버 독도 경비시스템 자금 모금운동. 1억 원 모금액 달성 *** 독도(2009년 2월)** [한] 하나포스닷컴이 '독도가 달린다' 페이지(dokdo.andu.hanafos.com) 개설. 서명, 달리기 이벤트, 온라인 1인 시위, 오표기 찾기 캠페인 참여. 다케시마의 날 찬반 투표에 한국 1만 명 참여, 일본이 몰리면서 5만 명 이상이 참여하여 찬성으로 역전(일본 IP 4만 명) *** 독도(2010년 3월)** [일] 문부성이 2011년 초등학교 교과서 검정 발표를 하면서 독도 영유권 문제 포함. 요미우리와 아사히신문이 2008년 7월 15일 당시 후쿠다 총리가 다케시마 명칭을 요구하자 대통령이 '지금은 곤란하다. 기다려 달라'고 발언했다고 보도 [한] 이명박 대통령 독도 관련 발언. 3월 16일 청와대 해명 *** 독도(2010년 5월)** [한] 중국에서 열린 2010 아시아태평양신인가요제 출전가수 정주영이 생방송 중에 '독도 belong to' 문구와 태극기가 그려진 티셔츠를 입고 독도 퍼포먼스를 한 동영상이 포털토론방에 게시됨. '독도청년'으로 인기를 끔 [한] 일본 교과서의 다케시마 표기 비난, 주일대사 소환 요구 *** 독도(2011년 2월)** [한] 소셜커머스 서비스 위메프에서 독도 캠페인 실시. 100만 명이 100원씩 구매하여 1억 원을 모금하였고 세계 주요 언론에 '독도는 우리땅' 광고 실시.(10번째 광고는 일본의 주요 일간지에 게재). 소셜 미디어로 확산되어 14시간 만에 18,841명이 구매 *** 독도(2011년 8월)** 독도문제와 이종격투기 임수정 선수 구타 사건으로 갈등 고조 [일] 배우 : 한류 편중 발언 [한] 디시 코갤과 넷 테러 대응연합이 2천 명 15일 오후 3시 공격 선포, 일본인 개인정보 해킹 제안. SNS 프로필 태극기 몹 [일] 후지 TV 시청 거부, 야후 재팬 댓글 시위. 한국의 넷 테러 대응연합 운영자 아이디 해킹 *** 독도(2012년 9월)** [한] 국산 게임 '네이비필드'에서 독도에 침입한 일본 군함을 격침하는 내용 포함. 역사 게임 '거상'에서는 일본으로부터 울릉도와 독도를 지킨 안용복을 캐릭터로 등장시킴. MMORPG 게임 '프리우스'에서는 배경에 독도를 추가하고 배경음악으로 애국가를 삽입. 비행전투게임 '데드식스'는 일본 함대를 격파하고 독도를 지키는 임무를 포함. 모바일 게임 '카오스&디펜스'는 새 콘텐츠로 '독도 수호대'를 추가

영토	[일] 모바일 게임 '다케시마 쟁탈전'에서 독도 영유권 다툼을 소재로 다룸 *** 독도(2013년 3월)** [한] 사이버외교사절단 '반크'가 '21세기 신헤이그 특사'로 디지털 단원을 모집함. 스마트폰, PC, 디지털 기기, 소셜 미디어의 프로필과 배경화면에 독도 사진을 넣고 최소 5명에게 퍼트리는 역할 담당 *** 다케시마의 날(2013년 2월)** [일] 시네마현은 2006년부터 다케시마의 날 행사. 2ch도 동참하면서 무력사용이나 국교단절을 주장. 아베 총리를 친한파라고 비난
역사	*** 역사교과서(2001년 3월)** [한] 왜곡과 관련하여 사이버 시위 [일] 산케이신문 등은 사이버테러이므로 처벌을 요청 *** 광복절(2004년 8월)** [한] 세계국학원청년단의 온라인 커뮤니티인 사이버의병(cafe.daum.net/cyber shinsi)이 8월 15일 경축식 행사의 부대행사에 공식 초청받아서 태극기 플래시몹 행사를 처음 주도 *** 광복절(2005년 8월)** [한] 포털 파란은 일본 야스쿠니 신사에 방치되어 있는 북관대첩비 반환 촉구 서명 진행. 일제강점하의 독립운동노래를 편곡하여 mp3와 휴대폰 벨소리로 제공. 팔일오 삼행시 짓기 이벤트. 다음은 나라사랑 사진 공모 *** 삼일절(2006년 3월)** [한] 태극기 몹(mob) 운동, 사이버 태극기 게양 운동 *** 광복절(2007년 8월)** [일] 2ch과 [한] 디시인사이드 간에 서로 게시판을 공격 *** 광복절(2012년 8월)** [한] 독도-올림픽-싸이를 주제로 한 사상 최대의 사이버 대전. 인터넷 카페 넷테러대응연합(넷대연)은 [일] 2ch에 9월 공격 예고 *** 위안부 비하(2013년 2월)** [일] 커뮤니티에서 위안부 소녀상을 외설적으로 합성한 사진을 SNS에 유포 *** 지일 동영상(2009년 3월)** [한] 반크가 14편의 영문과 한글 동영상을 제작하여 한국을 소개 *** 혐한(2009년 4월)** [일] 혐한류 만화 출판 *** 최홍만 일본 영화 출연(2009년 5월)** [한] 도요토미 히데요시(豊臣秀吉)의 부하로 출연한 최홍만에 대한 비난 *** 구로다의 비판(2009년 12월)** [한] 비빔밥을 양두구육의 음식이라고 비판했다고 비난 *** 러시아 유학 한국학생 사망(2010년 2월)** [일] 2ch에서 잘된 일이라는 반응

사회/ 문화	*** 다르빗슈 발언(2012년 5월)** [일] 메이저리그의 일본 투수 다르빗슈가 한국 비하 발언을 한 일본 네티즌에게 한 국 옹호 발언으로 반박 *** 쌈디 한국인 학살 발언(2012년 8월)** [한] 쌈디가 트위터에서 다케시마 발언을 한 일본인에게 욕으로 응수 *** 친일 카페(2012년 9월)** [한] 네이버에 공식 친일 카페는 3곳. 비공식 카페는 10여 개. 광복절을 맞이하여 태극기를 불태우는 사진 등을 게재. 방송통신위원회의 조사에 의하면 6~8월 사이에 19,000건의 친일, 한국 비하 게시물이 게시판과 카페 등을 통해 확산됨 *** 반한 친일 카페(2013년 2월)** [한] 네이버에 '한국공식 안티 카페2'라는 카페 개설. 한국인에게 창씨개명 요구. 회원 수는 156명
국제행사 (스포츠)	*** WBC(2009년 3월)** [일] 야후 제팬에서 한일전 세 번째 대결의 승자에 대한 설문조사 *** 동계올림픽(2010년 3월)** [일] 2ch에 벤쿠버 동계올림픽에 출전한 김연아 연기에 대한 악평을 올린 것에 분 노하여 한국이 행한 사이버테러 가능성이 있다고 보도. 2ch에 3시간 만에 김 연아 비난 글 1,200건 이상이 게시됨. 33개 게시판 중에 30개 게시판 마비 [한] 2ch 사건 직후 반크도 공격받음. 포털에 '정당한 테러 대응 카페' 개설(5일 만 에 6만 5천 명 가입) [한] [일] 간 3·1절 사이버 전쟁 움직임 *** 남아공 월드컵(2010년 5월)** [일] 일본 축구국가대표팀 스폰서를 맡고 있는 스포츠업체가 인터넷 홈페이지에 한국 비하 축구 광고 게시. 2ch의 '뉴스속보', 'VIP' 게시판 코너에 한국 8강 탈락을 기뻐하는 글 다수 *** 남아공 월드컵(2010년 7월)** [한] 대일 파라과이 역전 승리에 대해 격려 글이 게시된 이후, 일본에 의해 주한 파 라과이 대사관 서버다운(1,000여 개 글 게시) *** 런던 올림픽(2012년 8월)** [한] 남자축구 한일전에서 일본에 승리한 것을 자축. 박종우 독도 세레모니로 인해 동메달 시상식에 참석하지 못하게 된 것에 대해 일본의 욱일승천기를 예로 들 어 항의. 아고라에서는 박종우를 옹호하는 서명과 청원 [일] 2ch에서 한국 우세를 수긍하면서도 자국 선수를 비난

*자료: 류석진·조희정·박설아(2013 : 165~168)

넷째, 주로 갈등하는 대표 분야는 영토, 역사 그리고 사회·문화를 비롯하여 스포츠 대결 등의 국제행사이다. 그 중에서도 특히 영토와 역사 문제에 대한 갈등은 주기적으로 반복되고 있다. 이는 기억의 역사에 대한 현실적 재의제화 과정으로 그 자체가 기억의 정치화라고 평가할 수 있다.

다섯째, 영토 문제의 경우, 삼국 갈등의 가장 큰 비중을 차지하며 빈번히 반복되고 있는데, 한·일 간에는 독도, 동해 표기, 한·중 간에는 백두산과 일본을 반대하며 한국을 지지하는 이슈로 독도 문제가 주로 거론된다. 그리고 2010년 이후에는 중·일 간에 센카쿠(중국명: 댜오위다오) 열도 문제가 주요 이슈이다. 중국이 한국 지지의 입장을 밝힘에 따라 독도 문제는 삼국 간에 가장 지속적이고 공통적으로 거론되고 있다. 영토 문제는 자국의 소유권의 정당성 주장을 중심으로, 국제 사회에서의 공론화 주장, 각국의 외교적 태도에 대한 비판, 상대국에 대한 비난이 주를 이루고 있다.

여섯째, 역사 문제는 영토 문제만큼 자주 등장하지는 않지만 영토 문제와 중첩되어 나타난다. 한국의 경우 3월 삼일절과 8월 광복절을 기점으로 역사교과서, 문화재 등의 문제가 거론되면서 극렬한 사이버 공격으로 반복되고 확대된다. 특히 한국의 디시인와 일본 니챠네루(2ch)와 같은 커뮤니티 게시판이 주요 주체이자, 서로의 주요 공격 대상이다. 또 하나의 주체라 할 수 있는 한국 포털의 경우는 기념일 캠페인으로 다양한 서명운동, 콘텐츠 배포를 통해 애국주의를 확산시킨다. 한편으로는 상대국의 교과서에서 왜곡하는 내용에 대한 정정을 요구하며, 한·중의 경우에는 동북공정 및 고구려사에 대한 논란이 주로 반복되고 있다.

일곱째, 사회·문화 분야에서의 갈등은 혐한(혐한류), 혐일, 혐중 등 상대국에 대한 감정적 혐오와 배외주의가 다수를 이루고 있다. 주요 연예인이나 운동선수의 상대국에 대한 비난 발언에 편승하는 경향도 있으며, 한국의 경우 최근에는 친일 카페에서 창씨개명까지 요구하는 커뮤니티 활동까지 나타나고 있다.

여덟째, 국제행사는 주로 국제대회에서 상대국과 대결할 경우 승패를 소재로 감정적인 공격으로 분출되고 있는 것이 특징이다. WBC, 올림픽, 월드컵 등 중요 국제대회에서의 대결 결과에 대한 격렬한 반응이 게시판에 표현되는 형태로 나타나며, 때로 승리의 세레모니를 통해 영토나 역사적 문제에 대한 감성적 자극과 국제적 호소를 요구하는 것도 특징적인 퍼포먼스라고 평가할 수 있다.

| 표 2-3 | 한·중/일·중 온라인 갈등 현황 (2001년~2013년)

구분	한 – 중	일 – 중
영토	* **독도(2005년 3월)** [중] 반일 감정 및 한국 지지. 신라망에 '한일독도문제'를 주제로 별도 웹페이지(news.sina.com.cn) 개설. 2일간 1,200여 건의 댓글로 한국 지지 * **백두산(2007년 1월)** [한] 장춘 동계올림픽 여자 쇼트트랙 선수들의 백두산 세레모니 [중] 패러디 사진 유포	* **센카쿠(2010년 5월 20일)** 동중국해 조어도(센카쿠)를 둘러싸고 양국 간 구글맵 위에 국기 꽂기 경쟁(중어, 일어, 영어, 한국어 동원) * **센카쿠(2012년 9월)** [중] 반일 시위. 외국 기업과 상점에 대한 폭력화. 웨이보에 일본 내 반중 시위 사진이 유포됨

영토	* 독도(2010년 3월) [중] 반한 감정 표현	* 센카쿠(2013년 2월) [중] 베이징 한 식당에 '일본인과 필리핀 　　인, 베트남인 그리고 개는 출입금지' 　　표기 * 독도(2004년 9월) [중] 네티즌들이 한국 지지 입장 표명. 신 　　라망에 한일독도문제 페이지 개설 * 독도(2010년 3월) [중] 반일 감정 표현
역사	* 동북공정(2003년 7월) [한] 다음에 동북공정을 키워드로 133개 　　카페, '고구려' 키워드로 1,170개 카페 　　개설, 집단 메일 발송, 고구려를 밑그 　　림으로 하는 10만 원 권 사이버 화폐 　　유행 [중] 바이두의 '고구려 카페'에 2,750개의 　　주장과 29,329건의 댓글 * 고구려사(2004년 7월) [한] 중국의 고구려 역사 왜곡에 항의하기 　　위해 중국의 주요 사이트를 해킹	
사회/ 문화	* 이천 냉동창고 폭발(2008년 1월) [중] 한국 내 중국인 대우에 대한 불만 표출 * 이동건 동생 피살 사건(2008년 3월) [중] 용의자를 중국인으로 몰아가는 한국의 　　반응을 비난. 유튜브에 혐한류 동영상 　　이 확산되고 10만 회 이상의 조회 수 　　를 기록 * 혐한류(2008년 11월) [중] 한국인 위장 혐한류 동영상 유포 * 반중 감정(2009년 2월) [한] 명동 의류매장의 '도둑질 금지' 표기 [중] 환구시보의 보도. 반한 감정 고조 * 혐한(2010년 5월) [중] 김정일의 방중에 대해 반한 감정 표 　　현. 인민일보 자매지 환구시보(環球	* 중국산 농약만두 보도(2008년 1월) [일] 중국산 농약만두 보도에 대한 반중 　　감정 표출 * 혐일(2009년 2월) [중] 중국 여고생('미인사')의 항일팬티 사진 　　화제 * 혐중(2012년 8월) [일] 아나운서가 중국 웨이보에 혐한 글 　　게시. 날조라고 반박 [중] 3만 건의 항의와 비난 댓글. 일본 상 　　품 불매 운동

사회/ 문화	時報) 사이트에 중국 외교의 독자성 을 주장하는 네티즌 주장 게시 * 한글공정(2010년 10월 11일) [중] 조선어를 소수민족언어로 취급. 정보 기기의 한글입력 방식의 ISO 국제표 준화 추진. [한] 아고라에 중국의 한글공정 반대 서 명운동(동북공정에 이은 새로운 도발 로 규정, 2,000명 서명 목표로 하였 다가 20,000명으로 확대). 조선족 언 어 모바일 기기 입력 방식 표준 제정 추진을 주장하며 한국 주도권 박탈 우려. 디시인사이드, 커뮤니티, 블로 그, 카페에 비난 글 게시	
국제 행사 (스포츠)	* 장춘 동계올림픽(2007년 1월) [한] 여자 쇼트트랙 선수 백두산 세레모니 [중] 네티즌들의 패러디 반격 * 베이징 올림픽 성화봉송 사건 / 티벳 사건(2008년 4월) [중] 재한중국유학생연합회, 다음 아고라 청원, 중국의 차이나닷컴, 바이두, 유 튜브에서 한국의 처신 비난. 한국상 품불매운동 [한] 구타 주동자 중국유학생 살생부 유포 해프닝. 아고라의 중국 정부 사과 요 구 청원에 12,000명 이상이 서명 * SBS의 베이징 올림픽 사전 촬영(2008 년 8월) [한] SBS가 개막식을 사전 촬영 [중] 반한 감정 표현. 개막식 한국 입장 때 박수 치지 말자는 의견. 포털 163(www .163.com)에서는 SBS 제재 방안 설 문에 61,234명 참여	

*자료: 류석진 · 조희정 · 박설아(2013 : 169)

여성 커뮤니티의 참여
─여성 삼국연합

여성 커뮤니티는 20대 남성 중심의 PC통신 동호회 시절의 주부 동호회부터 육아, 뷰티, 패션과 같은 커뮤니티로 분화되는 변화 과정을 보일 뿐만 아니라 여성 삼국연합의 경우 주요 정치적 사건에 의미 있는 참여를 함으로써 강력한 의제 주도 집단으로 자리 잡고 있다. 제3장에서는 온라인 커뮤니티 초기 역사에서는 크게 주목받지 못했던 여성 커뮤니티의 활동이 세분화되고 적극적으로 변화하는 양상을 짚어본다.

1. 여성 커뮤니티의 형성 과정

기존 오프라인 현실과 달리 저렴한 비용, 시공간을 초월한 접근성, 사용 편리성 등으로 인해 온라인 공간은 기회의 공간으로 평가된다. 즉, 오프라인 공간에서 소외된 여성, 소수자, 혹은 자원이 부족한 시민운동단체들에게 새로운 연결의 기회를 제공할 수 있다는 것이다. 특히 여성의 경우는 온라인의 자유로운 접근 가능성과 익명성을 통해 생물학적 정체성을 드러내지 않고도 민주적이고 평등한 의사소통으로 자신의 목소리를 드러냄으로써 실제 세계의 성별 관계의 영향을 적게 받을 수 있다. 또한 온라인을 통한 시공간 압축적인 접속을 통해 다른 공간에 있는 다양한 여성들의 목소리를 실시간으로 접촉하고 사안에 따라 연대함으로써 시공간의 제약을 극복할 수 있다(김경례 2009 : 108).

초기의 PC통신 공간은 20대 남성 대학생 중심으로 그 문화와 활동이 전개되었다. 그러나 한편으로는 1990년대 초부터 형성되기 시작한 여성 동호회가 현재까지의 명맥을 유지하고 있기도 하다. PC통신 시대에 유명한 여성 동호회는 주부 동호회(1991년, 천리안), 주부 동호회(1995년, 하이텔), 나를 찾는 사람들(1996년, 나우누리), 주부 네트워크(1999년, 유니텔) 등이 있었으며, 대략 1,000~3,000명 규모의 이 동호회에서는 사이버 페미니즘이 형성되고, 여성성이라는 의제가 제시되었다. 이어 2000년대에는 여성 포털, 여성 커뮤니티, 여성 전문, 여성 교육 등의 형태로 커뮤니티가 형성되었다(조찬식 2002 : 216).

여성 온라인 커뮤니티는 1990년대 초반 PC통신 여성 동호회에서 시작하여 2000년 인터넷 카페의 활성화 전까지의 제1기, 2000년부터 2008년까지 인터넷 카페가 활성화되면서 여성이라는 주체가 전면으로 부상하는 제2기, 그리고 2009년부터 현재까지 여성 삼국카페 등 20~30대 젊은 여성들의 온라인 커뮤니티 문화, 감성 정치 참여가 확대되는 제3기의 발전기로 진행되고 있다. 즉, 초기의 여성 온라인 활동은 수동적 입장에서의 '공간 확보'가 중요한 것이었다면 이제는 비정치적 목적으로 모인 여성 온라인 커뮤니티에서 자생적으로 정치 참여를 논할 수 있는 적극적인 형태로 발전하고 있다.

여성 커뮤니티 참여 현상의 특징은 다음과 같다.

첫째, 여성성이라는 한정된 주제 외에 다양한 주제를 포함하게 되었다. 여성 커뮤니티는 결혼, 임신, 육아, 패션, 다이어트, 교육, 요리, 가정 등 생활 이슈 중심으로 활동하면서, 성폭력, 동성애, 성매매, 여성 실업 등과 같은 사회비판적인 주제도 제시하였다. 한편으로는 소울드레서, 쌍화차코코아, 화장발의 여성 삼국카페와 레몬테라스, 82cook, 쭉빵카페 등이 온라인 커뮤니티와 소셜 미디어를 결합하면서 20~30대 여성의 정치 참여가 활발하게 전개되었고, 정치의 문화적 소비, 비정치 커뮤니티를 중심으로 한 정치 참여를 활발히 전개하였다. 그 결과 여성 커뮤니티의 종류는 1) 여성 포털로서 마이클럽, 팟찌닷컴, 여자와닷컴, 우먼플러스, 주부정보, 아이주부닷컴, 어머니닷컴 등, 2) 여성 커뮤니티로서 아줌마닷컴, 우먼라인, 주부닷컴, 미즈방, 새댁도우미, 아이지아, 룰루 등, 3) 여성 전문 분야 커뮤

| 표 3-1 | 여성 온라인 커뮤니티의 진화 과정

시기	전략	대표 커뮤니티	특징
1991~ 1999년	공간 확보	– PC통신 동호회 : 천리안 주부 동호회(1991), 하이텔 주부 동호회(1995), 나우누리의 나를 찾는 사람들(1996), 유니텔 주부 네트워크(1996) – 웹진 : 달나라 딸세포(1998), 월장(부산대), 쥬이쌍스(서울대)	– PC통신 동호회(회원 수 1,000~3,000명 규모) – 사이버 페미니즘 형성 – 여성성이라는 의제 제시
2000~ 2008년	주체의 활성화	– 여성포털 : 마이클럽, 팟찌닷컴, 여자와닷컴, 우먼플러스, 주부정보, 아이주부닷컴, 어머니닷컴 – 여성 커뮤니티 : 아줌마닷컴, 우먼라인, 주부닷컴, 미즈방, 새댁도우미, 아이지아, 룰루 – 여성전문 : 뷰티클리닉, 코드21, 웨딩21닷컴, 베이비2000 – 여성교육 : 사비즈, 이화여성학, 법정지원모임, 여성신문, 언니네, 살루쥬, 또다른세상, 이프토피아, 맘캔두잇	– 결혼, 임신, 육아, 패션, 다이어트, 교육, 요리, 가정 등 생활 이슈 중심 – 성폭력, 동성애, 성매매, 여성실업 등과 같은 비판적 주제 제시 – '아줌마' 주체 형성 – 여성 전용 커뮤니티 – 포털, 커뮤니티, 전문정보 제공, 교육 등 형태 다양화
2009~ 2011년 현재	참여 촉진	– 삼국카페(소울드레서, 쌍화차코코아, 화장발) – 82쿡닷컴, 레몬테라스, 쭉빵카페	– 온라인 커뮤니티와 소셜 미디어의 결합 – 20~30대 여성의 정치 참여 활성화 – 정치의 문화적 소비 – 비정치적 커뮤니티를 중심으로 한 정치 참여 활성화

*자료: 조찬식(2002 : 216)을 참고하여 재구성

니티로서 뷰티 클리닉, 코드21, 웨딩21닷컴, 베이비2000 등, 4) 여성 교육 커뮤니티로서 사비즈, 이화 여성학, 법정지원모임, 여성신문, 언니네, 살루쥬, 또다른세상, 이프토피아, 맘캔두잇 등으로 다양화되었다.

둘째, 까다로운 가입 조건을 통해 충성도를 유도하였다. 1991년 개설된 주부동호회(go JUBU, 천리안)의 경우, 개설 10년 만인 2001년에는 회원 규모가 2,000명이 될 정도로 성장하였는데, 가입 신청 시 시삽과 부시삽이 일일이 전화하여 주부인지 확인 후 회원 승인을 할 정도로 심사가 까다로웠다. 현재에도 많은 여성 커뮤니티에서 이런 절차를 거치고 있는데, 여성 삼국연합에 속한 세 개의 여성 카페는 오직 여성만이 가입할 수 있다는 조건을 제시하고 여성 확인 절차(주민등록증, 운전면허증과 같은 신분증을 통해서 주민등록번호 뒷자리가 '2'로 시작하는 것을 확인)를 통해 회원 승인을 하고 있다(단, 소울드레서에서는 남성 가입이 가능하고, 정회원도 될 수 있지만, 특정 게시판(평존)에는 접근할 수 없다). 이와 같은 여성만의 커뮤니티 유지는 일종의 '자매애' 혹은 '우리들끼리의 공간'이라는 최소한의 공간 안정감을 마련함으로써 더욱 활발한 여성 참여를 유도하는 요인이 되고 있다.

셋째, 창의적인 정치의 문화적 소비와 감수성 문화를 확산하고 있다. 중요한 정치적 사건이 문제가 될 때에는 연애나 남자친구 이야기와 같은 '사담'을 금지하고, 바자회나 성명서 발표 등을 통해 정치에 깊숙이 개입한다. 그러나 그 방식에 있어서는 과거와 같은 공적 언어 사용, 위계적 구조 유지, 논쟁과 같은 격한 방식이 아니라 일상

| 표 3-2 | 온라인 정치 커뮤니티 소통의 특성 비교 ────────

구분		386세대 정치 커뮤니티	20~30대 여성 정치 커뮤니티
스타일	언어/미디어	• 정치와 관련된 공적 언어 표현	• 일상생활언어 • 동영상, 만화, 사진합성 등 시각물
	텍스트 생산 방식	• 비변형	• 놀이적 창작 변형
	권력의 원천	• 논리	• 재미
	내부권력 관계	• 논객을 중심으로 한 약간의 위계 체계	• 좀 더 수평적인 체계
	정치인과 관계	• 정치인을 있는 그대로 지지하기	• 팬덤을 통해 문화적 감수성 관철
장르		• 정치 정보 또는 논쟁적 의견	• 사담을 통해 일상과 정치 경계 허물기
담론		• 민주화투쟁 담론, 동원 담론	• 개인주의 담론, 자유 담론

*자료: 박창식·정일권(2011 : 240)

과 정치의 경계를 허무는 자유로운 문화적 표현을 통해, 회원의 자발성에 기초한 수평적 의사 결정과 자유로운 담론 교환을 통해 정치의 지형을 넓히고 있다. 이들의 정치 참여 활동은 놀이를 특징으로 하는 참여문화, 수평적 관계, 팬덤으로서 정치인 향유하기, 사담을 중심으로 한 대화형 소통. 사담을 통한 일상과 정치의 경계 허물기, 다양한 정치 활동을 하지만 개인주의적 거리두기 관계 유지를 그 특징으로 한다(박창식·정일권 2011 : 242). 또한 부드러운 투쟁, 수평적이고 투표로 결정하는 공동 운영 방식 채택, 패러디와 풍자를 중심으로 한 문화정치, 여성의 감성 등을 강조한다.

2. 사이버 페미니즘(제1기, 1992~1999년)

제1기는 주로 정보사회로의 전환에 큰 의미를 부여하면서 남성과 여성의 의사소통 차이와 정보 격차에 관한 논의를 페미니즘과 연결하면서 진행되었으며, 그 가운데 사이버 페미니즘(Cyber Feminism) 등이 개념화되었다(김유정·조수선 2000a, 2000b, 2000c, 2000d). 브라이도티(Rosi Braidotti)가 최초로 사용한 사이버 페미니즘은 'IT 발전으로 인한 사회적 변화와 사이버 공간에서 일어나는 일들을 여성주의 시각으로 접근하고자 하는 모든 이론적·실천적 시도'를 의미한다(김경례 2007 : 103). 이론적으로 사이버 페미니즘은 자유주의 페미니즘, 마르크스주의 페미니즘, 급진적 페미니즘, 사회주의 페미니즘, 실존주의 페미니즘, 정신분석학적 페미니즘, 포스트모던 페미니즘(Postmodern Feminism), 에코 페미니즘(Echo Feminism)의 계보를 잇는다.

사이버 페미니즘은 특히 온라인 공간의 남성 지배적 현실을 변화시키기 위한 전략으로 여성성을 공유할 수 있는 여성만의 모임이나 공간이 필요하다는 다분히 목적적인 활동이다(사이버 공간의 기원은 군사주의와 가부장적 자본주의를 그 기원으로 한다는 해러웨이(Donna J. Haraway)의 시각과 사이버 공간의 성차별성을 강조한 구락(Laura J. Gurak 2002)의 시각 참조). 그 결과, 네티즌이 커뮤니티를 통해 형성하는 사이버 문화의 한 종류로 사이버 페미니즘 문화가 형성되었다. 이러한 사이버 페미니즘은 각 대학의 여학생이 중심이 된 여성 웹진 중심으로 전개되어 다분히 학술운동적인 성격을 띠기도 하였다.

제1기의 또 다른 현상으로는 주부동호회의 등장을 들 수 있다. 1991년 천리안 주부동호회에서 시작하여 1996년 유니텔에 이르기까지 주부들을 중심으로 한 온라인 커뮤니티에서는 아나바다 장터, 수해기금 모금, 바자회, 자원봉사 등의 오프라인 공조활동과 여성들의 글을 중심으로 한 출판활동이 활발하게 이루어져 현재 이루어지는 여성 참여 활동 유형이 등장하였다. 또한 여성들은 온라인 커뮤니티를 통해 자기 확신, 자존감, 부당한 사회 구조에 대한 인식, 긍정적 자기 이미지 형성, 폭력으로부터의 해방, 신체적 건강, 교육과 지식 실천, 성적 자율성 획득, 행동반경 확장, 의사결정능력 확장과 같은 참여효과(empowerment)를 경험하였다(김수아 2007). 아울러 협소한 자기 세계에서 탈피, 사담에 대한 지지와 공감을 얻으면서 자기의 경험이 개인적인 차원의 문제가 아님을 깨닫고 사회적 유대감을 형성하게 되었다(이종수·최지혜 2005).

그러나 제1기의 여성 온라인 커뮤니티는 제한적인 모습을 띨 수밖에 없었다. 즉, 1998년 인터넷 여성 이용자 수는 전체의 30% 정도에 지나지 않았기 때문에 보편적인 여성문화가 형성되었다기보다는 일부 활동가들을 중심으로 공간 확보 전략이 가장 중요한 의제였으며, 이에 따라 '여성성'이라는 기본적인 문제 제기 시기였다. 또한 인터넷과 젠더(gender)에 대한 다음 세 가지 시각의 구분성을 벗어나지 못하고 특정 맥락이나 사용의 실천에서 나타날 수 있는 온라인 커뮤니티의 사회적 의미를 발견하기 어려웠던 초창기의 페미니즘 모습을 띠었다. 인터넷과 젠더의 관계에 대해서는 첫째, 인터넷이 남성적 코드와 가치를 깊이 내재화한 매체라는 시각, 둘째, 인터넷이 오히려 관계성 등을 중시하는 여성성의 핵심가치와 가깝다는 시각, 셋째, 인터넷 그 자체는 젠더적 특성을 넘어서는 성격을 지녔다는 시각으로 구분할 수 있다(김수정 2009 : 211).

3. 여성 생활 카페(제2기, 2000~2008년)

인터넷 사용 인구가 2천만 명이 넘어가면서 인구의 절반이 인터넷을 사용하게 되는 제2기에는 PC통신에서 인터넷으로 활동 공간이 변화하였으며, 특히 여성 '전용' 온라인 커뮤니티가 활발하게 활동하였다(2001년 여성의 인터넷 이용률은 44.6%였는데, 2007년에는 70.3%로 증가하였다. 이에 앞서 정보통신부는 2000년부터 '주부 200만 인터넷 교실'을 전개하여 여성의 인터넷 사용 확대를 위한 정책을 시행한 바 있다). 제1기에 비해 이 시기의 활동 주제는 결혼, 임신, 육아, 미용, 패션, 다이어트, 성형, 교육, 요리, 가정 등 일상적 주제부터 성폭력, 동성애, 성매매, 여성 실업 등과 같은 비판적인 주제에 이르기까지 매우 다양화되었지만 한편으로는 전통적인 여성 이슈를 온라인 공간으로 확장하는 경향이 강하게 나타났는데, 이와 같은 특징은 여성문화의 본격적인 발현과도 연관성이 있다(당시 여성 전용 온라인 커뮤니티에 대한 사례 연구로는 조찬식(2002) 참조).

여성문화는 여성을 중심으로 하는 문화의 한 형태를 가리키는데 그 독특성은 시대에 따라 달라질 수 있다.

우선 전통사회에서는 여성문화를 남성에 대한 하위문화로, 현대 사회에서는 하위문화와 주체성을 찾는 대안문화로 그리고 정보사회에서는 IT에 알맞은 특성을 지닌 여성들이 주체문화를 형성하게 된다. 인터넷과 여성문화의 접목은 여성 전용 사이트라는 새로운 공간을 형성하고, 이를 이용하여 새로운 여성문화를 창조하였다(김재인·정숙경 1998, 조찬식 2002 : 212~213).

대표적인 여성 커뮤니티 가운데 중고나라 외에 가장 큰 규모의 회원을 보유하고 있는 레몬테라스, 유모차부대의 2008년 촛불집회 참여로 유명한 82cook, 마이클럽, 맘스홀릭베이비 등이 이 시기에 만들어진 여성 커뮤니티이다.

특히 슈퍼맘(superwoman+mom)의 온라인 활동을 통해 여성 연예인 모델 취하를 요구하는 분유 불매운동(2001년) 등의 사례는 생활 의제의 표면화에 크게 기여한 활동으로 평가받았다. 2001년 3월 남양유업이 8억 원의 개런티로 탤런트 최진실 씨와 분유 광고모델을 계약할 것이라는 보도가 나가자 남양유업 게시판에는 이를 비난하고 분유 불매운동을 벌이겠다는 글이 폭주하였다. 결국 남양유업은 최진실 씨와의 광고기획을 포기하였다(〈'사이버 파워' 현실 변화시킨다〉, 《한국일보》 2001년 6월 14일자).

여성 온라인 커뮤니티에서 형성한 친밀감과 공동체적 유대는 2008년 촛불집회로 이어져 구속력 없는 느슨한 취향 공동체적 유대를 배경으로 경쾌하고 유동적이며 유연한 자발성을 실천하게 되었다(김영옥 2009, 김예란 2010). 여성문화로서 자리매김이 어느 정도 이루어지고**10** 주제가 다양화되어 여성성을 포함하는 일상적인 주제가 공존하게 되었지만, 이 시기의 여성 전용 커뮤니티에서는 여전히 정보의 독창성과 차별성의 한계, 경제적 소비문화 치중, 능동성 부족 등이 한계로 지적되었다(조찬식 2002 : 226~28).

4. 여성 삼국연합과 참여(제3기, 2009~현재)

제3기인 2009년부터 현재까지 이루어진 여성 온라인 커뮤니티의 가장 큰 특징은 정치의 문화적 소비에 있다. 패션, 육아, 화장품 등 비정치적 목적을 중심으로 형성된 온라인 커뮤니티들은 2008년 촛불집회를 계기로 작은 정치의 실험을 실천하며, 특히 '엣지 있는 정치 참여', '섹시한 정치인' 등 기존 정치권에서 발견할 수 없었던 창의적인 표현을 통해 감성 정치와 문화 정치를 구현하였다.

제1기의 여성 웹진 운동이 대학이라는 한정된 공간의 학술 운동적 성격에 머물러 있었다면, 제3기 20~30대 여성의 외연은 그것보다 확장되어 일반 여성들을 주체로 포함하고, 의제 또한 전통적인 페미니즘의 여성과 여성 차별이라는 주제보다는 보편적인 정치 참여 의제로 전환되었다는 것이 가장 중요한 이 시기 여성 온라인 커뮤니티 활동의 특징이다. 이와 같은 변화를 발전이 아닌 전환이라고 평가하기는 이른 감이 있지만 무엇보다 여성 온라인 커뮤니티 활동 변화의 의미는 IT로 형성된 네트워크 공간이 단순한 기술적 공간이 아니라 문화적이고 정치적인 공간이 되었다는 점이다(김경례 2009 : 124). 그러나 《조선일보》의 칼럼은 이들의 참여 현상에 대해 다른 접근을 하였다.

얼마 전 노무현 정부에서 총리를 지낸 이해찬 전 총리의 강연을 인터넷 동영상으로 봤다. 그는 요즘 인터넷에서 '대장부엉이'로 불리며 부쩍 인기를 끌고 있다. 왜 하필 부엉이일까. 노 전 대통령이 스스로 목숨을 끊으려고 뛰어내렸던 곳이 부엉이바위다. 현 대통령에 반대하는 사람들이 조롱하듯 대통령을 부를 때 등장하는 동물의 천적이 부엉이이기도 하다. 그는 이 별명이 꽤 마음에 드는 모양이다. 똑같은 이름이 붙은 인터넷 카페에 글도 썼고, 그를 '대장부엉이'로 떠받드는 모임에 나가 강연도 했다.

그를 서울 강남의 강연장으로 불러낸 사람들은 각각 패션, 성형수술, 화장품 정보를 교환하기 위해 모였다는 3개 인터넷 카페 회원들이다. 강연 참석자 500명 중 90% 이상이 말끔한 복장의 20~30대 여성들이었다. 기자는 한때 그의 사무실과 집을 찾아다니며 취재했던 탓에 그를 제법 잘 안다고 생각해왔다. 그러나 이 강연은 기자의 상상력을 넘어서는 일이었다.

불과 3~4년 전 이 나라의 총리를 지냈던 전 정권의 핵심 인사가 후임 정권의 지지층이 밀집한 강남 한복판에서 패션 · 화장품 · 성형수술 동호회 소속 회원들에게 '독재정권 종식(終熄)'을 이야기하는 장면은 초현실주의 연극 한 편을 보는 듯했다.

—〈패션 동호회에 간 전직 총리〉,《조선일보》 2009년 7월 15일자, 박두식 칼럼

'초현실주의 연극 한 편'의 청중이 되었던, 패션, 성형수술, 화장

품 정보를 교환하기 위해 모였다는 3개 인터넷 카페의 회원들은 자신들을 삼국카페 소속이라고 당당하게 칭한다. 이는 한편의 '초현실주의 연극'이라기보다는 변화한 사회상과 여성의 행태를 보여주는 것이다. 이 시기에 여성 커뮤니티를 중심으로 정치인 팬클럽이 형성된 것도 독특하다. '대장부엉이(이해찬, 2009년, 10,783명(활동회원 400여 명))', '시미니즘(유시민, 2009년, 3,487명(활동회원 200여 명))', '안희정 아나요(안희정, 2007년, 3,751명(활동회원 400여 명))'와 같은 커뮤니티가 그것이다.

'대장부엉이'는 소울드레서, 쌍화차코코아, 화장발 등 20~30대 여성 커뮤니티에서 이해찬 전 총리를 불러 번개 강연회를 하자는 제안이 나와 행사 진행을 위해 만든 임시 카페로 시작했던 것이 상설 커뮤니티로 변화하였다. '시미니즘'은 유시민을 지키는 100만 시티즌 양성소라 알려졌다. '안희정 나아요'의 경우는 일부 노사모 회원들이 2007년 8월 2일 안희정 민주당 최고위원을 지지하는 팬 카페 형태로 다음(Daum)에 만들었는데 2009년 5월 노무현 대통령 서거 후 20~30대 여성들이 여럿 가입한 것을 계기로 남녀가 모두 활동하는 정치인 팬클럽이 되었다.

본격적인 20~30대 여성 온라인 정치 커뮤니티는 2008년 촛불집회 때에 소울드레서, 쌍화차코코아, 화장발을 주축으로 삼국카페를 결성하여 참여하고, 2009년 6월 이후 활성화되었다(20~30대 여성의 온라인 정치 커뮤니티에 대한 연구로는 김영옥(2009), 류석진(2010. 1. 30.), 박창식(2010), 박창식·정일권(2011), 이솔(2011), 장명욱(2011) 참조).

2008년 미국산 쇠고기 수입반대 촛불집회에는 다수의 커뮤니티

가 참여하였다. 여성을 위시로 한 유모차 부대는 유모차를 끌고
집회에 참여하였으며, 언론 소비자 주권 국민 캠페인(cafe.daum.net/

|표 3-3| **대표적인 여성 온라인 커뮤니티** ━━━━━━━━━━

이름	URL	설립	특징
82cook	www.82cook. com	2002년	• 기원 : 요리 비법 공유 커뮤니티. 언론사 기자 출신인 김혜경 대표가 설립 • 운영 : ㈜한마루 L&C • 참여 : 2008 촛불집회 때 유모차 부대, 광고주 불매운동 전개. 밥차 지원 • 회원 : 9만여 명. 30~40대 주부 회원이 다수
레몬테라스	cafe.naver. com/remon terrace	2002년	• 기원 : 6개월 준비를 거쳐 홈데코 정보 공유 카페로 부부가 운영을 시작 • 운영 : 다수 운영체제(매니저: 레떼), 상품 체험 등 이벤트가 주 수입원. 상업성이 과한 공구는 진행하지 않음. 명예훼손, 비방 등 분쟁 발생 시 즉각 강퇴. 인테리어 콘텐츠에 관심 없고 벼룩시장만 이용하려고 하는 경우 이용 제한 • 정보 : 인테리어, 리폼, 요리, 임신, 출산, 육아(홈데코에서 시작하여 임신, 출산, 육아, 미용 정보로 확장), 벼룩시장 • 회원 : 285만 명. 주부 회원이 다수. 1999년 이전 출생자만 가입. 2004년에는 20대 여성이 가장 다수
마이민트	www.mimint. co.kr	2010년	• 정보 : 요리, 육아, 애완동물, 사랑 등 게시판 운영 • 특징 : 무료샘플 응모를 통해 화장품, 음식, 장소 등 관련 내용의 체험 가능. 출석부 게시판을 운영하여 개근할 경우에는 포인트를 부여하는 등 포인트 적립과 활용을 장려

마이클럽	micon.miclub. com	2000년	• 기원 : 2000년 시작. '선영아 사랑해' 티저 광고로 유명해짐 • 운영 : ㈜다나와 • 정보 : 연예, 시사, 임신, 육아, 출산, 쇼핑, 요리, 재테크, 생활 전반 정보 • 참여 : 2008년 촛불집회 지원 성금 모금(횡령사건이 있었는데 무죄 판결 받음) • 회원 : 20대 후반~30대. 주부 다수
맘스홀릭 베이비	cafe.naver. com/imsanbu	2003년	• 기원 : 2007년부터 맘스홀릭이라는 이름 사용 • 정보 : 육아 • 회원 : 240만 명(1965~1995년 출생 여성만 가입 가능)
미시USA	www.missy usa.com	2002년	• 기원 : 포털 동호회로 시작 • 정보 : 생활정보, 431개 카페 • 참여 : 정치 게시판에서의 정치 토론(총 23만 개의 글), 세월호 참사 정보 애도 게시판, 뉴욕타임즈에 세월호 진상규명 신문광고 게재 • 회원 : 32만 명(추정)
쌍화차 코코아	cafe.daum. net/ssanguryo	2010년	• 기원 : 2003년 성형 전문 커뮤니티인 '쌍꺼풀 코(성형) 수술 카페'로 시작하였지만 운영자가 성형외과 마케팅 회사를 차린 일이 밝혀지면서 2010년 5월 새로 개설(기존 회원 수의 절반인 8만 1천 명으로 시작) • 정보 : 성형, 뷰티 등 • 참여 : 정치인에게 댓글북을 전달하는 등 대외활동을 꾸준히 전개. 종편 관련 언급 금지. 한미 FTA 반대를 주제로 행동하는 양심 게시판 운영. 노무현 대통령 추모 기간에 사담 금지 • 회원 : 14만 명(1965~1997년 여성만 가입 가능)
소울드레서	cafe.daum. net/Soul Dresser	2008년	• 기원 : 패션 카페, 베스트드레서 운영진과 갈등으로 분화(베스트드레서의 상업화 반대) • 정보 : 패션, 뷰티. 성인여성전용 게시판에는 연애 이야기가 가감 없이 올라오는데 수위에 따라 점수를 매김

소울드레서			• 참여 : 2008년 촛불집회를 가장 먼저 주도. 5일 만에 1,700만 원 모금. 집회 참여자에게 김밥 제공. YTN 노조에 간식과 응원북 전달. 조중동 광고 불매운동 제안. 플래시몹 전개. 노무현 대통령 추모 바자회(삼국카페 모두 3천여 명 참여). 2011년 FTA 집회 참여. 2013년 철도파업 지지(후원물품 보냄) • 회원 : 17만 명(1966~1998년 출생 여성만 가입 가능). 비공개 카페. 가입이 어려움. 등업 심사 시 퀴즈 정답과 일정기간(6개월) 이상의 활동경력이 필요. 등업이 되어도 주민등록증의 숫자 '2'를 인증해야만 여성회원으로 인정받음
아줌마닷컴	www.azoom ma.com	2000년	• 운영 : ㈜이너스커뮤니티에서 운영 • 참여 : 소비자맘, 사이버작가 등의 게시판 운영. '잘먹겠습니다' 캠페인을 운영. 주부를 위한 '설명절 캠페인', '가족이 좋아요 캠페인' 등 문화에 집중한 활동 전개. 매해 5월 31일을 '아줌마의 날'로 지정하여 기념 행사 진행
여성시대	cafe.daum. net/subdued 20club	2009년	• 참여 : 티 없이 맑은 정치 게시판(2012년)과 여시 뉴스 데스크에 정치 글 게시(현재 게시판 없어짐) • 회원 : 63만 명(1980~1997년 여성만 가입 가능) • 특징 : 2012년 운영자들이 관리 비용을 이유로 광고 글을 링크하는 게시판 신설을 선언하였고, 이에 상당수 회원들이 이탈하면서 이 과정에서 일부 회원의 강제 등급 강등 조치가 이루어짐. 이어 아고라에 '여성시대 상업화 반대' 청원이 게시됨
이지데이	www.ezday. co.kr	2002년	• 운영 : ㈜EZHLD에서 운영. 주부 커뮤니티. 2006년 7월 여성포털 사업에 진출 • 회원 : 이지데이 다이어리(2002년), 가계부(2003년), 육아(2005년) 게시판을 오픈하면서 이용자가 급증 • 특징 : 모바일 가계부 어플, 예쁜 아이 선발대회 등 여러 사업을 전개

쭉빵카페	cafe.daum. net/ok1221	2003년	• 기원 : 원래 명칭은 [쭉빵카페]△[얼짱비리증거] 로, 얼짱에 대해 논의하는 카페였으나 상업화 후 쭉빵카페로 개칭 • 정보 : 다이어트, 성형, 얼짱, 핫 이슈, 화장품, 메이크업(파생 카페로 '뉴빵카페'가 있음), 연예인 • 참여 : 가벼운 정치 이야기 게시. 서명 유도 글이 다수(토론이 진행되지는 않음) • 회원 : 150만 명(10~20대 초반 여성이 다수. 1999년 이전 출생자만 가입 가능. 우등 회원 이 상은 여성만 가능). 가장 많은 회원 수를 보유한 여초 카페. 가입 후 15일 동안 활동이 없으면 유 령회원으로 간주하여 강퇴
화장발	cafe.daum. net/makingup	1999년	• 운영 : 카페 정보 공유 시 강등, 강퇴(비공개 카페) • 정보 : 뷰티, 메이크업, 다이어트, 벼룩시장 • 참여 : 반FTA 관련 말머리 게시. 정치 성향의 이 슈 게시판 제공. 정치 이슈가 있을 때 자율적으 로 사담 자제 분위기 조성. 일본 관련 언급 금지. 2013년 철도파업 당시 1,128만 원 기부. 일본 화 장품 불매 운동 • 회원 : 34여만 명. 1970~1995년 출생 여성만 가 입(2015년 12월 기준 비공개 카페)

stopcjd, 회원 6만 명)은 조중동 상대 광고 중단 운동을 전개하고 8월에
는 NGO(www.pressngo.org)를 설립하였다. 여성 삼국카페 연합이 단체
로 참여하였다.

2008년 촛불[11]은 2002년 미군 궤도차에 의한 여중생 사망사건과
2004년 탄핵 국면에서의 촛불과는 사뭇 다른 양상으로 진행되었다.
촛불소녀로 대표되는 10대 여학생들의 대규모 참여, '선영아 사랑
해(My Cafe)', '아고라(Agora)', 육아, 미용, 성형 등을 주제로 모인 다양

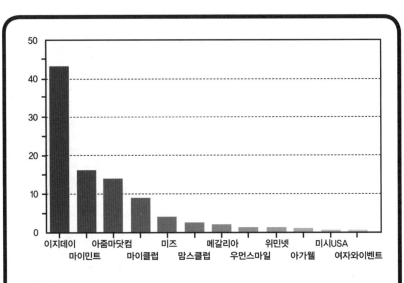

소분류 순위 ▼	사이트/ 섹션 명 ▼	중분류 순위 ▼	전체 순위 ▼	소분류 분야 점유율 ▼	중분류 분야 점유율 ▼	전체 점유율 ▼	도달율 ▼	일평균 방문자 수 ▼	일평균 페이지 뷰 ▼	일평균 시간당 방문수 ▼
1-	이지데이	2-	186▼	43.13%	25.68%	0.02%	1.05%	83,117	597,501	104,230
2-	마이민트	3-	447▲	16.26%	9.68%	0.01% 이하	0.53%	36,711	84,700	39,293
3-	아줌마닷컴	4-	505▲	13.82%	8.23%	0.01% 이하	0.21%	23,152	218,573	33,390
4-	마이클럽	5-	736▲	9.04%	5.39%	0.01% 이하	0.29%	19,742	56,409	21,860
5-	미즈	6-	1,362▼	4.31%	2.56%	0.01% 이하	0.12%	8,941	24,926	10,408
6-	맘스클럽	7-	2,072▲	2.67%	1.59%	0.01% 이하	0.05%	4,642	30,160	6,464
7-	메갈리아	8-	2,503▲	2.16%	1.29%	0.01% 이하	0.06%	4,622	57,030	5,215
8-	우먼스마일	9-	3,638▼	1.40%	0.83%	0.01% 이하	0.03%	2,201	11,459	3,388
9-	위민넷	10-	3,690▼	1.38%	0.82%	0.01% 이하	0.04%	2,842	7,007	3,338
10-	아가웰	11-	4,056▼	1.23%	0.73%	0.01% 이하	0.03%	2,568	5,716	2,967

|그림 3-1| 여성 포털 커뮤니티 순위 (2015년 11월)

*자료: 랭키닷컴

한 인터넷 카페 회원들의 시위 참여 등, 이때까지 보지 못하였던 집단들이 시위의 주체가 되는 현상이 발생한 것이다. 전통적으로 가장 정치에 무관심하고 혐오를 가지고 있는 집단으로 흔히 연령을 기준으로 이야기할 때는 10대와 20대이고, 또 남성에 비해 여성은 전통적인 정치현장에서 정치적 문제의식이 가장 약하고 과소대표되는 집단으로 여겨졌다. 이러한 집단이 길거리에 나오고 자신들의 방식으로 정치적 의사 표시를 시작한 것이다.

2008년 촛불에서 일군의 젊은 여성들이 미니스커트에 하이힐을 신고 광화문의 동화면세점 앞에서 조용히 깃발(소울드레서)과 다음의 플래카드를 들고 있었다. "너… 배운 여자인가." 여기서 '배운 여자' 란 단순히 당시 유행하였던 영화 '타짜'에 나오는 "나 이대 나온 여

자야"를 원용한 것 혹은 단순히 고학력을 의미하는 것이 아니라 배운 지식을 사회에 도움이 되도록 활용하면서, 사회운동에 참여하는 여성을 일컫는다.

인터넷에 다양하게 존재하는 여

|그림 3-2| 너 배운 여자인가

*자료: 류석진(2010. 1. 30.)

성 카페에서의 '배운 여자'들은 소울드레서(패션), 쌍화차코코아(성형), 화장발(화장품), 82cook(요리), 육아 등 여성과 관련된 주제를 기치로 하여 자신들의 취미와 관심사를 중심으로 모였지만, 이에 그치지 않고 일상에서 나타나는 사회적·정치적 현상에 관심을 기울이고 있는 집단이다. 이들에게는 사회·정치적 이슈가 거대담론을 통해 이루어지기보다는 '생활 속의 정치'를 통하여 이루어졌다. 카페에서 형성된 친밀감과 신뢰감에 기초하여 사회 자본을 축적하였고, 이것이 '먹거리'라는 특정 이슈와 맞물리면서 아무도 예견하지 못했던 폭발적인 참여로 이어진 것이다.

여성만 가입할 수 있는 카페는 2008년을 기점으로 '삼국'이라는 명분 아래 뭉치기 시작했다. 세 카페는 삼국으로 묶여 있기도 하지만 각각의 카페마다 분명한 스타일을 보여준다. 쌍화차코코아는 고구려(주도적)의 기상을 이어받았다 하여 '쌍구려'로 불리고, 화장발은 백제(조용하지만 할 때는 분명함)의 기상을 이어받아 '장백'으로 불렸으며, 소울드레서는 신라(화려하지만 냉철함)의 기상을 이어받아 '소라'라고 불린다. 2009년에

|그림 3-3| 여성 삼국연합

*자료: 류석진(2010. 1. 30.)

는 각 카페에서 특징적인 언어체를 사용하는 것이 유행이었다. 화장발은 '~귀'체를, 소울드레서는 '~닭'체를, 쌍화차코코아는 '~하오'체를 사용하는 것이 특징이었다. 또한 이들의 특징은 '삼국' 깃발에서 사용되었던 이미지(《그림 3-3》)에서 잘 살펴볼 수 있다.

2008년 삼국의 참여는 소울드레서(이하 소드)에서 시작되었다.《경향신문》과《한겨레》에 미국산 쇠고기 광고를 내면서부터 화장발과 쌍화차코코아와의 심리적인 연대가 시작되었고, 소드가 화장발과 쌍화차코코아에 주요 언론사 하나씩 맡아서 1대 1로 전담하자는 내용의 도전장을 내고 두 카페가 이를 수락하면서 본격적인 삼국연합이 탄생하게 된다. 이후 삼국은 다양한 방식의 시위 참여와 플래시몹 등을 통하여 정치를 무겁고 장중하게 하는 것이 아니라, 즐겁고 발랄한 풍자와 패러디를 기본으로 하여 소프트한 방식으로 '시크'하고 '엣지' 있게 여성 특유의 감성들로 표현하기 시작한다. 또한 바자회와 같은 사회동원 활동, 일상적인 게시판에서 회원들과의 질의응답을 통한 정치적 재교육, 해외 여성회원들의 영문 지식과 저널 번역을 통한 정치 정보 제공과 같은 준 대안미디어 등의 정치적 활동을 하였다.

2005년 인구 통계로 추산하여 보았을 때 2008년 한국의 20~35세 사이의 여성은 대략 500만 명가량이다. 삼국카페의 회원이 대부분 이 연령대에 속한다고 보았을 때, 총 누적 회원 수는 67만 명가량이고 중복 회원을 감안하더라도 50만 명은 충분히 될 것이다. 대략 이 연령대의 10분의 1이 삼국카페의 회원으로 활동하고 있는 셈

|표 3-4| 여성 삼국카페 현황 (2009년)

구분	화장발	소울드레서	쌍화차코코아
URL	http://cafe.daum.net/ makingup	http://cafe.daum.net/ SoulDresser	http://cafe.daum. net/19810114
main 화면			
회원 수 (2009. 9. 19.)	349,957명	119,312명	191,586명
역사	1999년 7월 12일	2008년 2월 12일	2003년 5월 29일
운영진	11명	11명	7명
가입 조건	1970~1995년까지 여성 출생자	1970~1993년까지 여성 출생자 (가입 후 39세가 넘게 된 회원은 그대로 활동 가능)	1954~1992년까지 여성 출생자
회원 단계	3단계 (준회원, 정회원, 우수회원)	3단계 특별회원 : 20~39세 여성회원만	2단계 우수회원 : 20~40세 여성회원만
정치 게시판 유무	'이슈 게시판'	'핫 이슈'	'정치사회방'

이다. 물론 모든 회원들이 정치적 '활동가'도 아닐 것이고, 온라인·오프라인을 통해 정치적으로 활동하는 회원은 제한적일 수 있다. 이들의 대표성이 얼마나 되는지는 판단하기 힘들다. 또한 이들의 원래 정치적 성향이 그러하였기 때문에 2008년 이후의 정치적 활동이 가능하였다고 치부해버릴 수도 있을 것이다.

중요한 점은 분명 이들이 '정치를 인식하고 실행하는 방식'은 과거의 그것과는 매우 달라 보인다는 것이다. 다양한 현장 관찰과 대화를 통하여 느낀 점은 이들이 특정 정치세력의 아젠다에 동조하여 정치 현장에 뛰어든 것이 아니라는 점이다. 다양한 정치적 관점을 가진 다양한 직종과 전문가 집단이 여성 커뮤니티를 통하여 등장하고 있다는 점과 이들이 한국 사회에 새로운 의제를 던지고 이를 새로운 정치적 방식으로 풀어내고 있다는 점이 중요하다. 패션, 화장,

성형, 육아, 요리 등 일상적인 주제를 매개로 새롭게 형성되는 정치집단을 파악하지 못한다면 우리 사회는 언제든지 새로운 갈등의 소용돌이에 휘말릴 수밖에 없을 것이다. 여성이기 때문도 있겠지만, 새로운 집단에 의한 새로운 방식의 정치에 주목을 해야 할 필요가 여기에 있다.

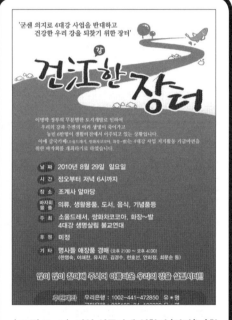

| 그림 3-4 | 여성 삼국카페 연합의 '건강(江)한 장터' 홍보 포스터

이들은 2008년 촛불 정국 이후, 노무현 전 대통령 추모집회, 사진집 제작, 추모광고 모금 바자회, 김대

중 전 대통령에게 리플북 전달, 언론노조 바자회 삼국 부스 등의 다양한 정치활동을 전개하였다. 이들의 정치행태는 그 전 세대처럼 무겁지 않지만 그러면서도 메시지는 분명하다. 구체적으로 2009년, 여성 삼국카페 연합은 4대강사업 반대 홍보제작물을 배포하였으며, 2010년 8월에는 4대강

| 그림 3-5 | '여성 삼국카페 연합'이 발표한 시국선언문

*자료: 여성 삼국카페 국정원 규탄 시국선언 "부끄러울 만큼 민주주의 무너져…"《경향신문》 2013년 7월 30일자)

생명살림 불교연대와 함께 조계사에서 4대강사업 저지를 위한 기금

| 그림 3-6 | '여성 삼국카페 연합'의 자필 서명서

*자료: 여성 삼국카페 국정원 규탄 시국선언 "부끄러울 만큼 민주주의 무너져…"《경향신문》 2013년 7월 30일자)

마련 행사로 '건강江한 장터'를 개최하였다. 매해 4대강 반대 바자회를 열고 미디어법 반대 바자회를 열어 수익금을 기부하겠다는 것인데 2010년에는 200~300명이 물품을 기증하거나 후원금으로 참여하였다. 2011년에는 한미 FTA 반대 집회에 단체로 참여하였으

며, 2012년 2월, 정봉주 응원 비키니 인증샷과 관련하여 나꼼수에 대한 지지를 철회하는 사건이 발생하기도 했다. 이어 8월, 홍대 앞 거리에서 위안부 피해 할머니, 쌍용차 해고노동자, 재능교육 노동자 지원을 위한 바자회를 개최하여 자원봉사자 40여 명이 물품을 판매하였다.

|그림 3-7| 미주 최대 여성 커뮤니티 미시USA

*자료: http://www.missyusa.com

2013년에는 국가정보원의 대선 개입을 규탄하는 시국선언문과 자필 서명서를 발표하고, 12월에는 철도 파업 지지 물품과 성금을 전달하였는데 화장발 회원 625명이 참여하였고, 소울드레서는 핫팩 24,500개와 초코파이 3만 개를 기증하였다. 여성 삼국카페 연합의 게시판은 현재 폐쇄되어 있다.

한편, 1999년 프리첼 동호회에서 시작하여, 2002년 웹사이트 서비스를 시작한 미시USA(http://www.missyusa.com)는 윤창중 청와대 대변인의 미국에서의 성추행 폭로, 2014년 세월호 참사에 대한 진상 규명 광고 등으로 참여 활동을 활발하게 전개하고 있는데, 정치·사회 게시판에만 23만 개의 글이 올라올 정도로 적극적으로 의견을 게시

하고 있다. 사이트 회원은 전체 32만 명 정도로 추정되며, 사이트 내
에는 지역, 법률·정치, 동창·동문, 취미, 친목·연령 등의 카테고리
에 431개의 카페가 별도로 개설되어 있다.

　　미국 혹은 캐나다에 거주 중인 기혼여성(6개월 내 거주 및 결혼 예정자

|그림 3-8| 미시USA의 세월호 진상 규명
촉구 NYT 광고

포함)일 경우 정회원으로 승
격되며, 결혼기념일, 가족
사항, 거주지(도시, 주명), 미
국 혹은 캐나다에 오게 된
계기, 가입 계기, 본인 소개
등을 운영진에게 승인받아
정회원으로 등업할 수 있
다. 또한 2015년 1월 말에
는 모바일 웹서비스(http://
mobile.missyusa.com)를 제공
하기 시작하였다.

　　미시USA의 대표적인 정
치 참여 활동은 2008년 촛
불집회에서 시작되었는데,
재미한인의 '헤이코리안
(http://www.heykorean.com)',
'미즈빌(http://www.mizville.
org, 2005년 개설된 사이트로 회원

의 기부로 운영되는 것이 특징이다)' 커뮤니티와 함께 6월 7일 뉴욕에서 촛불집회를 열었다. 이어 2013년 5월, 윤창중 청와대 대변인의 성추행을 처음 알렸으며, 2014년 5월에는 세월호 참사의 진상 규명을 위한 《뉴욕타임스》 광고 캠페인을 전개하고 미국 50개 주에서 열린 미주 한인들의 전국 시위에 참여하였다. 광고 캠페인에는 5월 12일까지 약 16만 8,000달러가 모금되어 목표액 3배 이상을 달성하였고, 총 4,000명 이상의 참여가 이루어졌다.

팬덤과 문화 권력
—팬클럽

국내에서 팬덤에 대한 연구는 그 규모에 비해 체계적으로 활성화되지 못하고 있는 상태인데 여기에는 많은 이유가 존재한다. 1970년대 버밍엄 현대문화연구센터(The Centre for Contemporary Culture Studies)가 이른바 하위문화 중 하나인 청년문화를 연구하면서 팬덤 연구가 시작되었고, 이어 1992년에는 미국 MIT의 젠킨스(Henry Zenkins) 교수가 자신을 아카팬(아카데미아(academia)에 속해 있으면서 팬 활동을 하고 있는 사람)이라고 밝히면서 팬덤을 외부적 시각이 아닌 내부적 시각으로 연구하기 시작했다.

그러나 우리나라에서 팬덤이란 여전히 일반인과 동화되기 어려운 10대들만의 별난 세상이고, 너무 광적으로 몰입하기 때문에 차마 가입하기 어려운, 그래서 밖에서 바라볼 수밖에 없는 동떨어진 집단으로 평가되고 있다(이승아 20913 : 23~24). 그러나 이미 팬덤은 연령뿐만 아니라 국적까지 다양화되고 있으며, 별난 문화 집단으로 치부하기에는 사회 깊숙이 활발한 활동을 하는 집단이다. 제4장에서는 팬덤의 형성 과정과 참여 활동 그리고 다양한 문화 활동을 정리한다.

1. 팬덤의 형성

국내 최초 1세대 팬덤은 1980년대 후반에 등장한 가수 조용필의 팬클럽이다. 조용필 팬클럽 이전에는 주로 외국 가수 중심으로 비틀스(The Beatles) 팬클럽(1984년), 듀란듀란(Duran Duran) 팬클럽(1986년), 아바(ABBA) 팬클럽(1987년) 정도만 있었으며, 특정 가수나 그룹을 추종하는 이들 1세대 팬클럽은 주로 정기적으로 만나 음악에 대한 정보를 주고받는 수준에 머물렀다. 이들에 대해 학계에서는 스타를 맹목적으로 숭배하여 문화산업에 의해 동원되는 존재들이자, 문화산업의 이데올로기에 저항하지 못하고 포섭된 주체들이라는 의견이 지배적이었다(배현주 2012). 스스로 참여하기보다는 그저 따라다니기만 하는 수동적 존재로 평가한 것이다. 그러나 한편으로는 이들의 에너지가 축적되고 원형이 되어 현재 팬덤의 모습으로 분화되고 다양화되었다고 해석할 수도 있다.

2세대 팬덤은 아이돌(idol) 중심으로 변화하였다. 문화산업이 발전하고 연예기획사가 본격화된 1990년대 중반부터 나타난 이들은 연예기획사 차원에서 체계적이고 전문적으로 관리하는 공식 팬클럽에서 시작하였으며, 인터넷이 보편화되면서 기하급수적으로 늘어났다. 문화 대통령이라 불리는 서태지와아이들 팬클럽이 생기면서 팬클럽 문화가 본격화되었는데 음반, 콘서트 등 자신들이 좋아하는 스타의 문화상품을 소비하는 활동으로 팬들 스스로 스타를 홍보하기 시작했다(〈문화산업의 주역 팬클럽, 변천사, 조용필 팬클럽이 효시… 한류 타고 세계로〉, 《이데일리》 2013년 4월 26일자).

또한 스타의 성공을 알리는 스타덤과 같이 팬덤이라는 용어가 등장하였다. 팬덤(fandom)은 fanatic(광적인 사람)과 dom(영지 혹은 나라)의 합성어로 '특정 인물이나 분야에 몰입하여 그 속에 빠져드는 사람'을 의미한다. 이른바 팬파이어(Fan+Empire, 팬의 제국)**12** 시대의 시작을 알린 이때에, 1996년에 데뷔한 H.O.T.의 공식 팬클럽은 78만 명이었는데 공식, 비공식 팬클럽을 합치면 그 규모는 218만 명에 이르렀고 이미 중국에 1억 명의 팬들이 존재하기도 했다(〈문화산업의 주역 팬클럽, 스타 사랑이 문화를 이끈다〉, 《이데일리》 2013년 4월 26일자와 H.O.T. 멤버 문희준의 발언을 참조하여 재구성).

2001년 god 팬 사이트 연합 결성 당시에는 1,000개 이상의 사이트 또는 카페들이 가입했는데 2003년 god의 팬클럽(안티 사이트 포함)은 야후(Yahoo)에 228개, 다음(Daum)에 312개가 있을 정도로 인기가 높았다(박은경 2003). 2008년, 전설적인 80만 명 규모를 자랑하는 동방신기 팬클럽 '카시오페이아'는 기네스북에 등재되기도 하였다. 동방신기가 2인 체제**13**로 재편된 뒤에도 카시오페이아는 팬클럽 활동을 지속하고 있으며, 2011년 8월부터 새로 가입 신청을 받은 동방신기의 일본 팬클럽 비기스트(bigeast)의 경우 2014년 5월까지 35만 명의 회원 규모를 기록하였다.

2004년 동방신기 등장 후 한류와 전 세계의 글로벌 팬클럽이 유행하기 시작하면서 3세대 글로벌 팬덤으로 진화하고 있다. 2010년, 아이돌이 대거 데뷔하면서 활동 범위 또한 기존의 일본, 중국 외에 동남아시아, 유럽, 라틴아메리카까지 확대되었고 국내 팬클럽과 별도로 해외 팬클럽을 모집하는 등 해외 진출은 아이돌의 또 다른 성공 척도가 되었다. 2012년 데뷔한 그룹 엑소(EXO)의 팬클럽 엑소엘(EXO-L, EXO-Love)은, 비유료회원 및 팬클럽만의 혜택인 공연 선예매 혜택이 없다는 점에서 한계는 있지만, 단시간 내에 약 300만 명에 가까운 등록 수를 기록했다.

2015년 말 네이버와 다음의 팬클럽 카페는 각각 50만여 개씩 운영되고 있으며, 다음 카페를 기준으로 상위 10개 팬 카페의 총 회원수는 약 350만 명에 달한다. 이는 우리나라 인구의 약 7%에 해당하는 숫자이다. 또한 디시인사이드 갤러리에는 490여 명의 연예인 및 유명인 팬 카페가 운영되고 있다. 한편, 팬덤 형태는 아니지만, 유튜브(Youtube) 조회수로 해외에서의 인기를 평가하는 경향도 새롭게 등장하였다.

SBS 가요프로그램인 〈인기가요〉가 2013년부터 가요 순위에 유튜브 뮤직비디오의 조회수를 포함하기 시작하면서부터 유튜브 조회수가 가요 순위의 하나의 기준으로 자리 잡았다. 2015년 1월 기준, 엠넷(Mnet)의 〈엠카운트다운(M Countdown)〉이 유튜브 공식 뮤직 비디오 조회수를 '소셜 미디어 점수'에 포함시켰으며 이 비중은 전체의 15%를 차지한다. 〈쇼! 음악중심〉(MBC) 역시 유튜브 공식 채널의 뮤직비디오 조회수를 집계하는 '유튜브 동영상 조회수'를 순위에 포함시켰다. 〈인기가요〉(SBS)의 경우는 좀 더 체계적으로 순위를 산출하고 있는데, 공식 유튜브 조회수 70% + 좋아요 10% + 댓글 20%로 한 유튜브 점수를 SNS 점수의 40%로 환산하여 집계했다. 한편, 국내 유일의 음반·음원 판매량 종합 차트인 가온 차트(http://www.gaonchart.co.kr)는 유튜브, 트위터, 웨이보(Weibo)의 데이터를 수집하여 소셜 차트(Social Chart)를 제공한다. 한편 〈쇼! 음악중심〉의 이와 같은 순위제는 2015년 11월부터 폐지되었다.

아이돌 중심인 한국 가요계에서 유튜브는 중요한 판촉 통로로 작동하고 있다. 음악, 안무, 의상 등 여러 부분이 철저하게 분업화되어 있고 시각적으로 높은 완성도를 가지고 있기 때문에 그런 부분들이 종합적으로 나타나는 뮤직비디오가 중요한 홍보 수단으로 작동한다. 한국의 3대 기획사 중의 하나인 SM엔터테인먼트는 일찍부터 유튜브의 가능성에 주목했다. 2009년 소녀시대의 일본 진출에 앞서 유튜브를 통해 뮤직비디오를 먼저 공개하는 전략으로 진입 장벽을 낮췄다(고건혁·김정민·이원재 2015). 이 과정에서 공식 뮤직비디오를 유튜브에 업로드하는 관행이 굳어졌고, 조회수가 화제성을 보여주는 첫 번째 지표로 자리 잡게 되면서 팬들의 관심 역시 매우 높아졌다.

팬덤 형태도 다양화되어 기획사의 공식 팬클럽, 개인이 만든 팬 카페, 수많은 팬 사이트 연합까지 매우 세분화되었다. 이들 기획사의 팬클럽과 팬덤이 추구하는 기획과 성과의 차이는 집단적 자발성에 따라 발생한다는 점이 중요하다. 팬덤은 스스로 세를 불려 일을 진행하고 문제를 처리하며 상당한 시간과 돈을 쓰지만, 직접 만든 콘텐츠를 거래하고 유통하면서 보상을 얻는다. 반면, 기획사의 팬클럽은 하향식(top-down)으로 형성되며 일방적인 기획이다. 즉, 팬덤은 자발적이고 상향식(bottom-up) 체계성을 가지기 때문에 그 형태 또한 매우 다양할 수 있다(이민희 2013 : 6, 7, 13).

〈표 4-1〉과 〈표 4-2〉는 2014년 말 국내 남녀 아이돌의 팬클럽 수를 비교한 것이다. 다만, 유료 공식 팬클럽은 회원 수를 공개하지 않기 때문에 이 자료들은 공개 자료를 통한 공식 온라인 팬 카페 순위만 확인한 것이다. 일례로 현재 JYP 소속 아이돌은 일종의 JYP 전용 팬 커뮤니티인 http://fans.jype.com으로 이동 중이다. 이 사이트는 비공개로 되어 있어서 팬 카페라고는 하지만 실제 공식 팬클럽 수와는 차이가 있다.

대부분 아이돌 기획사들은 유료 팬클럽을 운영하고 있기 때문에 팬 카페에 가입하더라도, 유료 팬클럽에 가입하지 않는 경우도 있다. 유료 팬클럽은 티켓 거래 사이트인 인터파크나 YES24 등에서 결제 후 가입할 수 있으며, 공연 선예매, 공식 응원봉, 공식 상품(goods) 혜택을 받을 수 있다. 실제로 방송국에서 주최하는 공개방송(사전녹화) 등에 참여할 때, 공식 유료 팬클럽이 입장 1순위이며, 부가적으로 CD나 스트리밍이나 다운로드 음원 결제증 확인 등 다양한

| 표 4-1 | 남자 아이돌 팬클럽 규모

순위	가수	이름	인원 수(명) 2014.12월 말	인원 수(명) 2015.11월 말	URL
1	EXO	엑소엘	2,998,554	3,553,020	exo-l.smtown.com
2	동방신기	유愛루비	565,127	547,137	cafe.daum.net/ soul48
3	빅뱅	빅뱅 공식 팬 카페	268,605	262,353	cafe.daum.net/YG BIGBANG
4	비스트	B2ST 공식 팬 카페	258,400	253,057	cafe.daum.net/play b2st
5	인피니트	인피니트 공식 팬 카페	196,726	201,136	cafe.daum.net/infi nite7
6	빅뱅	Welcome to the BIG BANG World	194,671	189,974	cafe.naver.com/big bang2me
7	방탄소년단	방탄소년단 팬 카페	–	181,377	cafe.daum.net/ BANGTAN
8	신화	신화창조	168,951	2015년 1월 기준으로 2015. 9.8.~2016.9.1 까지 가입 신청 불가	cafe.daum.net/ SHINHWA79
9	B1A4	B1A4 공식 팬 카페	157,382	155,229	cafe.daum.net/-b1a4
10	슈퍼주니어	천휘룡	154,047	144,785	cafe.daum.net/sec ondemugame

*개인 카페 제외
**URL 앞에 http:// 생략

방법을 동원한다.

양적인 규모에서 전설이 된 카시오페이아와 다른 한편으로 질적인 면에서 팬덤의 결정판은 서태지와아이들 팬클럽이라 할 수 있다. 1996년 팬들은 '서태지와아이들 기념사업회'를 발족했는데 이는 서

|표 4-2| 여자 아이돌 팬클럽 규모

순위	가수	이름	인원 수(명) 2014.12월 말	인원 수(명) 2015.11월 말	URL
1	소녀시대	시스터스	256,375	248,576	cafe.naver.com/ tmfq18967
2	소녀시대	화수은화	230,536	222,620	cafe.daum.net/ milkye
3	아이유	U愛나	164,154	190,258	cafe.daum.net/IU
4	에이핑크	에이핑크 공식 팬 카페	117,171	145,792	cafe.daum.net/apink
5	아이유	러브유	127,251	132,640	cafe.naver.com/ singeriu
6	원더걸스	Wonderful	75,358	73,973	cafe.daum.net/ wg070210
7	2NE1	2NE1 공식카페	68,336	64,441	cafe.daum.net/2NE1
8	걸스데이	데이지 (DAI5Y)	67,938	76,207	cafe.daum.net/Girls day5
9	f(x)	샤르망	60,460	57,781	cafe.daum. net/91382073
10	카라	카밀리아	–	42,389	cafe.daum.net/De juanholic

*개인 카페 제외
**URL 앞에 http:// 생략

태지와아이들의 공식 은퇴 후 서태지와아이들을 기념하기 위해 팬들이 주축이 되어 자발적으로 조직한 문화 단체이다. 당시 서울시 문화관련 사회단체로 설립 허가를 받아 1996년 4월 14일에 3천여 명의 회원이 참가한 가운데 발기인대회까지 개최하며 대대적으로 출발하였다. 이후에는 문화행사는 물론, 대중음악에 관련된 사회 이

|그림 4-1|서태지와아이들 아카이브

*자료: http://www.seotaiji-archive.com

슈에도 적극적으로 개입하여 문화 단체로서 능동적인 활동을 전개하였다(배현주 2012 : 200). 이외에도 다양한 서태지와아이들 팬 사이트가 형성되었다.

2012년 3월, 서태지와아이들 데뷔 20주년을 기념하여 '서태지 아카이브(http://www.seotaiji-archive. com)'를 제작하였다. 일종의 서태지에 대한 모든 기록 저장소 혹은 온라인 서태지 박물관이라 할 수 있는 이 아카이브에는 '서태지', '미디어', '팬덤', '&MORE'라는 분류 하에 시나위 시절부터의 서태지 활동과 발매 영상 콘서트 기록 및 각종 그림, 릴레이 소설, 팬픽 등의 광범위한 자료를 제공하고 있어 팬덤 활동의 결정판을 보여주고 있다.

2. 팬덤 문화

이렇듯 거대한 집단행동 그룹으로서 팬덤 활동을 통해 나타난 특징은 구성원의 다양화, 문화 소비력의 증대, 능동적 참여 그리고 독특한 조직 운영 방식으로 정리할 수 있다. 즉 과거와 같이 10대 소녀팬 중심의 활동에서 남성팬 혹은 누나팬과 같이 성별·연령별 장벽을 넘어서 확대되고 있으며, 거대한 규모의 팬들이 발휘하는 문화소비력에 의한 그들의 권력도 무시할 수 없는 세력으로 평가되고 있다. 또한 수동적으로 스타 따라가기에만 머무는 것이 아니라 능동적으로 스타 홍보하기, 스타를 위한 미디어 만들기와 같이 참여도가 높아지고 있고, 그 어떤 단체보다 많고 다양한 기부 활동을 전개하며, 그들만의 독특한 조직 운영 방식으로 새로운 온라인 커뮤니티의 운영 행태를 표출하고 있다. 많은 부작용에도 불구하고 팬덤의이와 같은 긍정적인 효과는 팬덤이 끼치는 부작용을 상쇄하고도 남는다(〈팬클럽과 팬 문화〉,《씨네21》 2006년 11월 9일자).

1) 구성원의 다양화

첫째, 팬클럽의 구성원이 다양화되고 있다. 초창기 PC통신의 주요 이용자는 20대 남성 대학생이었지만 1990년대 아이돌 그룹의 유행과 함께 소녀 팬들이 PC통신에서 팬클럽 문화를 형성하였다. 현대 대중문화에서 '빠순이'와 '오빠부대'로 다소 비하되어 명명되던 여성 팬의 활동은 이제 스타 산업의 주 소비자인 팬덤이라는 용어로 대체되었다. 2005년만 해도 회원의 90%가 10대였고, 95%가 여학생이었지만 최근의 팬덤은 10대 여성을 넘어 누나 또는 이모로 불리는 연상팬, 걸그룹을 좋아하는 삼촌팬, 한류 열풍에 힘입은 외국팬까지 가세하면서 새로운 문화수용자층으로 중장년층과 외국인층으로까지 확장되고 있다(윤유경·채지영 2009 : 229). 소녀시대 팬클럽의 40%는 30세 이상 남성일 정도로 걸그룹의 등장과 함께 삼촌팬이 주요 세력으로 등장했고, 한류와 함께 차인표 대만 팬클럽 '표동인심(表動仁心)'을 비롯해 2012년 7월 기준 스타 팬클럽은 73개국 843개, 670만 명에 달한다(〈문화산업의 주역 팬클럽, 스타사랑이 문화를 이끈다〉, 《이데일리》 2013년 4월 26일자).

　1990년대 후반에서 2000년대 초반에 등장한 첫 여성 아이돌의 이미지는 '소녀'였다. 옆 반 남학생이나 선생님을 짝사랑하는 이미지로 그들의 성장 과정을 보여주었으며 그러한 이미지는 '순수함'으로 표상되었다. 그 뒤 여성 아이돌은 순수한 사랑에서 벗어나 배신당한 여인이나 상처받은 자신을 이야기했다(김수아 2011). 한편, 여성 아이돌에 대한 남성 팬들이 증가하기 시작하였는데 이들을 '삼촌팬'이라 부르게 되었다. 김성윤은 이들을 1974~1978년생, 1990년대에 대학을 다닌 남성이라고 규정하였는데, 원더걸스나 소녀시대의 무대는 애초에 10대가 아닌 이들 삼촌팬들을 겨냥하여 꾸며진 것이라고 분석하였다(김성윤 2011).

2) 팬덤의 능동적 참여와 문화 소비력

　둘째, 수동적이고 감성적인 부분만 강했던 팬심에서 능동적이고 스타와 공생하며 사회에 참여하는 팬덤으로 변화하고 있다. 현재의 팬덤은 과거처럼 단순히 우상을 쫓아다니며 울부짖었던 감성적 집단이 아니다. 그들은 구세대 팬클럽(남진, 나훈아, 조용필 등)에서 보기 어려왔던 강력한 '人의 장막'을 치며 신세대적인 행동 양태를 보이고 있다. 팬들은 무엇이든 할 의지가 있고 실제로 할 수 있다. "우리는 이 사람이 너무 좋아요"에서 끝나는 것이 아니라 "이 사람을 좋아하니까 이런 식으로 문화를 만들어가자"는 말은 팬덤의 능동적인 참여를 정확하게 표현한 말이다(〈팬클럽과 팬 문화〉, 《씨네21》 2006년 11월 9일자).

팬덤은 좋아하는 유명인의 음악, 패션, 철학을 깊이 있게 연구하고 이를 사회에 적극적으로 알린다. 음악 분석과 비평은 전문가 수준이며, 콘서트, 방송 녹화 현장, 온라인 공간에서 가수를 홍보하고 방어하는 역할을 한다. 게다가 이들은 신속한 정보 전파력과 단단한 결속력으로 무장하고 있다(〈팬클럽〉, 《경향신문》 1999년 8월 13일자). 또한 단순 정보 유통뿐만 아니라 홍보, 이미지 개선, 불합리한 계약 조건 개선, 스타의 명성과 인기를 유지하고 확대시키는 활동까지 적극적으로 전개하면서 문화산업의 중요 행위자로 부상하고 있다.

팬들은 더 이상 스타의 모습을 방송국에만 의존하지 않는다. 자신들이 직접 카메라를 구입하여 스타를 촬영하고 편집하고 배포한다. '대포 여신(기자가 아닌 일반인이 대포만한 카메라를 들고 다닌다는 뜻에서 나온 신조어이다. 주로 여자에게 쓰이며, 샤이니 팬들이 사용하면서 유행하게 되었다. 출처: 네이버 사전)'으로 유명한 샤이니 팬클럽 '샤이니 월드'의 '누나'들은 기자들보다 좋은 고성능 카메라로 샤이니를 촬영한다.

데뷔(2012년 2월) 2년 반 만에 음원 차트 역주행[14]을 기록한 EXID의 시작은 직캠(팬이 직접 촬영한 동영상)만 전문적으로 찍는 '직캠러(직캠을 찍는 팬)'로부터 나왔다. 유튜브에 '직캠', '팬캠'이라는 말머리를 달고 올라오는 많은 콘텐츠들은 무대 위의 스타를 한 순간도 놓치지 않고 보고자 하는 팬심을 반영한다. 한편, 동방신기의 국제 팬 사이트로 출발했다가 점차 성장하여 다양한 한류 가수 콘텐츠의 포털 사이트가 된 삼아시안(http://3asian.com)은 한·중·일 팬들이 정보와 친목을 나누는 문화 커뮤니티로서의 역할을 했다(현재는 사이트 폐쇄, 이민희 2013 : 27).

또한 팬덤은 거대한 문화 소비 세력이다. 팬들은 스타와 자신을 동일시함에 따라 스타의 모든 자료(사진, 기사, 인터뷰)를 수집하고, 스타가 출연하는 문화상품을 일상적으로 소비한다(김호석 1998). 팬클럽은 팬덤 내부에서 자생적으로 형성되거나, 적극적인 소비시장 개발 차원에서 스타의 소속사가 조직하고 운영하는 대규모의 형태로 나타났다(현지영 1998). 튜더(Andrew Tudor)는 스타-관객 관계에 대해 ① 감정적 친화(emotional affinity) ② 자기 동일시(self identification) ③ 모방(imitation) ④ 투사(projection)의 네 가지로 유형화했는데 팬덤에서는 이와 같은 현상이 전형적으로 재현되고 있다(Tudor 1974, 윤유경·채지영(2009 : 230)에서 재인용). 이와 같은 팬덤은 특정 스타의 팬들이 새롭게 만들어가는 적극적 의미의 문화운동을 함축하고 있다(김이승현·박정애 2001).

적극적인 의미의 문화운동을 다르게 표현할 수 있는 말로는 프로듀시지(produsage)가 있다. 토플러(Alvin Toffler)는 생산(production)과 소비(consumption)를 동시에 행하는 사람을 프로슈머(prosumer)라고 불렀는데, 이와 대비하여 브룬스(Axel Bruns)는 인터넷 시대의 새로운 지식정보 활동을 부르는 말로 생산(production)과 사용(usage)의 합성어를 프로듀시지라고 제안하였다. 브룬스가 단순한 '소비'가 아닌 '사용'이라는 말에 주목한 이유는 인터넷에서의 정보는 물질적 재화처럼 소비되어 없어지는 것이 아니라 되풀이하여 사용하는 비물질적 재화라고 인식했기 때문이다. 나아가 인터넷 정보의 프로듀시지는 이용자 개인의 개별 행위 차원에서 이루어지는 것이 아니라 인터넷 환경을 배경으로 한 독특한 협업(collaboration)의 메커니즘을 통해 발생한다는 사실이다(김상배 2010 : 46).

3) 팬클럽의 조직 운영 방식

셋째, 팬클럽의 조직 운영 방식은 그 어떤 조직보다 역동적이고 독창적이다. 같은 팬들과 함께 자발적으로 하나의 사회를 이루고 활동한다. 팬 활동의 세계에는 그들만의 규칙이 있고, 그들만의 생활 문화가 존재한다(〈팬클럽과 팬 문화〉,《씨네21》 2006년 11월 9일자). 팬클럽의 조직 운영 방식에서 이례적인 것은 동방신기의 팬클럽 카시오페이아이다. 한때 세계에서 가장 많은 수의 팬을 보유한 팬클럽으로 기네스북에 등재되기도 했던 카시오페이아는 규모와는 달리 회장이나 조직 체계를 갖고 있지 않다. 서태지와아이들의 경우는 그들이 출연하는 공개방송이나 행사에서 팬들의 질서 유지가 문제가 되자 '태지팬 수호대'라는 자생적 조직을 만들었는데, 이들은 팬이 기다리는 줄을 관리하고 행사장 입장도 관리하는 등 실질적인 역할을 하고 있다. 이후의 H.O.T. 등 아이돌 그룹의 팬클럽 임원들 역할을 이들이 미리 보여준 셈이다.

H.O.T.의 팬클럽 리옷(LEOT, Love Everything of H.O.T.)은 전국에 지부를 두고 조직적으로 팬클럽을 운영하면서 까다로운 가입과 등업(등급 상승) 절차를 통해 회원들의 충성도를 높였다. 팬클럽은 지역별로 존재하고 지역 회장과 부회장이 있다(이하 팬클럽 운영 조직의 특징에 대해서는 〈이것이 한국 팬클럽 생태계〉,《한겨레》 2011년 2월 17일자 참조). 서울과 경기 등 큰 지역의 경우는 보통 2명의 부회장을, 그 외의 지역은 1명을 뽑는 것이 일반적이다. 중요 안건을 논의하기 위해 각 지역 회장들이 모여 회의를 열고, 전국 회장 대표가 이들을 총괄하는 역할을 맡는다. 전국 회장 대표가 서열 1위, 서울 지부 회장이 2위이며, 이들 임원진은 투표에 의해 선출되기도 했다(최근에는 추세가 달라져 기획사 차원에서 서류 심사 및 수습 기간을 거쳐 선발하기도 한다). 임원 선거에는 불문율이 있다. 호봉(팬클럽 활동 경력)과 정치력이 일정 정도에 올랐거나 팬클럽 회원들에게 이미 얼굴과 이름이 알려져 있는 이들이 아니면 출마하지 않는다. 아이돌이 데뷔하기 전, 즉 연습생 시절부터 꾸준히 활동해온 이들은 일종의 '진골'이다. 그룹이 데뷔하고 본격적으로 팬클럽이 창설될 때 이들이 초기 임원진을 맡는다.

임원진 선거는 보통 1년 단위로 실시하는데 아이돌이 정규 앨범을 낼 때 새로운 임원진을 선출하기도 한다. 경력이 많은 기존 임원이 재출마해서 당선되는 일도 있고 세대교체가 되는 경우도 있다. 회원들에게 인정받기 위해서는 공개방송, 공연 등 공식 행사에 개근하며 얼굴을 알리는 것이 중요하다. 공식 팬 카페에 주목받는 글을 자주 올린다거나, 자기만의 콘텐츠로 채운 개인 카페나 홈페이지를 운영하면서 이름을 알려 영향력을 높이기도 한다.

기획사에 따라 회장 대표나 서울 회장에게 차비와 식비 등 진행비를 사후 지급하며, 지역 회장에게는 전체 회의 때 서울에 올라오는 교통비를 지급하기도 한다. 임원들은 매니저의 전화번호를 알 수 있기 때문에 스케줄이라는 핵심 정보를 파악할 수 있고, 콘서트 때는 대기실에 들어갈 수 있는 특권이 주어진다. 팬들이 마련한 선물을 전달하고 그들과 대화를 나누고 사진도 찍을 수 있다. 이들에게 아이돌과 직접 접촉한다는 것은 '개발도상국 장관이 미국 대통령을 만나는 일'만큼의 의미를 지닌다(⟨이것이 한국 팬클럽 생태계⟩, 《한겨레》 2011년 2월 17일자 참조).

2010년 인피니트 데뷔 바로 다음 날에 생긴 팬 커뮤니티 '무리수 (http://www.murisu.co.kr)'는 20대 이상 성인이 회원인 것이 특징인데, 독특한 회원가입 절차를 갖고 있다(이하 무리수의 운영 방식에 대해서는 BODA(2012년 6월호 : 94~95, http://murisu.co.kr/xe/data/1057117) 참조). 평균한 달에 단 하루, 게릴라성으로 오전 중에 3~4시간 정도 회원가입 창이 열리는데(멤버 생일과 같은 특별한 날에도 창을 연다), 회원가입 창이 열리기 3일 전부터 무리수의 DATA 게시판과 공식 트위터(@murisu_com)를 통해 날짜가 공지되며, 성인 팬 사이트이기 때문에 20세 이상 성인만 가입을 받는다. 미성년자 유입을 최대한 차단하기 위해 일부러 오전 중에만 가입을 받는다.

최초로 가입하면 DATA 게시판에 댓글을 작성할 수 있는 권한이 주어지며, 회원가입을 받은 후 1주일 정도의 기간이 지나면 자유게 시판인 FreeB 게시판으로 입장하기 위한 등업을 할 수 있다. 무리 수의 등급은 신규 회원 포함 총 4등급으로 구분하며 등급별로 최소 활동 기간과 활동 포인트의 제한선이 있고, 최고 등급의 기한과 포 인트를 충족하더라도 등업은 순차적으로 거쳐야 한다. 무리수는 (디 시인사이드처럼) 익명 반말 커뮤니티이기 때문에 운영진을 포함한 모든 회원들은 반말을 기본으로 사용한다.

또한 댓글창에 드러나는 모든 회원의 공통적인 닉네임 '익명'을 따 라 회원 간 애칭은 '익명이'로 불리며, '나익명은 너익명을 좋아해!'와 같은 식으로 서로를 지칭한다. 운영진도 직책에 따라 '운영 익명', '관 리 익명' 등으로 불리지만 익명제이니만큼 무리수의 운영 및 관리를 제외한 평상시에는 운영진 또한 회원들과 같은 익명이로서 함께 인 피니트를 응원한다. 무리수 사이트에 의하면 이와 같은 철저한 익명 제 엄수와 그에 따른 탄탄한 규칙을 밑바탕으로, 회원들은 사회에서 의 위치나 나이, 성별에 구애받지 않고 자유롭게 활동하게 된다.

무엇보다 운영진의 권위를 최소한으로 줄이고 회원들의 의견을 최대한으로 중시하는 운영 방식을 통해 운영진과 회원 간에 권위의 식이 드러나지 않는다는 점은 무리수의 가장 큰 특징이다. 무리수에 서 이루어지는 대부분의 사안은 회원들의 의사를 묻고 논의를 거친 뒤 투표를 통해 다수결로 결정한다. 즉, 누군가에 의한 팬 사이트가 아닌 모든 회원들이 이끄는 팬 사이트가 무리수의 운영 철칙이며, 따라서 무리수는 회원들의 적극적인 참여를 우선적으로 권장한다.

한편, 조직적 팬덤을 표현하는 대표적인 말은 '총공'이다. 이는 음원차트, 음악 프로그램 순위, 각종 투표 및 인기검색어 등에서 내 스타의 순위를 높이기 위한 단체행동으로 음악순위 프로그램 1위를 결정하는 음원 점수를 얻기 위해 여러 개의 아이디로 하루 종일 스트리밍을 돌리고 광클(狂+Click의 합성어. 특정 기사와 단어를 연이어 검색하고 클릭함으로써 스타의 이름이 포털 사이트 전면에 드러나게 만드는 것)을 하면서 온라인 투표와 문자 투표에 참여하는 것은 물론 바쁜 팬들을 위해 아이디와 비밀번호만 제공하면 다른 팬들이 대신 힘써주는 상부상조 정신도 통용된다(〈문화산업의 주역 팬클럽, 새로운 팬 문화 조공… 밥차부터 명품까지 선물〉, 《이데일리》 2013년 4월 26일자).

고전적인 의미에서는 한 사람당 5~6장씩 CD를 사서 다시 소속사에 홍보용으로 쓰라고 기부하는 방법도 유행하였다. 인피니트 팬 커뮤니티 무리수는 2014년 팬들의 CD 1,000장을 모아 일반 음악방송인 KBS 〈유희열의 스케치북〉 관객들에게 나눠주는 홍보 이벤트를 벌이기도 하였다. 이 정도로 범위가 큰 홍보도 소속사와 관계없이 팬들이 직접 해나가는 추세가 되었다.

그러나 최근 1세대의 (운영진) 임원 문화는 많이 사라진 추세이다. 과거에는 커뮤니케이션 수단이 적었기 때문에 조직적인 연결망이 필요했고, 지역마다 지부가 반드시 필요했다. 그러나 3세대 팬클럽 조직의 운영은 인터넷을 기반으로 하고, 소셜 미디어를 자유롭게 사용할 수 있는 등, 임원에게 절대적으로 기대는 상황에서 상대적으로 자유로운 측면이 있다. 앞서 살펴본 팬클럽의 능동적인 참여가 가능해진 바탕도 IT의 대중화였다.

따라서 이제는 획일화된 팬덤에서 아이돌의 한 멤버만을 좋아하는 '개인홈'이나 '커플홈' 혹은 팬 사이트 연합을 구성하여 대형 이벤트를 조직하는 등의 다양화가 이루어지고 있다. 팬들은 임원에게 전달하지 않아도 스타에게 직접 메시지를 전달할 수 있으며, 연예인은 전광판 이벤트, 지하철 광고 영상 등을 자신의 소셜 미디어에 '인증'하여 팬들의 호의와 관심에 응답하는 추세로 변화하고 있다.

그러나 팬클럽의 기초 활동은 여전히 기획사의 몫이다. 과거에는 임원을 두어 운영했다면, 3세대 이후에는 기획사에서 팬클럽 담당 직원을 직접 고용하여 마케팅을 전개하고 있다. '팬 매니저'인 이들은 공개방송 현장 등에 나타나 팬클럽을 통솔하는 역할을 주로 담당한다. 팬들은 이들을 '팬매'라고 부르는데, 일반 팬들과 마찰을 빚기도 한다. '팬매'가 마음에 들지 않는 경우, 일반 팬들은 조직적인 보이콧을 통해 사과나 교체를 요구하기도 한다. 과거에는 기획사에 의한 일방적인 관계였다면 이제는 팬들의 영향력이 점점 커지는 측면이 있는 것이다.

3. 팬덤의 기부

조공이라는 말이 가지는 사대적 의미 때문에 '서포트(support)'라고 표현[15]하기도 하지만, 조공의 규모는 몇 만 원에서 몇 천만 원 수준으로 도시락, 옷, 액세서리, 전자 기기, 가구, 심지어 자동차까지 포함되는 경우도 있다. 팬들은 스타를 세상에 낳아준 부모님에게 감사드린다는 의미로 부모님의 선물을 따로 챙기기도 한다.

아이돌 스타의 TV 진출이 보편화되면서 더욱 잦아진 응원 조공은 힘든 드라마 촬영 현장에서 고생하는 제작진과 출연진을 위한 도시락, 음료수, 커피, 떡, 다과, 밥차에까지 이른다. 조공은 팬들의 자발적인 모금과 참여로 성사되며 온라인 공간에서 주도자를 중심으로 조공에 필요한 비용을 모으고 의논한다. 만에 하나 발생할 수 있는 횡령을 막기 위해 모금액을 명시하는 것은 물론 조공 물품, 구입 영수증 등을 공개하는 인증 사진은 필수이다(《문화산업의 주역 팬클럽, 새로운 팬 문화 조공… 밥차부터 명품까지 선물》,《이데일리》 2013년 4월 26일자). 일반 사이트에서는 운영진이 조직하는 경우가 다수이며, 디시의 갤러리에서는 이를 '총대를 멘다'고 표현하기도 한다.

초기의 조공은 덕질하는 수니('빠순이')들 간의 화력(응원 능력) 경쟁이나 팬덤별 세 과시에 머물렀다. 조공 규모의 화려함이나 사생팬(사생활을 좇는 팬) 문화까지 언급되면서 이들의 조공 문화는 사회적으로 좋은 평가를 받지는 못했다. '머글'(팬클럽 활동을 하지 않는 '일반 인간')과 차이를 두는 덕후들은 일코('일반인 코스프레')를 하면서 자신들과 머글을 구분 짓는다. 한편 일코는 (변태보다는) '덕후'나 '수니'로 취급받는 것이 싫어서 하게 된다는 삼촌팬을 포함한 성인팬들의 표현이기도 하다.

여기에서 덕후는 하나의 일에 몰입하는 사람인 일본어 오타쿠(御宅)에서 유래한 한글 표현이다. 오타쿠는 원래 '댁'이라는 의미에서 '당신'

이라는 2인칭 대명사로 변화하였다. 오타쿠라는 2인칭을 즐겨 사용한 것은 SF와 애니메이션 팬들이었는데, 여기에서 더 발전하여 하위문화에 깊은 애착을 느끼고 특정 분야(영화, 만화, 음악 등)에 대해 별로 쓸모가 없는 사소한 지식을 대량으로 축적한 사람을 지칭하게 되었다. 국내에서는 유사한 음으로 변하여 '오덕후'의 줄임말로 덕후라는 용어를 쓰게 되었으며, '오덕' 혹은 '덕'이라고도 부른다.

팬심 표현 방법은 단순한 물질적 조공에서 숲 조성, 우물 기증, 쌀 화환 등 사회적 기여 방식으로 진화하고 있다. 물품 조공, 촬영장이나 공연장에 밥차와 커피차 제공 등을 넘어서 기부와 선행 등 개념 팬 문화를 형성하고 있다. 지난 15년 동안 팬클럽의 기부 방법을 보면 일반적인 현금 후원, 재난구호 봉사, 병원·환자 지원, 청소년·아동 지원, 쌀 화환, 숲 조성, 우물 조성 등으로 변화하고 있다. 즉, 단순한 바자회나 일방적인 모금 방식과 같은 이웃돕기 차원에서 진일보하여 재난 지역에서의 봉사활동 및 외국 재난 지역에 성금 전달, 스타가 드라마에 출연했을 경우 드라마 줄거리와 관련된 미혼모, 입양아 기관, 다문화아동 지원, 참전용사 지원과 같은 특정 대상 지원, 펀드 조성을 통한 장학재단 건립, 도서관 건립, 헌혈 이벤트, 숲 조성, 우물 조성과 같은 환경운동 등 동원 가능한 모든 봉사활동을 적극적으로 전개하는 양상으로 변화하고 있다.

최근 등장한 쌀 화환의 시초는 2007년 신혜성의 단독 콘서트에 최초로 쌀 화환을 보낸 신화 팬클럽 '신화창조'로 알려져 있으며, JYJ 김재중의 다국적 팬클럽은 제작발표회장에 23.68톤의 쌀 화환

| 표 4-3 | 팬클럽의 기부 활동 (2004~2015년 1월 보도자료 기준)

구분	내용
기부 · 자선	• '위대한 탄생(조용필)', 3,000점 기증, 총 440만 원 기부(2004년) • '성모마리아(조성모)', 결식아동과 불우이웃돕기에 400만 원 기부(2004년), 4,316,000원 수재의연금 기탁(2006년) • 김재원 팬클럽, 회원 10여 명이 1년 넘게 자선 행사(2004년) • 이상은 팬클럽, 한국여성재단 주최 '100인 기부' 릴레이에 수십 명이 기부(2004년) • '나라 영상 클럽(장나라)', 장나라 생일에 500명의 무료급식 제공(2006년) • '하늘사랑(김민종)', 600만 원 기부(2006년) • '스타지우(최지우)', 독거노인을 위한 배식 참여, 구호 물품 500벌 전달(2006년), 보육원 봉사(2008년), 10년 동안의 봉사활동에 대해 서울시 복지우수상 수상(2012년) • 'MINOZ(이민호)', 200만 원 기부(2010년) • '영소사(소지섭)', 연탄배달 봉사(2007년) • '천계가연(이규한)', 양로원 성금 전달 및 봉사(2007년) • '에버그린(이연두)', 독거노인을 위해 쌀과 라면 전달(2007년) • '비너스(원빈)', 유니세프에 1,000만 원 기부(2008년) • 이영애 팬클럽, 이영애 생일 축하로 유니세프에 기부(2007년, 2009년) • '엘프(슈퍼쥬니어)', 아름다운재단에 726,520원의 성금, 라면 35박스, 헌혈증 171장, 쌀 160kg 기부(2009년) • '서태지매니아 기빙서클', 저소득층 지원(2009년), '서태지 매니아', 미혼모를 위한 후원금 1,000여만 원 기부(2012년) • '마이클럽 지후현중앓이(김현중)', CF하고 있는 의류를 1,000만 원 어치 구입하여 굿네이버스에 기증(2010년), 생일을 기념하여 606만 원 기부(2010년) • '마이클럽 김현중 파워풀 써포터즈', 1,000만 원 기부(2010년) • '미지의 세계(조용필)', 환갑 기념으로 모금액을 유니세프에 기부하고 매월 정기적으로 후원 약속(2010년) • '디시 이승기 갤러리', 현장르포 동행에 1,666만 원 기부(2010년) • 박시후 팬클럽, 희망TV 자선모금 행사에 500만 원 기부(2009년), '시후랑', 독거노인 지원(2011년), 창단 10주년 기념으로 박시후 고향인 부여에 1,000만 원 기부(2013년) • '키보드(샤이니 키)', 100명이 기부(2010년) • '박재범 밴드 인 제이 임팩트', 신생아 살리기 모자 뜨기 캠페인에 참여하여 130개 모자 기부(2011년), '디어 제이', 사랑의 연탄 나눔 행사에 참여(2011년) • '쿤토리아(닉쿤, 빅토리아)', 유니세프에 600만 원 후원(2011년) • 성훈 팬클럽, 보육원에 150만 원 생필품 기부, 봉사활동(2011년)

기부 · 자선	• 김다현 팬클럽, 생일 선물로 복지시설에 연극 단체관람권 160장 기부(2012년) • 'B동닷컴(비스트)', 월드비전에 털모자 254개와 배냇저고리 200장 전달(2012년), 양요섭 팬클럽, 106만 원 모금(2012년) • '더 스페이스(현빈)', 유니세프 생일 기부, 사랑의 빵을 통한 모금액을 월드비전에 기부, 초록우산어린이재단과 월드비전에 매달 일정 금액을 후원, 보건복지부에서 소개받은 1004 지역사회봉사단에 가입하여 장애인을 위한 직업재활센터에서 환경미화 봉사(2012년) • '컵쿤카닷컴(닉쿤)', 생일선물로 다문화아동 지원 위해 500만 원 기부(2012년) • '원석(백청강)', 보육원을 방문하여 성금 전달과 물품 기부(2012년), '위드청(백청강)', 김장 나누기 봉사(2012년) • '크리제이(장근석)', 생일선물로 926만 원 기부(2012년), 생일 기념 사진전 수익금으로 1,000만 원 상당의 기부(2013년) • '그랑블루(김석훈)', 바자회 3천 점 기부(2012년) • 이대호 팬클럽, 연탄배달 봉사(2006~2013년) • '러브(뉴이스트)', 연탄 3,000장 지원 및 배달 봉사(2013년) • '하늘아래 준기세상(이준기)', 연탄 3,000장 지원 및 배달 봉사(2013년) • '하지원 사랑하기 1023', 팬 카페 개설 14주년 기념으로 1,600장의 연탄 나눔 봉사, 쌀 화환 800kg, 라면 55박스(2013년) • 아이유 팬클럽, 콘서트장에 연탄 200장(2013년) • '블레싱 유천(박유천)', 1,000만 원 모금액으로 연탄 2만 장 기부(2013년) • 김수현 글로벌 팬클럽, 생일선물로 쌀, 연탄, 기저귀, 라면, 500만 원 기부(2014년) • '파피루스(김종국)', 매해 자선 행사와 기부(2014년) • '이민호 바이두', 유니세프에 1,400여만 원 기부(2014년)
재난 복구 지원	• '구름(비)', 산불 이재민 돕기 276,000원 모금(2005년), 동방사회복지회에 2,000여만 원의 현물 기증(2009년) • '팬god', 산불 이재민 돕기 446,870원 모금(2005년) • 'Rebeurs(이병헌)', 온라인 자선바자회를 통해 수재민 돕기 성금 6,630만 원 모금, 책 발간 수익금 65만 엔을 유니세프에 기부(2006년) 2003년부터 꾸준한 지원 활동으로 인해 유니세프로부터 감사패 받음(2009년) • 이준기 팬클럽, 이재민 돕기 성금 567만 원 기탁(2006년), 싱가포르 거주 팬들이 결손 가정의 불우아동을 위해 250만 원 기부(2007년) • 유리상자 팬클럽, 수해복구 봉사활동, 라면 1,140박스 기부(2006년) • 국내, 대만, 중국 소지섭 팬클럽, 인도네시아 쓰나미 이재민 돕기 성금 중국 수재민 돕기 성금 전달, '영소사', 미혼모 자활기관에 컴퓨터 15대 전달(2006년)

재난 복구 지원	• '디시 민호 갤러리 소떼(이민호)', 아이티 구호 성금 1,000만 원 기부(2010년), 중국 야안의 지진 재해 복구를 위해 구조물품(2014년), 윈난성 지진 현장에 구호물품으로 라면 300상자와 생수 600박스 전달(2014년), 이민호는 영화 공약으로 500만 명 돌파 시, 500명의 팬과 강남에서 쓰레기 줍겠다고 공익 공약(2015년) • 정경호 팬클럽, 박재범 팬클럽, '엘프(슈퍼주니어)', '용화야 우리랑 게 잡자(정용화)', 아이티 지진 참사에 성금(2010년) • '카르페디엠(조현재)', 어려운 이웃돕기 모금, 고아원 봉사(2006년), 태안사태 때 500만 원 기부(2007년), 한국전쟁에 참전한 에티오피아 참전용사 명예선양을 위해 500만 원 성금 전달(2010년) • 비 미주지역 팬클럽, 공유 팬클럽, 바다 팬클럽, 소녀시대 팬클럽, 태안에 성금 전달 및 자원봉사(2008년) • '윤호별(유노윤호)', 어린이재단에 2,000만 원 기부(2008년), 영등포구 쪽방촌 이웃돕기성금 206만 원(2009년), 아이티 지진 참사에 260여만 원 성금(2010년), 쌀 140포 기부(2011년), 일본 팬클럽 'ONE', 생일 선물 대신 광주 불우이웃에게 성금 1,000만 원 전달(2011년), 대지진 피해 지역에 7,000만 원 기부(2011년), 생일선물로 2,200만 원 기부(2012년), 일본 팬클럽으로부터 지원받은 광주 지역 시설 원생이 일본 대지진 피해 복구를 위해 100만 원 성금(2011년) • '현빈 공간', 일본 대지진 지역에 231만 원 기부(2011년) • '블레싱 유천(박유천)', 기습 폭우 피해를 입은 지역사회 아동센터에 1,000만 원 기부(2011년), 팬클럽 연합 이웃돕기 성금 1,300만 원(2012년) • '파워풀 S 마이클럽(김현중)', 독거노인을 위해 1,000만 원 성금(2012년) • '엘프(슈퍼주니어)', 세월호 구호물품 모금, 핫팩 150개 지원, '카시오페이아(동방신기)', 담요 전달(2014년)
청소년 지원, 도서관 건립 지원	• 싱가폴 팬클럽(배용준), '스쿨 포켓 머니' 펀드를 조성하여 도시락을 싸지 못하는 학생 지원(2004년), '배사모 재팬(배용준)', 겨울연가 촬영지인 춘천 명동에서 청소 활동 후, 춘천보육원에 100만 원과 선물 기탁(2005년) • '나라 영상 클럽(장나라)', 회원 16명은 한국국제기아대책기구가 건설 중인 말레이시아 학교 건설 현장에서 자원봉사(2004년) • '미사가연('미안하다, 사랑한다')', 입양아 돕기 드라마 상영회, 성가정입양원 바자회, 성가정입양원 돕기 일일찻집(2004년) • '카르페디엠(조현재)', 전국 불우청소년 공부방 돕기 성금(2006년) • 일본 팬클럽(신승훈), 이수현 장학기금에 100만 엔 기부(2007년) • '박강성 매니아 클럽', 장애인 평등학교 지원(2001~2006년) • '영소사(소지섭)', 소지섭 모교에 1,000만 원 기부(2007년) • 이준기 팬클럽, 장애인 장학회에 300만 원 기부(2007년) • '아이비너스(아이비)', 아동 돕기 모금(2007년)

청소년 지원, 도서관 건립 지원	• '디시인사이드 승리 갤러리', 저소득층 아동 및 청소년 113명에게 영화 관람 지원, 7시간 만에 모금액 달성(2009년) • 박용하 국내외 팬클럽, 차드에 요나스쿨 개교(2010년) • 비 글로벌 팬클럽, 500만 원의 성금과 700만 원 상당의 아동영양제 기부 (2010년) • 'SEOPLE(서연)', '올웨이스 JAY(박재범)', '포미닛찬란(허가윤)', 소외 아동 청소년을 위한 한뼘도서관 건립을 위해 기부(2010년) • '소울메이트(박지헌)', 대전 지역아동센터에서 봉사(2010년) • 이승철 팬클럽, 아프리카에 희망학교 만들기 프로젝트 진행(2011년) • '마이클럽 지후현중앓이(김현중)', 1,491만 원으로 김현중 장학기금 조성, 2012년까지 3년 동안 247명의 회원이 정기적으로 기부, '김현중 파워풀S', 1,149만 원 기부, 총 1억 9,800만 원 기부(2013년) • 'Always JAY(박재범)', 온라인 기부 사이트 도네이션을 통해 포항 아동센터에 물품 지원(2010년) • '화수은화(소녀시대)', 멤버 수영의 생일을 기념하여 소외 아동의 신학기 지원금 모금(2010년), '시스터즈(소녀시대)', 효연의 생일선물로 어린이재단에 해피빈 기부(2012년) • 박시후 아시아 팬클럽, 지진 피해를 입은 중국 아동을 위해 6개 학교에 성금과 농구공 등의 스포츠용품을 전달하고, 중국의 어린이날인 6월 1일에 맞춰 250여 명의 아동에게 책가방과 학용품 전달(2010년) • 'MINOZ(이민호)', 도서 기증(2010년), 중국 팬클럽 미노즈 차이나, 2012년부터 2014년까지 네 곳에 도서관 건립(2014년) • '프리마돈나(FT아일랜드)', 어린이도서관 건립 모금(2010년), 코트디부아르 초등학교 도서관에 책 120여 권과 컴퓨터 1대 기부(2012년) • 존박 팬클럽, 교남 소망의 집에 작은 도서관 '소망갤러리' 기증(2011년) • 원더걸스 팬클럽, 은평천사원에 기부(2011년) • 온유 팬클럽, 철산종합사회복지관, 하안중학교, 광명정보산업고등학교에 장학금 전달(2009~2012년) • 송일국 해외 팬클럽, 소외아동 돕기 기금 2,800만 원 기부(2012년), 소아암 환우 돕기 성금 전달(2013년) • '블레싱 유천(박유천)', 국내외 아동복지단체에 1,000만 원 어치의 현금과 물품 기부(2012년), 창립 2주년 기념으로 500만 원 성금으로 신안에 박유천도서관 설립(2013년), '유천이즘(일본)', 생일 기념 자선경매 행사를 통해 660만 원을 모금하여 사랑의 도시락에 기부(2014년), '까칠한HEROSE누나들(김재중)', '김재중 부메랑장학기금'(2011년 1,500만 원을 출연해 조성, 2013년에 일본 팬클럽에서도 1,100여만 원 기부)에 1,000만 원 기부(2013년), 베이비박스 유기 아이들을 위해 1,000만 원 후원(2014년) • 선우림 팬클럽, 캄보디아 어린이를 위해 성금(2012년)

청소년 지원, 도서관 건립 지원	• 'ThanKYU(김규종)', 신생아 지원을 위한 배냇저고리캠페인 참여(2012년) • '김수현 닷컴', 어린이재활병원 건립을 위해 500만 원 기부(2013년) • 강동원 팬클럽 연합, 사랑의 도시락 지원 437만 원 성금(2013년) • '백청강 갤러리', 캄보디아 최빈곤 지역에 백청강 공부방 건립(2013년) • '스타지우(최지우)', 생일 기념으로 보육원에서 봉사(2013년) • '태지매니아', 서태지 득녀를 기념하여 미혼양육가정을 돕기 위해 340여만 원 기부(2014년)
병원·환자 지원	• 중국 팬클럽(배용준), 배용준 생일에 29,000위엔(400여만 원) 성금을 상하이 골수 은행에 전달(2004년) • '이시오스(신혜성)', '성인(신혜성)', 뇌간종 환자 위해 1,000만 원 모금(2005년) • '클라우드 재팬(비)', 신부전증 환자에게 1천만 원 전달(2005년) • 장우혁 팬클럽 어린이 환자 돕기 성금 전달(2006년) • 'Huny Family(신승훈)', 50장의 헌혈증과 850만 원 모금으로 소아암 백혈병 환자 지원(2006년) • '영소사(소지섭)', 선천성 심장병 어린이 지원(2006년) • '사랑방(성유리)', 근무력증 환자를 위해 200만 원 성금 전달(2007년) • 이준기 팬클럽, 사랑의 휠체어에 200만 원 성금(2006년), 중국, 대만, 홍콩 등 중화권 팬클럽은 400만 원을 시각장애인 개인 수술비용으로 지원(2007년), 팬덤 연합, 80장 헌혈증 기부(2013년) • '나라짱닷컴(장나라)', 중국의 백혈병 환자를 위해 1,000만 원 모금(2007년) • '카르페디엠(조현재)', 헌혈 이벤트(2004년), 혈액암 환우 돕기 자선바자회(2006년) • '이태란 사랑하기', 유방암 환자를 위한 모금(2008년) • '김현중 퍼팩트', 소아암 어린이에게 1,000만 원 전달, 정기후원자로 개별 가입, 매월 간식 전달(2009년), 한국백혈병어린이재단에 1,000만 원 기부(2010년) • 조권, 가인 팬클럽, 소아암 환자 수술비 2,170만 원 기부(2010년) • 'Jaywalkers(박재범)', 장애인 체육 발전 위한 모금(2010년), 장애인 체육회에 1,700만 원 상당의 앨범 기부(2011년), 'Always JAY', 장애아동을 위해 기부(2012년) • 유아인 팬클럽, 소아암 어린이를 위해 650만 원과 헌혈증을 기부(2011년) • '사랑중(김재중)', 심장병 환자 2명 수술비 전달(2011년), 한국심장재단에 300만 원 후원, 2010년부터 후원(2014년), 'Prince JJ(김재중)', 미국의 구순구개열 어린이 환자 수술 지원금 1,500달러 기부(2012년), '까칠한HEROSE누나들(김재중)', 시설아동의 불평등한 급식비에 반대하는 캠페인에 1,080만 원 기부(2012년), '블레싱 유천(박유천)', 아동 화상 치료비 1,000만 원 기부(2010년), 6개월간 총 4,000만 원 기부(2011년) • '서태지 매니아', 청각장애 아동을 위해 1,000여 권의 책과 보청기 지원(2010년), 생일선물로 청음회관에 1,162만 원 기부(2011년)

병원 · 환자 지원	• 'G-Crew(은지원)', 각종 합병증 환자를 위한 모금(2011년) • '누나피릿(인피니트)', 한국백혈병 어린이재단에 헌혈증 101장, 유니세프에 100만 원 기부(2012년), 'hear, ho(호야)', 생일선물로 500만 원을 불우한 청각장 애 아동의 인동와우수술비로 기부(2014년) • 'TSL(이특, 강소라)', 126매 헌혈증 기증(2012년) • 중국 박시후 팬클럽, 장애인 수술 지원금 1,000여만 원 기부(2012년) • '권지용 서포터즈(지드래곤)', 생일선물로 1년 동안 어린이 보호단체에 3,000 만 원 성금(2012년), 어린이 재활병원 건립을 위해 365만 원 기부(2012년), 'AL- WAYS GD', 어린이 재활병원 건립 돕기 캠페인에 성금(2013년) • '예원(이민정)', 난치병 어린비 돕기 자원봉사(2012년) • 송일국 해외 팬클럽, 생일선물로 어린이재단에 8,900달러 기부(2013년) • '김수현닷컴', 어린이 재활병원 건립 기금 500만 원 쌀 200kg 기부(2013년), 어린이재활병원 건립기금 500만원, 라면 1,200개, 기저귀 3,200개 기부(2014년) • 찬성 팬클럽, 소아암 환자를 위해 211만 원 기부(2014년) • 'Forever(안재욱)', 고대 의료원에 1,800만 원 기부(2014년)
쌀 화환	• 슈퍼주니어의 각 멤버들 팬클럽, 이웃돕기 쌀 화환으로 이웃돕기(2008년), 최시 원 팬클럽, 제작발표회장에 620kg 쌀 화환(2010년), 최시원 팬클럽, 제작발표회장 에 5톤 쌀 화환(2012년), 성민 팬클럽, 제작발표회장에 1.5톤 쌀 화환(2010년) • 이승기 팬클럽(2010년) • 김현중 팬클럽, 제작발표회장에 1.3톤 분량의 쌀 화환(2010년) • 이준기 팬클럽, 뮤지컬 공연장에 400kg 쌀 화환(2010년), 이준기 제대 현장에 200kg 쌀 화환(2012년), '준싸일본(이준기)', 제작발표회장에 50kg 쌀 화환(2012년) • 주지훈 팬클럽, 뮤지컬 공연장에 40kg 쌀 화환(2010년) • '포에버(안재욱)', 뮤지컬 공연장에 4톤 쌀 화환(2010년) • 윤상현 팬클럽, 제작발표회장에 300kg 쌀 화환(2010년) • 이승철 팬클럽, 생일 축하 1.5톤 쌀 화환(2010년) • 손호영 팬클럽, 생일 축하 1.5톤 쌀 화환(2010년) • 조권 팬클럽, 생일 축하 쌀 화환(2010년) • JYJ 팬클럽, 쇼케이스에 8,380kg 쌀 화환(2010년), 김재중 다국적 팬클럽, 제작 발표회장에 23.68톤 쌀 화환(2012년, 역대 최대 규모), JYJ 팬클럽, 부산 사랑의 열 매에 2,000kg 쌀 기부(2012년), 박유천 26개국 팬클럽, 12톤 쌀 화환(2012년) • 김동완 팬클럽, 팬미팅에 쌀 화환(2010년), 에릭 다국적 팬클럽, 쌀 480kg을 월 드비전에 기부(2011년), 신혜성 팬클럽 나눔쌀 500kg 기부(2013년) • 샤이니 팬클럽, 멤버의 나이(22세)에 맞춰 220kg 쌀 기부(2011년) • '시후랑(박시후)', 제작발표회장에 700kg 쌀 화환(2011년) • 이상우 팬클럽, 연탄 1,000장과 쌀 1.31톤 기부(2011년, 2012년) • '인스피릿/엘의 날개(인피니트)', 290kg 쌀 화환(2012년)

쌀 화환	• 비스트 팬클럽, 연탄 드리미 화환 1,000장과 1,680kg 쌀 화환/ 연탄 7,050장/ 5,790kg 쌀 기부/ 다국적 팬클럽은 총 12톤의 쌀 화환과 8,000장의 연탄 드리미 화환 기부(2012년), 양요섭 팬클럽, 콘서트장에 쌀 화환(2011년) • 성제 팬클럽, 공연장에 320kg 쌀 화환(2011년) • 장근석 팬클럽, 지역아동복지센터 등에 1.2톤 쌀 전달(2011년) • '엔젤(틴탑)', 창단식에 1.28톤 쌀 화환과 연탄 드리미 화환, 어린이재단에 950kg 쌀 기부(2012년) • 김수현 팬클럽 연합, 제작발표회장에 1.5톤 쌀 화환(2012년), '김수현닷컴', 소외 계층을 위해 200kg 쌀 기부(2013년) • 'IS M(이성민)', 제작발표회장에 50kg 쌀 화환(2012년) • 원더걸스 팬클럽 연합, 콘서트장에 720kg 쌀 화환(2012년) • 티아라 팬클럽 연합, 팬클럽 창단식에 730kg 쌀 화환(2012년) • 'HARP(이하이)', 데뷔 축하 선물로 1.4톤 쌀 화환(2012년) • 송중기, 문채원 팬클럽, 제작발표회장에 340kg 쌀 화환(2012년) • FT 아일랜드 팬클럽, 지적장애인 시설에 1170kg 쌀 기부(2012년) • '박완규 DC 갤러리', 콘서트장에 500kg 쌀 화환(2012년) • '브라운시티(블락비)', 쇼케이스장에 100kg 쌀 화환(2012년) • '낙랑공주(강호동)', 녹화장에 200kg 쌀 화환(2012년) • 현빈 팬클럽, 전역 기념 4.35톤 쌀 화환(2012년) • 양요섭 팬클럽, 앨범 발매 기념 100kg 쌀 기부(2012년) • 'Protect B.A.P Singapore', 싱가포르 적십자사에 1톤 쌀 기부(2013년) • 'DC 유노윤호 갤러리', 생일선물로 2.6톤 쌀 화환과 성금 282만 원 기부(2013년), 저소득층을 위해 3.5톤 쌀 기부(2014년) • 송승헌 팬클럽 연합, 5톤 쌀 기부(2013년) • 배수빈 팬클럽, 4년째 쌀 화환 기부(2010~2013년) • '키스 미(유키스)', 230kg 쌀 기부(2013년) • 이민호 팬클럽 연합, '크레이지어바웃현빈', '비스티움서포터즈', 'ration(바이브)', 1,380kg 쌀 기부(2013년) • 'The First L.O.V.E. STROY(뉴이스트)', 창단식장에 쌀 780kg, 달걀 200개, 연탄 80장(2014년) • 이종석, 박신혜 팬클럽, 5.41톤 쌀 화환, 400개 계란 기부(2015년)
숲 조성	• 서태지 팬클럽, 데뷔 20주년 기념으로 브라질에 서태지숲 조성(2012년) • 'Prince JJ(김재중)', 월드비전 해외특별사업 망고나무캠페인에 1,000만 원 기부(2012년), 김재중 일본 팬클럽, 연탄 화환 2,000장과 망고 화환 100그루, 남수단에 김재중 숲 조성(2012년) 인천 계양구에 박유천 벚꽃길 조성(2013년), 캄보디아에 시아준수 마을 건설(2009년) • 2NE1 팬클럽, 글로벌 투어 콘서트 기념으로 남수단 톤즈에 1,375그루로 숲 조성(2012년)

숲 조성	• 신화 팬클럽, 데뷔 15주년 기념으로 강남구에 1,130그루로 숲 조성(2013년), 신화 숲 1, 2호 조성(2014년) • 'MINOZ 칠레(이민호)', 칠레 파타고니아 산불 지역에 263그루로 숲 조성(2013년) • '하울(하정우)', 강남에 숲 조성(2014년) • 백현 팬클럽 연합, 생일선물로 강남구 대치동 늘벗공원에 백현 숲 조성(2014년) • 로이킴 팬클럽, 로이킴 숲 조성(2014년) • 인피니트 팬클럽, 인피니트 숲 조성(2014년) • '효리투게더', 생일선물로 1,000만 원 이상을 모금하여 어린이대공원 도그파크에 이효리 숲 조성(2014년) • 써니 팬클럽, 생일선물로 써니 숲 조성(2014년), 데뷔 6주년 기념 소녀시대 숲 조성, 티파니 생일 기념 티파니 숲(2013년) • 'DC 수지 갤러리', 광주 청소년을 위해 400kg 후원(2014년)
우물 기증	• '비나무(비)', 캄보디아 우물 건설 사업을 위해 성금 기탁(2006년), 한국복지재단에 300만 원 기부(2008년) • 이준 팬클럽, 월드쉐어의 식수개선사업 우물파기 사업 후원(2010년) • 소녀시대 팬클럽 연합, 캄보디아 우물 기증 후원금 999만 9,999원 기부(2012년) • 엘조 팬클럽, '작은 가슴(정준영)', 캄보디아에 공동화장실 기부(2013년) • B.A.P 닷컴, 백청강 팬 연합, 김진호 팬클럽, 캄보디아에 공동 우물 기부(2013년) • 레오 팬클럽 연합, 캄보디아에 우물, 아프리카 아동에게 책걸상 기부(2013년) • 백청강, 백현, 씨엔블루, 젤로, 호야 등 팬클럽, 캄보디아 우물과 어린이 공부방 운영 지원(2014년) • 니엘 팬클럽, 생일선물로 캄보디아에 우물 기증(2013년), 성년의 날 맞아 캄보디아에 우물 기증(2014년) • 정우 팬클럽, 캄보디아에 우물 기증(2014년)
기타	• 팀, 자선단체 가입이 회원가입 조건(2003년) • 이제훈 팬클럽, 독립영화전용관 후원(2012년) • 송혜교 팬클럽, 생일 기념으로 우즈베키스탄 역사박물관에 한글 안내서 기증(2013년) • 태양 팬클럽, 5 · 18재단에 518만 원 후원(2014년) • 'MINOZ(이민호)', 신개념 기부 플랫폼 '프로미즈(PROMIZ)' 출범(WWW.PMZ2014.COM, 2014년), 프로미즈, 채리티 워터에 아프리카 우물 건립을 위해 5만 달러 기부(2014년)

*URL 앞의 http://는 반복되므로 생략함.

을 보내 역대 최고를 기록
하기도 하였다. 서태지 팬
클럽은 1996년 서울시에
사회단체 설립 신고를 하
고 사회활동을 하고 있으
며, 이민호는 팬클럽과 함
께 프로미즈(Promise+팬클럽
MINOZ의 합성어)라는 기부 플
랫폼을 만들었다. 프로미즈
는 매해 새로운 기부 테마

| 그림 4-2 | 배우 이민호의 기부 플랫폼
'PROMIZ'

*자료: http://www.pmz2014.com

를 설정하여 나눔 활동을 실시하는데, 2014년의 테마는 '물'이기 때
문에 채리티 워터(Charity Water)에 5만 달러를 모아 기부하기도 했다.
공식 사이트에 가입하는 인원 1명당 100원씩 기부되는 노크(KNOCK)
프로젝트와 함께 이민호가 직접 기획에 참여한 공식 상품도 판매하
고 있다.

　규모나 금액 면에서 JYJ 팬클럽이 가장 두드러진 활동을 하고 있
으며, 지속성 면에서는 최지우 팬클럽이 가장 꾸준하다. 한편, 가수
팀의 팬클럽 가입 조건은 '한 개 이상 자선단체에 회원으로 가입하
기'이다. 이들의 기부 동기는 매우 다양하다. 인피니트 멤버 호야의
팬들은 '소리를 들을 수 없는 아이들이 인피니트의 음악을 즐길 수
있도록 해주자'는 취지로 난청 어린이 수술비를 모았다. 샤이니 멤
버 종현의 팬들은 종현이 평소 강아지를 키우고 동물을 좋아하는데

착안하여 유기동물 보호소에 필요한 물품을 기증했다. 멤버 개개인이 초능력자라는 컨셉을 가진 엑소는 '번개' 초능력을 지닌 멤버 첸의 생일선물로 낙뢰 피해자 지원 단체에 기부했다. 이제훈 팬클럽은 2012년 독립영화 전용관을 후원하였으며, 빅뱅 태양의 생일이었던 5월 18일에는 5·18기념 재단에 518만 원의 후원금을 보냈다(〈나는 팬질한다 고로 기부한다〉,《시사인》2014년 7월 11일자).

4. 팬덤과 팬픽

팬덤 현상의 또 다른 문화 현상은 팬이 스타를 주인공으로 상정하여 쓴 소설인 팬픽(Fan-Fiction)이다. 팬픽은 주로 10대 여학생들이 즐기는, 남성 아이돌 그룹 멤버를 주인공으로 한 소설을 의미한다. 초기의 팬픽은 단순히 스타를 주인공으로 한 무협소설이었지만 기본적으로 이성 소설에 대한 팬들의 질투심, 주인공인 '오빠'들이 소설의 말미에서 결국 죽는 것에 대한 불만이 나타나 이후에

|그림 4-3| 국내 최초 공식 출판 팬픽 『새디』
© 이현아

는 주로 남자 아이돌 멤버 간의 동성 사랑을 다루는 소설로 변화하였다(『새디』의 결론은 새드엔딩이 아니라 해피엔딩이다).

H.O.T. 멤버를 주인공으로 한 무협소설 『협객기』의 작가 이지련은 H.O.T. 멤버 간의 사랑을 다룬 총 6권의 『새디』를 발표하였는데 이는 국내에서 최초로 정식 출간된 팬픽이자 본격적인 연예인 팬픽, 동성애 소설로 평가된다. 이 외에도 god 팬픽 사이트(http://members.tripod.lycos.co.kr/say2040), 젝스키스를 주인공으로 한 '태지 33'의 『아카시아 길』, 리토르트의 『몽마』, 이지련의 스타크래프트 팬픽 『스타크 엑스파일』, 엑스파일 팬픽 사이트(http://www.nine2six.pe.kr/~fanfics), 스타 팬픽션 종합사이트(http://ares.interpia98.net/~MUSTICAL) 등이 초기 팬픽을 주도하였다.

5. 팬덤의 참여와 영향력

팬덤은 때로 제도를 변화시키거나 정치에 깊이 관여하기도 한다. 서태지 4집 앨범에 대한 공연윤리위원회 결정(1995년), 동방신기 해체, 박재범의 2PM 퇴출(2010년), god 박준형 퇴출(2001년), 1팬 1주식 사기운동(2008년), JYJ 불공정계약 논란(2009년), 각종 불매운동과 탄원서 제출 등에서 팬클럽이 보인 집단행동은 때로는 제도 변화를 야기할 정도로 강력한 정치·사회적 영향력을 과시한 바 있다.

1) 서태지와아이들 4집 심의 논란과 공연윤리위원회(1995년)

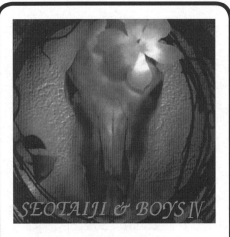

|그림 4-4| 서태지와아이들 4집

1995년 발표된 서태지와아이들 4집 음반의 〈시대유감〉이란 곡은 가사가 삭제된 상태에서 연주만으로 수록되었다. 이는 공연윤리위원회가 심의에서 '정직한 사람들의 시대는 갔어', '모두를 뒤집어 새로운 시대가 오길 바라네', '네 가슴 속에 한을 풀 수 있기를' 등의 가사에 대해 일부 수정을 요구하자 서태지와아이들 측이 내린 결정이었다. 이에 PC통신의 서태지 팬클럽에서는 공연윤리위원회의 처사가 시대착오적이라는 비판이 제기되고 공연윤리위원회의 사전 심의를 폐지해야 한다는 의견이 사회적으로 공론화되었다.

그후 4집에 수록된 두 곡의 가사가 사전에 제출한 내용과 다르게 음반에 실렸다는 점을 들어 서태지와아이들에게 음반 판매 금지 처분이 내려지자 공연윤리위원회의 보복성 조치에 대한 비난 여론은 더욱 거세어져 공연윤리위원회 철폐 서명운동으로까지 이어졌다. '필승'이라는 곡에 '빌어먹을'이라는 가사가 첨가되었고, '내 앞은 캄캄해졌어'가 '내 생활은 칙칙해졌어'로 바뀌었다. 또한 '너의 의미를 없앨 거야'가 '널 죽일 거야'로 바뀌었고, '1996 그들이 세상을 지배했을 때'에는 '살인'이 들어간 것이 문제가 된 것이다(《조선일보》 1995년 11월 18일자). 결국 1995년 11월 14일 음반의 사전 심의와 사후 처벌을 완전 폐지하는 음반 및 비디오물에 관한 법률 수정안이 통과(1996년 6월부터 시행)됨으로써 음반의 사전 심의는 없어지게 되었다.

1996년에는 KBS 〈연예가중계〉에서 보도된 서태지와아이들 4집 수록곡 〈컴백홈〉이 표절이라는 내용에 대해 서태지와아이들 기념사업회에서 항의 성명을 발표하였고, 방송위원회와 언론중재위원회에 진정서를 발송하고, KBS 측에 사과를 촉구하는 메시지를 발송하는 등 적극적인 활동을 전개하였다(《연합뉴스》 1996년 11월 22일자)). 이어 2000년에는 SBS 〈한밤의 인기연예(한밤의 TV 연예)〉가 편파 방송을 한다는 이유로 광고 중단 운동을 전개했고, 실제로 일부 기업은 광고를 중단했다.

2) god 박준형 퇴출 논란과 팬덤 주권 운동(2001년)

2001년 9월 10일, ㈜사이더스는 멤버 박준형의 열애를 문제 삼아 그룹 god에서 박준형을 퇴출하고, 이를 나머지 네 멤버에게도 통보하겠다고 공식 발표했다. 이에 당일 24개 팬 사이트 운영자들이 모여 'god 팬 사이트 운영위원회'를 결성하였고, 12일 기자회견을 열어 입장을 밝혔다. 또한 13일부터 전국적인 모금을 진행하였으며, god 관련 물품을 모두 ㈜사이더스에 반송하는 운동을 전개하였다. 13일에는 나머지 네 멤버들이 '퇴출을 받아들일 수 없으며 4명으로는 god 활동을 하지 않겠다'고 선언함에 따라, 팬덤의 활동은 더욱 활발해졌다. 그 결과 약 7천만 원이 모금되었고, 17일부터 신문광고를 시작하였다. 이에 19일, ㈜사이더스는 퇴출 번복과 사과 입장을 표명하였고, 퇴출 문제는 일단락되었다. 이후 'god 팬 사이트 연합'은 신문광고 및 버스 광고를 통해 '대중문화 감시자로서 향후 감시자 겸 동반자의 자세를 견지하겠다'는 팬덤 주권 운동을 전개하였다(god 팬 사이트 연합은 2001년 박준형 퇴출 반대 운동을 통해 개설되어 2002년 10월 해산하였다. 그러나 이후 퇴출 반대 운동이 마무리된 후, 팬들의 의사를 대표할 만한 기구가 필요하다는 인식이 퍼져 정식 출범하게 되었다. 박은경 2003).

이후 10월, 'god 팬 사이트 연합'은 'FAN god의 분노'라는 모임과 함께 ㈜사이더스에 공식 팬클럽 회계 영수증, 회원 수, 세금, 공식 물품 수량, 판매이익금 등 정확한 정보 공개를 청구하였다. 나아가 공정거래위원회에 약관 불공정 심사를 의뢰하여 2002년 4월 약관 수정 조치를 받아냈다. 회원의 탈퇴 기간을 임의로 한정시키거나 사전 통지 없이 계약을 해지한 부분은 회원에게 일방적으로 불리하다는 공정거래위원회의 발표[16]는 다른 팬클럽에도 적용되었다. 이와 같은 문제를 제기한 팬덤은 god가 최초가 되었다(박은경 2003).

3) 동방신기 분화와 연예인 표준계약서 논란(2009년)

2004년 데뷔한 동방신기는 2009년 세 멤버가 소속사와 소송을 겪은 후 2010년 두 명의 동방신기와 세 명의 JYJ로 분리되었다. 세 멤버는 13년 전속계약을 비롯해 소속사와 소속 가수의 계약 내용이 가수에게 불리하다는 내용과 함께 법적 효력을 임의로 중단해 달라고 법원에 요청하였다. 이어 세 멤버는 소속사의 무리한 일정 진행과 불평등한 수입 분배 및 전속 계약을 이유로 추가 소송을 제기했다. 법원은 세 멤버의 편에 섰고, 세 멤버의 공식 탈퇴는 2012년 11월 28일에 이루어졌다(이민희 2013 : 14).

2001년 god 사건 이후 팬클럽은 적극적으로 법적 근거를 이용하기 시작했다. SM엔터테인먼트가 2010년 10월 한국대중문화예술산업총연합회를 통해 각 방송사에 JYJ의 출연, 섭외, 음원유통 일체를 자제해 달라는 공문을 보냈기 때문에 JYJ의 음악, 예능 프로그램 출연이 어렵게 되었다는 것이다. 이에 'JYJ 서포트 연합' 등은 공정거래위원회에 이 사실을 신고하였고, 공정거래위원회는 2013년 7월 24일 JYJ의 정당한 사업 활동을 방해하지 말라는 시정명령을 내렸다(공정거래위원회 2013. 7. 24.).

당시 JYJ 팬들은 인권위에 진정서를 제출하고, 공정위에 신고서를 제출하는 등 제3자가 할 수 있는 모든 적극적인 행동을 하였고, 그 결과 계약 기간이 7년을 넘지 못하는 표준계약서를 의무화할 수 있었다(〈내 팬심이 향한 곳 '인권위와 공정위'〉, 《시사인》 2014년 9월 27일자). 또한 2015년 11월에는 "방송사업자가 정당한 사유 없이 프로그램 출연자의 출연을 중단하거나 금지해서는 안 된다"는 일명 'JYJ법'이 국회 본회의를 통과해 제도 개선으로 이어졌다.

이 법은 새정치민주연합 최민희 의원이 대표 발의한 「방송법」 개정안으로 '방송사업자의 임직원 이외의 자의 요청으로 방송 프로그램에 출연하는 사람과, 방송사업자 이외의 자 사이의 가처분 결정, 확정 판결, 조정, 중재 등의 취지에 위반해 방송프로 제작과 관계없는 사유로 방송 프로에 출연하려는 사람을 출연하지 못하게 하는 행위'를 금지 행위로 규정하였다. 위반할 경우 방송사는 시정명령을 받거나 매출액의 2% 범위 내에서 과징금을 부과받는다는 내용이다.

|그림 4-5| 동네방네의 촛불집회 참여 독려

*자료: 〈동방신기-신화… 아이돌 팬클럽 광우병 시위 동참〉, 《스포츠조선》 2008년 5월 2일자

4) 팬클럽의 촛불집회 참여 (2008년)

2008년 미국산 쇠고기 수입 반대 촛불집회에는 많은 팬클럽이 참여하여 눈길을 끌었다. 5월 2일, 동방신기 팬 사이트인 동네방네(http://www.dnbn.org)에는 '사랑하는 동방신기, 그들의 노력이 당장 무효가 될 수 있습니다'라는 UCC와 함께 광우병의 위험성을 설명하는 콘텐츠가 게시되었다. 이 UCC는 "지난 3년 동안 일본을 포함한 전 아시아에서 고생한 동방신기, 그들의 노력이 순식간에 무효가 될 수 있다. 80만 명 카시

오페이아의 힘으로 미국산 광우병 쇠고기 수입을 막아내자"는 문구가 담겼다. 이 UCC를 '올린 아이디 '은하수'는 "미국산 쇠고기 때문에 동방신기의 삶이 위험해지고, 지금까지 해왔던 해외활동도 어려워질 수 있다"며 팬들의 '광우병 반대운동' 참여를 촉구했다(〈동방신기-신화… 아이돌 팬클럽 광우병 시위 동참〉,《스포츠조선》 2008년 5월 2일자).

5) JYJ 팬들의 투표 참여(2012년)

서울시장 재보궐 선거, 2012년 4·11 총선에서 1,580장의 투표 인증샷을 모아 박원순 시장에게까지 '개념 팬심'으로 인증받았던 그룹 JYJ의 팬들은 2012년 용산 참사를 소재로 한 다큐멘터리 〈두 개의 문〉에 대한 단관(단체관람) 상영을 추진하기도 했다. JYJ의 팬들은 SM엔터테인먼트와 JYJ 간의 갈등을 보면서 자신의 권리를 행사하지 않으면 그 권리가 보장되지 않는다는 것을 깨닫고 현실투표 참여를 독려했다. JYJ

|그림 4-6| 4·11 총선 JYJ 팬 투표 인증샷 1,580장으로 만든 모자이크 사진

*자료: 〈JYJ팬 투표 인증샷 최종 1,580장, 박원순 시장도 '감동'〉,《오마이뉴스》 2012년 4월 13일자

팬덤 내에서 '투표하자'는 운동이 생겨났으며 이후 JYJ 멤버 세 명도 투표 인증샷을 올리기도 했다(이승아 2013).

온라인
커뮤니티의
미래

3부

초기의 10년은 PC통신 동호회로 시작하여 온라인 커뮤니티의 원형이 형성한 시기이다. 그 다음의 10년은 인터넷이 보급되면서 인터넷 공간에 수많은 온라인 커뮤니티가 만들어지고 가입자가 급증하였다. 각 커뮤니티마다 다양한 규범이 생성되었고, 활동이 이루어지고 참여가 이루어졌다. 다음과 네이버를 양대 주축으로 포털 공간에서 카페 형태로 온라인 커뮤니티가 늘어나 양대 포털에만 회원 수 40만 명 이상의 대형 커뮤니티가 100여 개 넘게 활동하고 있다.

온라인 커뮤니티의 제도와 갈등

공동체 범위가 어디까지이든 도시화에 의한 지역공동체 기능 약화, 핵가족화에 의한 친족공동체 유대 약화, 개인주의화에 의한 정치적 결사체 소멸 시대에 온라인 커뮤니티는 많은 점을 시사한다. 블로그, 소셜 미디어, 모바일 메신저와 같은 유사하고 크고 작은 커뮤니티와의 경쟁 속에서 온라인 커뮤니티는 30년 동안 많은 참여와 문화를 창출했기 때문이다.

그러나 온라인 커뮤니티의 각종 지표를 보면 지금이 결코 온라인 커뮤니티의 전성시대라고 확언하기 어렵다. 그러한 것을 '위기'라고 규정한다면 이 말은 이미 의미가 너무 많이 소모되었기 때문에 '전환기'라고 표현하는 것도 괜찮을 것이다. 어쨌든 기술적으로나 사회 환경적으로 전환기인 이 시대에 온라인 커뮤니티의 미래에 대해서는 많은 점을 고려할 필요가 있다. 제5장에서는 온라인 커뮤니티의 적극적인 참여 활동 이면에 작동하고 있는 제도의 특징과 참여로 인해 발생한 갈등의 양상을 살펴본다.

1. 제도 : 배제와 허용의 약속[17]

대부분 공동체는 발의자가 대표가 되고, 규모가 커질수록 회칙을 만들어 회원들에게 최소한의 지켜야 할 강령 등이 있음을 고지한다. 이용자는 가입 시 공동체 내에 고유한 규칙이 있음을 인정하고 규칙을 거절하거나 위반하였을 경우 그에 합당한 처벌을 받게 된다.

이와 같은 과정은 온라인 커뮤니티에서도 마찬가지이다. 온라인 커뮤니티에도 설립자 혹은 운영자가 있고, 지속적으로 활동하는 이용자가 있으며, 운영자는 보다 질서 있는 활동을 위해 여러 가지 제약을 만들고 지킬 것을 권고한다. 일례로 디시의 갤러리에서는 과도한 욕설이나 지속적인 광고 글을 올리게 되면 운영진으로부터 글삭제를 당하게 되는데, 이는 사이트를 관리하는 총운영자가 만든 제도이자 모든 이용자가 지켜야 할 제약이 된다.

또한 각 갤러리마다 제도가 따로 있다. 이는 이용자들이 협력하여 만든 제도로 이를 제안한 이용자는 갤러리 운영 권한이 없는 일반 이용자이지만, 다른 이용자들로부터 갤러리 운영진으로 인식되기도 한다. 이용자는 스스로 갤러리 내의 제도를 만드는 데 의견을 낸다.

새로운 이용자 유입 시, 갤러리 내의 규범이나 행위 양식을 체득할 수 있도록 도와주고, 욕설 게시물을 즉각 신고함으로써 갤러리 안에서 통용되는 제약을 실행한다. 즉, 디시에는 총운영자가 만든 제도가 존재하고, 동시에 각 갤러리마다 적용되는 하위제도가 확실히 존재한다. 제도를 위반했을 시 처벌 역시 이에 근거한다.

제5장에서는 2014년을 기준으로 24개의 국내 온라인 커뮤니티의 제도를 분석하였다. 이들은 이용자 수 20만 명 이상 혹은 일 페이지 뷰 20만 회 이상의 커뮤니티로 운영 기준이 되는 '공지사항'을 갖춘 커뮤니티들이다. 공지사항은 커뮤니티마다 금지된 사항, 반드시 지켜야 할 사항, 권고 사항 등이 종합적으로 포함되어 있는데, 이를 중심으로 분석한 이유는 일반적인 '사이트 이용약관'에는 커뮤니티 제도에 대한 내용이 반영되지 않기 때문이다(이 연구에 사용된 공식적 제약은 2015년 2월 기준이다).

대부분 온라인 커뮤니티는 〈그림 5-1〉과 같은 활동 구조를 가지는데 이는 가장 보편적인 형태이다. 일반적으로 적절한 절차에 의해 회원가입을 한 후에는 활동 정도에 따라 등급이 상향되면 더 많은 정보에 접근할 수 있는 혜택이 주어진다. 이후, 활동 과정에서 갈등이 발생하거나 불만이 생기거나 더 이상의 혜택이 없다고 판단하면 적극적인 항의를 하거나 탈퇴를 결정하는 식의 과정으로 회원 활동의 생태계가 구성된다. 온라인 커뮤니티의 제도는 일반화된 성문법이 아닌 공지사항의 내용을 분석하는 것이기 때문에 〈표 5-2〉처럼 공식적 제약과 비공식적 제약으로 구분한다.

| 표 5-1 | 24개 온라인 커뮤니티 개요

종류	커뮤니티 명	이용자 수(만 명)	소속 여부	개설년도
경제	중고나라	1,335	네이버 카페	2003
여성	레몬테라스	271	네이버 카페	2002
연예	엽기혹은진실	247	다음 카페	2000
여성	맘스홀릭베이비	227	네이버 카페	2003
IT	뽐뿌	151	일반 사이트	2005
여성	쭉빵	150	다음 카페	2003
스포츠	아이러브사커	130	다음 카페	2002
유머	웃긴대학	130	일반 사이트	1998
스포츠	사커라인	100	일반 사이트	2003
유머	일간베스트저장소	100	일반 사이트	2010
스포츠	이종격투기	90	다음 카페	2003
자동차	보배드림	80	일반 사이트	2000
여성	여성시대	60	다음 카페	2009
패션	디젤매니아	59	네이버 카페	2005
게임	도탁스	31	다음 카페	2004
IT	SLR클럽	26	일반 사이트	2000
IT	시코	24	일반 사이트	1999
연예	한류열풍사랑	23	다음 카페	2001
여성	소울드레서	17	다음 카페	2008
여성	쌍화차코코아	13	다음 카페	2010
IT	클리앙	10	일반 사이트	2001
스포츠	MLB PARK	10	일반 사이트	2001
여성	82cook	9	일반 사이트	2002
안보	유용원의 군사세계	5	일반 사이트	2001

*소울드레서부터 밑의 커뮤니티는 이용자 수는 20만 명 이하이지만 일 페이지 뷰가 20만 회 이상이어서 분석 대상에 포함했음.

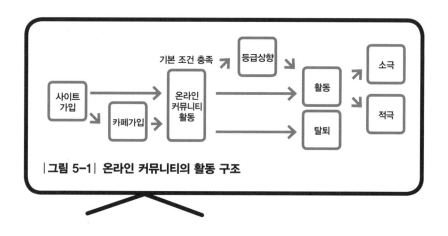

|그림 5-1| 온라인 커뮤니티의 활동 구조

|표 5-2| 공식적 제약과 비공식적 제약 분석틀

공식적 제약		비공식적 제약
제약 형식	기본 제약	
	표현 제약	– 공식적 규칙 수정 여부 : 이용자 참여에 따른 공식적 제약의 변경
	법률 제약	
제재 방식	1단계 '주의'	– 승인된 행위 규범 : 이용자들의 행위 규범과 발현
	2단계 '경고'	– 내적 강제 행위 기준 : 공식적 제약에 없는 행위 기준과 이용자의 집단행동
	3단계 '박탈'	
	4단계 '차단'	

이들 제약의 내용을 제약 형식, 제재 방식, 비공식적 제약을 중심으로 분석하면 다음과 같다.

2. 온라인 커뮤니티의 제약 형식

1) 제약 형식 1 : 기본 제약

기본 제약은 온라인 커뮤니티의 가장 기초적 제도로 가입 제한과 멤버십 제도, 법률 소개가 있다. 가입 제한은 온라인 커뮤니티의 진입 장벽으로, 예를 들자면 여성 커뮤니티나 기혼자 대상 커뮤니티는 남자 혹은 미성년자, 또는 둘 모두의 가입을 제한하는 것을 의미한다.

멤버십 제도는 이용자 등급의 차등을 의미한다. 이 등급은 가입 기간, 게시물 수, 게시 빈도 등 콘텐츠 생산 기여도에 따라 차등 부여된다. 해당 온라인 커뮤니티에서의 등급이 높을수록 더 많은 콘텐츠와 고급 콘텐츠에 접근할 수 있는데, 이는 온라인 커뮤니티에 적응하기 위한 최소한의 장치이자, 온라인 커뮤니티에 대한 최소한의 충성도를 요구하는 것이다.

법률 소개는 커뮤니티 활동 시 적용되는 법률을 고지하는 것이다. 이는 뒤에서 서술할 법률 제약과는 조금 다른데, 법의 적용대상이 된다는 사실을 설명하는 것으로 대한민국 헌법을 존중한다고 표기하거나 법적 책임은 운영자에게 없다는 등 온라인 커뮤니티도 실정법 대상이라는 사실을 주지하는 것이다.

규모별로 비교해보았을 때, 모두 공지사항은 있지만 별도의 이용약관이 있는 경우는 전체 24개 커뮤니티 가운데 7곳(30%)뿐인 것으로 나타났다. 즉, 대부분 커뮤니티에서는 공지사항을 통한 제약 외 공식적인 조직의 표현 방식인 이용약관을 제시하지 않는다. 특히 네이버와 다음에 속해 있는 카페는 이용약관을 대부분 포함하지 않았는데 포털 가입 시 이용약관에 이미 동의한 상태이기 때문이다.

다만 초대형 커뮤니티는 별도의 이용약관은 없지만 '법률 소개' 란에서 관련법을 소개하는 모습이 나타난다. 커뮤니티 자체의 제약 내용만큼 법 소개를 중요하게 인식하고 있으며, 한편으로는 초대형 커뮤니티일수록 종류에 관계없이 고소나 소송과 같은 실제 사건으로 이어질 확률이 크기 때문에 더욱 법률 고지를 중요하게 인식한다고 해석할 수 있다.

멤버십 제도는 등급에 따라 콘텐츠 접근성을 다르게 부여하는 역할을 하지만, 이것이 적용되지 않은 커뮤니티도 발견되었다. 디젤매니아는 준회원 등급인 '새싹간지'여도 활동에 지장이 없으며, 여성시대는 성인인증을 하면 받는 6등급 레벨로 게시판 열람이 가능하다. 이 경우 멤버십 제도가 있다고 평가하지 않았다.

가입 제한은 규모별 차이보다는 종류에 더 영향을 받았다. 가입 제한이 있는 커뮤니티는 총 7곳(29%)이었는데, 그중 6곳(86%)이 모두 여성 커뮤니티였다. 또한 20대를 위한 여성 커뮤니티뿐만 아니라 임신·출산·육아 혹은 인테리어 커뮤니티를 표방하는 여성 커뮤니티도 가입 제한을 두고 있었다. 가입 제한은 진입장벽 문제와 연결된다. 여성 커뮤니티는 이용자와 비슷한 관심사를 공유한다. 20대 여성 커뮤니티는 표면적으로 정치, 경제, 사회, 대중문화, 유학 경험담 등을 다루지만, 가장 활발히 운영되는 곳은 생활정보 공유, 연애, 성(性) 상담 등이다. 임신·출산·육아, 인테리어 커뮤니티는 특정 경험

| 표 5-3 | 온라인 커뮤니티의 제약 형식 : 일반 형식과 기본 제약

규모	종류	커뮤니티 명	이용자 수 (만 명)	일반 형식		[제약 형식 1] 기본 제약		
				이용약관	공지사항	가입제한	멤버십제도	법률소개
초대형	경제	중고나라	1,335	×	○	×	×	○
	여성	레몬테라스	271	×	○	○	○	○
	연예	엽기혹은진실	247	×	○	×	×	○
	여성	맘스홀릭베이비	227	×	○	○	○	○
	IT	뽐뿌	151	○	○	×	○	○
	여성	쭉빵	150	×	○	○	○	○
대형	스포츠	아이러브사커	130	×	○	×	×	×
	유머	웃긴대학	130	○	○	×	×	×
	스포츠	사커라인	100	×	○	×	×	×
	유머	일간베스트저장소	100	○	○	×	×	×
중형	스포츠	이종격투기	90	×	○	×	×	×
	자동차	보배드림	80	○	○	×	×	×
	여성	여성시대	60	×	○	○	×	×
	패션	디젤매니아	59	×	○	○	×	○
소형	게임	도탁스	31	×	○	×	×	×
	IT	SLR클럽	26	○	○	×	×	×
	IT	시코	24	×	○	×	×	×
	연예	한류열풍사랑	23	×	○	×	○	×
	여성	소울드레서	17	×	○	○	○	×
	여성	쌍화차코코아	13	×	○	○	○	×
	IT	클리앙	10	×	○	×	○	×
	스포츠	MLB PARK	10	×	○	×	×	×
	여성	82cook	9	○	○	×	×	×
	안보	유용원의 군사세계	5	○	○	×	×	×

이 있어야 하며, 기본적으로 관심을 두어야 게시글 이해와 정보 습득이 가능하기 때문에 이보다 더욱 진입장벽이 높다. 즉, 진입장벽이 있는 커뮤니티는 관심사를 특정 계층과 나누고 싶어 하는 것으로 해석할 수 있다.

여성 커뮤니티가 아니면서 가입 제한을 둔 '디젤매니아'는 패션 커뮤니티로 10대 후반에서 30대 초반이 좋아하는 브랜드를 주로 다룬다. 관심사 커뮤니티에게 진입장벽은 특정 이슈에 대해 보다 심도 있는 이야기를 나누고자 하는 의도의 발현이다. 기본 제약에서 규모별 차이가 있는 항목은 법률 소개뿐이었으며, 가입 제한은 온라인 커뮤니티 종류에 따라 달라지는 것으로 나타났다.

2)제약 형식 2 : 표현 제약

온라인 커뮤니티의 공식적 제약의 핵심은 표현 제약이다. 오프라인의 커뮤니티와 달리 온라인 커뮤니티에서의 모든 행위는 '게시

|표 5-4| 온라인 커뮤니티의 표현 제약 종류

분류 (해당 커뮤니티 수)	내용
글 내용(8개)	비속어, 인신공격·비방, 지역 비하, 종교 비하, 정치 표현, 호칭 및 어투, 커뮤니티 비방 및 분란, 관리자·운영자 사칭
글 종류(5개)	상업성·금전 거래, 해킹, 스포일러, 자료 공유 요청, 친목
글 형식(4개)	글 출처, 제목 형식, 도배, 낚시
기타 형식(6개)	금지어 목록, 타 사이트 제한, 정보 공개 여부, 다중 아이디 금지, 닉네임 형식, 커뮤니티 노출

| 표 5-5 | 온라인 커뮤니티의 제약 형식 : 표현 제약

규모	종류	커뮤니티 명	이용자 수 (만 명)	글 내용							
				비속어	인신 공격/ 비방	지역 비하	종교 비하	정치 표현	호칭 및 어투	커뮤 니티 비방 및 분란	운영 자 사칭
초대형	경제	중고나라	1,335	○	×	×	×	×	×	○	×
	여성	레몬테라스	271	○	○	×	×	×	×	×	○
	연예	엽기혹은진실	247	○	×	×	×	×	○	○	×
	여성	맘스홀릭베이비	227	○	×	×	×	×	×	○	×
	IT	뽐뿌	151	○	○	○	○	○	○	○	○
	여성	쭉빵	150	×	×	×	×	×	○	○	×
대형	스포츠	아이러브사커	130	×	○	○	×	○	×	×	×
	유머	웃긴대학	130	○	○	○	○	○	○	○	×
	스포츠	사커라인	100	×	×	×	×	×	×	×	×
	유머	일간베스트저장소	100	×	×	×	○	×	×	×	×
중형	스포츠	이종격투기	90	○	○	○	○	○	○	×	×
	자동차	보배드림	80	○	○	○	○	○	○	×	○
	여성	여성시대	60	×	○	×	○	○	×	○	○
	패션	디젤매니아	59	○	○	×	×	×	×	○	×
소형	게임	도탁스	31	○	○	×	×	○	×	○	×
	IT	SLR클럽	26	○	○	○	○	○	○	×	×
	IT	시코	24	○	○	○	○	○	○	×	○
	연예	한류열풍사랑	23	○	○	×	×	○	×	○	×
	여성	소울드레서	17	○	○	○	×	×	○	○	×
	여성	쌍화차코코아	13	×	×	×	×	×	×	×	×
	IT	클리앙	10	○	○	○	○	○	○	○	×
	스포츠	MLB PARK	10	○	○	○	○	○	×	○	×
	여성	82cook	9	○	○	×	×	×	×	×	×
	안보	유용원의군사세계	5	×	×	×	×	○	×	×	×

글 종류			글 형식				기타 형식					
스포일러	자료공유요청	친목	글출처	제목형식	도배	낚시	금지어	타사이트제한	정보공개여부	다중아이디금지	닉네임형식	커뮤니티노출
×	×	×	×	○	○	○	○	×	×	×	×	×
×	×	○	×	×	○	×	×	×	×	○	×	×
○	○	×	×	×	○	×	×	○	×	×	○	×
×	×	○	×	×	○	○	×	×	×	×	×	×
×	○	×	×	×	○	×	×	×	×	×	○	×
×	×	○	×	×	×	×	×	×	×	×	○	×
×	×	×	×	×	×	×	○	×	×	×	×	×
×	×	×	×	×	×	○	×	×	×	×	×	×
×	×	○	×	×	○	×	×	×	×	×	×	×
×	×	×	×	×	○	×	×	×	×	×	○	×
×	○	×	○	×	○	○	×	×	×	○	○	×
×	×	○	○	×	○	×	×	○	×	×	○	○
○	×	×	○	×	○	×	○	×	×	○	×	×
×	○	×	×	○	×	×	×	×	○	○	×	×
×	×	○	×	×	○	○	×	×	×	×	○	×
○	×	×	×	×	○	×	×	×	×	○	×	×
×	×	×	○	×	×	○	×	×	○	×	○	×
×	×	○	○	×	×	×	○	○	×	○	×	×
×	×	○	×	×	×	×	○	×	×	○	○	○
○	×	○	×	×	○	×	×	×	×	○	×	×
○	×	×	×	×	○	×	×	×	×	○	○	×
×	×	×	×	○	×	×	×	○	×	○	×	×
×	×	×	×	×	○	×	×	×	×	×	×	×
×	×	×	×	×	×	×	×	×	×	×	×	×

(post)'되기 때문에 상세한 표현 제약을 제시하고 있다. 이와 같은 표현 제약은 글 내용, 글 종류, 글 형식, 기타 형식으로 구성된다.

표현 제약은 게시 글 속에 포함되는 혹은 게시판 내용에 포함되는 공식적 제약을 가리키며, 온라인 커뮤니티 활동은 글과 댓글로 이루어지기 때문에 제약 형식 중 가장 다양하다. 표현 제약 분석은 24개 커뮤니티 공지사항을 모두 모아 1차적으로 살펴본 후 최대한 공통적 항목에 따라 세분화하였다.

(1) 글 내용 | 글 내용은 게시글 작성 시 내용과 관련된 항목들로 총 8개이다.

첫째, 비속어는 욕설이나 파생욕설을 모두 포함한다.

둘째, 인신공격·비방은 특정 이용자를 비난하는 게시글 금지와 관련 있으며, 명예훼손으로 이어질 가능성을 방지하는 기능을 한다.

셋째, 지역 비하는 2010년 이후 특정 지역을 비하하는 단어가 우후죽순 생겨나면서 온라인 커뮤니티에 반영되기 시작했다.

넷째, 종교 비하는 이용자의 신념이 가장 크게 충돌할 수 있는 부분이기 때문에 포함되는 사례가 많다.

다섯째, 정치 표현 역시 갈등을 유발하는 주요 사례이기 때문에 정당한 논의나 토론 없이 무조건적인 비하 표현 등을 금지한다.

여섯째, 호칭 및 어투는 각 온라인 커뮤니티의 특성을 반영한다. 존댓말과 반말 커뮤니티는 각각 사용하는 말투가 다르기 때문에 이용자 간 부르는 호칭이나 어투를 제약한다.

일곱째, 커뮤니티 비방 및 분란은 분란을 일으키기 위해 가입하거나 활동하는 행위를 가리킨다. 이용자 간 분란과 여론 호도는 게시글로 이루어지기 때문에 이에 대한 제약이 따라온다.

마지막으로, 관리자·운영자 사칭은 닉네임이나 말투 등을 유사하게 하여 이용자에게 혼란을 주는 경우이다. 이는 온라인 커뮤니티 운영에 차질을 줄 수 있기 때문에 명문화된다.

분석 결과, 글 내용 중 24개 커뮤니티에서 가장 많이 나타난 항목은 커뮤니티 비방 및 분란(17곳, 71%)이었다. 다음으로 비속어와 인신공격·비방(16곳, 67%)이 가장 많았다. 최상위 항목들이 커뮤니티 내 질서를 강조하고 있다는 사실을 알 수 있는데, 이용자 활동은 커뮤니티에서 용인되는 범위에서만 가능하다. 따라서 커뮤니티 질서를 지키고 이용자 간 비방을 하지 않는다는 표현 제약은 커뮤니티 규모와 관계가 없이 모든 커뮤니티에서 중요한 제약으로 받아들이고 있었다.

지역 비하와 종교 비하, 정치 표현은 규모별 차이가 크지 않았지만, 초대형보다는 중·소형에서 주로 나타났다. 이 세 가지는 커뮤니티 이용자 간 갈등을 가장 크게 유발할 수 있는 항목으로, 규모가 작을수록 갈등이 커뮤니티 생명에 치명적 결과를 가져올 수 있다는 점에서 보다 세세한 기준을 두는 것으로 보인다.

(2) 글 종류 | 글 내용이 게시글 안에서 표현되는 부분이라면 글 종류는 목적이 있는 글이다.

첫째, 상업성·금전거래 항목은 법률 제약의 광고·홍보와 달리 법에 저촉되지는 않지만 이용자에게 피해를 줄 때 적용된다. 대표적인 예시가 다단계 게시물이나 UCC 게시물이다(UCC는 동영상 조회 수가 1회 올라갈 때마다 동영상을 업로드한 게시자가 1원 혹은 3원씩 받는 광고 시스템으로 새로운 마케팅 툴로 각광을 받았으나 도배글, 홍보 난립 등 많은 문제가 발생하여 다수의 온라인 커뮤니티에서 제한하고 있다). 중고나라는 특성상 이용자 간 금전거래가 가능하지만, 웃돈을 얹어 되파는 행위는 전면 금지하고 있는 것과 같은 금전거래 항목도 있다.

둘째, 해킹은 글에 바이러스, 악성코드 등을 삽입하여 이용자에게 직접적 피해를 가하는 글을 가리킨다. 대체로 게시글 제목을 클릭하자마자 다운로드 되거나 감염되기 때문에 이를 철저히 제약하는 경우가 많다.

셋째, 스포일러(spoiler)는 영어 '망치다(spoil)'의 뜻을 가진 단어로, 영화에서의 반전이나 주인공의 죽음 등 결말을 미리 알려주는 행위 등을 의미한다. 제목에 '스포' 혹은 '스포 주의' 등 말머리를 필수적으로 요구하는 경우가 많다.

넷째, 자료 공유 요청은 저작권 위반과 연관된다. 드라마, 영화, 음반, 게임의 제품코드 등 유료거래가 필수인 자료를 공개적으로 요청하는 것이다. 이는 저작권법에 저촉되는 행위이다.

다섯째, 친목이다. 친목은 이용자가 일대일로 알아가는 과정으로 양가적인 것으로 인식된다. 친목을 철저히 금지하는 커뮤니티(일간베스트저장소, 여성시대, 소울드레서 등)와 친목을 장려하는 커뮤니티(웃긴대학,

클리앙 등)가 있기 때문이다. 이 두 가지 모두 친목과 관련된 제약이 있는 것으로 간주했다.

가장 많이 언급된 상업성·금전 거래(10곳, 42%)는 이용자에게 가는 피해가 크기 때문에 글 종류 중 가장 제약이 큰 것으로 해석된다. 다만, 상업성·금전 거래 제약은 중형 커뮤니티 이상에서 나타났지만, 중·소형 커뮤니티에서도 고르게 나타났기 때문에 규모 차이는 크지 않은 것으로 본다.

글 종류에서 많은 의미를 포함하고 있는 제약은 친목이다. 친목은 커뮤니티 중 9곳(38%)에 제약이 있었는데, 상반된 내용을 담고 있다. 일간베스트저장소와 여성시대는 대표적인 반(反)친목 사이트이다. 글 제목에 타인의 닉네임을 거론한다든지 혹은 서로의 일과를 아는 척 하는 등의 친목 행위는 강력히 처벌된다. 여기에는 '과도한 친목질은 커뮤니티가 망하는 지름길'이라는 분위기가 깔려 있다. 이용자 간 친밀도가 높아지면 새로운 이용자 유입을 막게 되고, 새로운 이용자가 없으면 커뮤니티는 유지되지 못한다는 불안감을 보여주는 단적인 사례이다.

반대로 클리앙이나 SLR클럽은 친목을 장려한다. 더 많은 이용자들이 의사소통하고 글을 작성 할 수 있도록 참여를 유도한다. 이 과정에서 중요한 사실은 새로운 이용자('뉴비')와 기존 이용자('올비')를 차별하지 않는 것이다. 따라서 클리앙과 SLR클럽은 '자유게시판'이 매우 발달되어 있다. 각 관심사에 따라 게시판이 세분화되어 있기는 하지만, 자유게시판에 모두 모여 주제에 관계없이 이야기를 나눈다.

이렇듯 친목을 보는 시각 차이는 제약에서도 반영되며, 이를 뒷받침하는 구조(익명 혹은 닉네임 구조, 포인트제, 쪽지보내기 시스템) 등을 만들어 이용자에게 편의를 제공한다.

글 종류는 규모보다는 커뮤니티 특징에 따라 차이를 보이는 제약으로 해석할 수 있다. 상업성·금전 거래 제약이 소·중·대형 커뮤니티보다는 초대형 커뮤니티에서 두드러지긴 하였지만, 전체적으로 분포가 고르다는 점에서 크게 유의미하지는 않았다.

(3) 글 형식 ❘ 글 형식은 형식(style) 측면에서 제약되는 것들이다.

첫째, 글 출처는 다른 곳에서 소스(source)를 가져오는 등 개인 창작물이 아닐 때 출처를 밝히는 것이다.

둘째, 제목 형식은 게시글 제목에 특수문자 금지, 말머리 금지 등 특정 제약이 있는 경우이다.

셋째, '도배'는 벽을 도배하는 것처럼 게시판을 똑같은 글로 채우는 것을 뜻하며, 게시글 도배와 댓글 도배를 모두 포함한다.

넷째, '낚시'는 글 내용과 무관한 제목을 사용하여 이용자들을 속이는 행위로 마치 물고기(이용자)를 낚시하는 것과 같다 하여 '낚시'라는 인터넷 용어로 불리고 있다. 이와 같은 네 가지 경우 역시 온라인 커뮤니티에서 자주 발견되는 글 형식 제약이다.

글 형식에서 가장 많은 제약은 도배로 총 17곳(71%)이 도배 제약을 갖고 있었다. 대부분 커뮤니티에서 도배를 제약하는 이유는 커뮤니티 활동의 본질을 흐리기 때문이다. 보다 많고 다양한 이용자의 취향과 활동을 존중하기 위해 도배는 배척된다. 한 종류의 게시물이 게시판을 장악하게 되고, 실제 이용자들은 원하는 정보나 콘텐츠를 얻지 못하는 등 본래 목적을 달성하지 못하면 〈그림 5-1〉의 소극적 활동이 되거나 커뮤니티를 떠나게 된다. 즉, 도배는 글 열람의 자유를 침해한다. 비슷한 성격인 낚시(9곳, 38%)보다 도배 제약이 더 많은 이유는 도배가 낚시보다 이용자들 눈에 쉽게 띄며, 커뮤니티가 관리가 되지 않는다는 인식을 주기 때문이다. 한편, 도배와 낚시, 출처, 제목 형식 모두 규모에 영향을 받지 않았다. 도배 제약은 대부분의 커뮤니티에 있었으며 그 외 제약은 과반수 미만으로 전체적으로 적었다.

(4) 기타 형식 | 기타 형식은 글에 포함되지는 않지만 이용자들이 온라인 커뮤니티 이용 시 지켜야 할 형식을 가리킨다.

첫째, 금지어 목록은 커뮤니티 내에서 사용하지 말아야 할 금지어를 제시하여 이용자를 제약한다. 축구 커뮤니티에서 야구를 소재로 삼거나 특정 선수를 비하하는 용어를 사용하는 경우이다.

둘째, 타 사이트 제한이다. 적대 관계에 놓여 있거나 일방적으로 거부하는 다른 사이트나 이용자를 게시한다. 타 사이트 제한은 금지어를 동반하기도 하는데, 제한 사이트에서 파생된 용어 사용을 거부한다.

셋째, 정보공개 여부는 이용자 정보를 운영진에게 필수적으로 공개하는 것을 원칙으로 한다. 특히 신고가 제재 시스템의 원천인 온라인 커뮤니티에서는 신고 당하는 이용자 정보가 중요하기 때문에 이 같은 제약을 둔다.

넷째, 다중 아이디는 개인이 두 개 이상의 ID를 갖는 것과 타인의 ID를 사용하는 것 등 1인 1ID를 위반할 때 사용되는 규칙이다. 다중 아이디를 사용하여 여론을 유도하거나 분란을 일으키는 등 악영향을 미칠 수 있기 때문에 제약이 나타난다.

다섯째, 닉네임 형식은 크게 두 가지로 구성된다. 닉네임에 키보드에 없는 특수문자를 넣어 검색이 안 되는 경우와 운영진과 비슷한 닉네임을 사용하여 혼동을 주는 경우이며, 모두 제약 대상이다.

여섯째, 커뮤니티 노출은 폐쇄성이 강한 온라인 커뮤니티에서 나타나며 커뮤니티 내 게시판에 올라온 글이나 용어, 콘텐츠 등을 외부로 유출하지 않는 것을 의미한다. 온라인에서뿐만 아니라 오프라인의 지인에게도 언급하지 않아야 한다는 조건을 내세우기도 한다.

조사 결과, 다중 아이디 9곳(38%), 닉네임 8곳(33%)으로 역시 전체적으로 분포도가 적었다. 따라서 규모에 따라 영향을 받지 않는 것으로 나타났다. 독특한 점은 닉네임 형식이 있는 커뮤니티는 보배드림, SLR클럽, MLB PARK를 제외하고 모두 다음에 속한 카페였다. 다음에서는 글쓴이 닉네임을 통한 삭제와 복구 시스템을 지원해주기 때문에 다음 카페는 닉네임 형식을 따로 두는 것이다(다음카페 블로그 http://blog.daum.net/cafe_notice/2495 참조).

금지어 목록과 타 사이트 제한은 소수 커뮤니티만 제약을 갖고 있었지만, 커뮤니티 상황을 반영한다는 점에서 의미가 있다. 이와 같은 제약은 2010년 일간베스트저장소 등장 이후 각종 온라인 커뮤니티에 공론화되었다. 이곳의 과도한 지역 비하 용어 생성과 비하 용어의 무분별한 사용 등이 문제가 되었다(일간베스트저장소 용어는 김학준의 연구에 상세히 나와 있다. 김학준은 일간베스트저장소의 정치 게시판과 일반 게시판을 주제(topic) 중심으로 분석하여 내부 용어의 주목도를 검증하였다. 김학준 2014, 43~61).

타 사이트 제한 제약이 있는 모든 커뮤니티가 제한 대상으로 일간베스트저장소를 꼽고 있다는 점은 이를 뒷받침한다. 동시에 타 사이트 제한(일간베스트저장소 이용자 활동 금지 포함)과 금지어 목록(지역 비하 용어를 포함한 일간베스트저장소 발원 용어)이 같이 등장하는 경우가 있다. 여성 커뮤니티 소울드레서는 두 가지를 명시했다. 여성시대나 MLB PARK 등은 타 사이트 제한 제약만 있지만, 일간베스트저장소 용어를 사용하면 제재가 뒤따른다는 점에서 일간베스트저장소 관련 용어 사용이 실질적으로 금지되었다.

한편, 금지어는 보다 다양하게 나타난다. IT커뮤니티인 클리앙은 다양성을 가장 중요한 가치로 본다. 역사적으로 많은 전쟁들이 종교 때문에 나타났으며, 따라서 사용해서는 안 될 용어가 있다는 점을 주지한다. 축구 커뮤니티인 아이러브사커는 선수나 팀 비하 용어를 금지한다. 소울드레서는 빅뱅과 JYJ 등 특정 연예인 언급을 전면 금지하였다. 빅뱅 멤버인 지드래곤과 탑의 팬 13명이 소울드레서가 금지하고 있는 파생 카페를 만들어 소울드레서 내 빅뱅 관련 게시물을 관리 및 조작한 사건이 발생하였기 때문이다. 이 사건으로 관계자들은 모두 강퇴 처리되었고, 빅뱅 관련 게시물이 전면 금지되었다 (2012년 4월). 이처럼 금지어가 발생되는 원인은 다양하지만 커뮤니티 상황을 보다 상세히 반영한다.

커뮤니티 노출 제약을 두고 있는 커뮤니티는 총 3곳으로 모두 여성 커뮤니티이며, 가입 제한을 두고 있는 커뮤니티와 일치했다. 기본 제약의 가입 제한이 1차적 진입장벽이었다면, 커뮤니티 노출은 2차적 진입장벽이다. 커뮤니티 노출은 진입장벽 이슈로 공지사항에 반영되며, 진입장벽은 온라인 커뮤니티 폐쇄성을 보여주는 척도가 된다. 이는 커뮤니티 노출 역시 규모보다는 커뮤니티 종류에 영향을 받는다는 사실을 의미한다.

3) 제약 형식 3 : 법률 제약

법률 제약은 기본 제약의 법률 소개와는 다르다. 법률 소개는 실정법 대상임을 주지하지만, 법률 제약은 구체적 문항으로 표현된다. 즉, 실제로 법을 소개하는 문구를 넣어 게시하지 않지만, 구체적으로 실정법의 저촉 소지가 있음을 알리는 것이다. 대표적인 예로 성인물과 음란게시물은 근거법이 고지되지 않아도 음란물·성희롱, 청소년 유해 매체물, 광고·홍보, 위법 행위, 저작권 위반, 명예훼손·사생활 침해 위반 등이 방송통신심의위원회에 적발 시, 행정·법적 제재가 가해진다.

|표 5-6| 온라인 커뮤니티의 제약 형식 : 법률 제약

규모	종류	커뮤니티 명	이용자 수 (만 명)	음란물·성희롱	청소년 유해 매체물	광고·홍보	위법·불법 행위	저작권 위반	명예 훼손·사생활 침해
초대형	경제	중고나라	1,335	×	×	×	×	×	○
	여성	레몬테라스	271	○	×	○	○	○	×
	연예	엽기혹은진실	247	○	×	○	×	○	×
	여성	맘스홀릭베이비	227	○	×	○	○	○	○
	IT	뽐뿌	151	○	○	○	○	○	○
	여성	쭉빵	150	×	×	×	×	×	×
대형	스포츠	아이러브사커	130	×	×	×	×	×	×
	유머	웃긴대학	130	○	×	○	○	×	○
	스포츠	사커라인	100	○	×	○	×	×	×
	유머	일간베스트저장소	100	○	×	×	×	×	○
중형	스포츠	이종격투기	90	○	×	○	×	×	×
	자동차	보배드림	80	○	×	○	○	○	○
	여성	여성시대	60	×	×	○	×	○	○
	패션	디젤매니아	59	○	×	○	○	○	○
소형	게임	도탁스	31	○	×	○	×	○	○
	IT	SLR클럽	26	○	○	○	○	○	○
	IT	시코	24	○	○	○	×	×	×
	연예	한류열풍사랑	23	○	×	○	×	×	○
	여성	소울드레서	17	○	×	○	×	○	○
	여성	쌍화차코코아	13	○	×	○	×	×	○
	IT	클리앙	10	○	×	○	×	○	○
	스포츠	MLB PARK	10	○	×	○	○	×	×
	여성	82cook	9	○	×	○	○	×	○
	안보	유용원의 군사세계	5	×	×	○	○	×	×

(1) 음란물·성희롱[18]과 청소년 유해 매체 | 음란물은 「방송통신위원회규칙」 제38호 「정보통신에 관한 심의규정」 제8조 '선량한 풍속 기타 사회질서 위반 등'에 근거한다. 사회통념상 일반인의 성욕을 자극하여 성적 흥분을 유발하고 정상적인 성적 수치심을 해하여 성적 도의관념에 반하는 정보를 포함하고 있다. 남녀의 성기나 성행위 묘사, 유사 성교행위, 자위행위, 아동 또는 청소년을 성적 유희 대상으로 삼는 행위 등 음란물 기준을 광범위하게 제시하고 있다. 이 조항은 주로 가입 제한이 없어 남녀노소 모두가 가입할 수 있는 온라인 커뮤니티에서 상세히 소개된다.

또한 「정보통신에 관한 심의규정」에서는 청소년 유해 정보를 '청소년의 정신적·신체적 건강에 명백히 해를 끼칠 우려가 있는 것' 또는 위원회가 법 제21조 제4호에 따라 시정 요구하거나 「청소년보호법」에 따라 청소년유해 매체물로 결정한 것으로 정의하고 있으며, 청소년유해 매체물 지정은 「청소년보호법」 제2장 '청소년유해 매체물의 결정 및 유통 규제'와 제9조 '청소년유해 매체물의 심의 기준'에 따른다. 청소년에게 성적 욕구를 자극하는 선정적이고 음란한 것, 범죄 충동을 일으키는 것, 폭력 자극 및 미화, 시민의식 저해, 정신적·신체적 건강 훼손, 일반적인 통념에 위배되는 것 등 정신건강과 도덕 개념, 시민의식 등까지 포함하여 음란물·성희롱보다 범위가 넓은 것이 특징이다.

음란물·성희롱은 19곳(79%)으로 많은 커뮤니티가 제약을 두고 있었다. 음란물·성희롱은 흔히 말하는 '19금' 게시물로, 게시해서는 안 된다는 인식이 있음을 보여준다. 19금 게시물이 올라오는 경우는 몇몇 성인게시판을 제외하고는 거의 없으며, 강력한 제재가 수반된다. 다만, 청소년 유해 매체물에서 가장 큰 비중을 차지하고 있는 내용이 음란물과 성희롱인 것을 고려한다면 두 가지 모두를 제시하는 온라인 커뮤니티는 적을 수밖에 없다.

(2) 광고·홍보 | 「정보통신망 이용 촉진 및 정보 보호 등에 관한 법률」 제50조는 '영리목적의 광고성 정보 전송 제한'으로 구성되어 있으며, 누구든지 인터넷 홈페이지 운영자 또는 관리자의 사전 동의 없이 인터넷 홈페이지에서 자동으로 전자우편주소를 수집하는 프로그램이나 그 밖의 기술적 장치를 이용하여 전자우편주소를 수집하여서는 아니 된다고 밝힌다. 제50조 4는 이용자가 수신을 원하지 않는 경우나 불법으로 서비스가 이용되는 경우 해당 역무 제공을 거부하는 조치를 할 수 있다고 명시한다.

법률 제약 중 광고·홍보(20곳, 84%)가 가장 많이 나타났다. 광고·홍보로 표기하지 않았지만, 쭉빵은 상업화를 지양하기 때문에 보다 범위를 넓게 한다면, 21곳(88%)이 광고·홍보 제약을 갖고 있다. 영리 목적의 게시물이 많아지면 본래 커뮤니티 목적을 잃을 뿐 아니라 이용자에게 무단으로 영리성 정보를 전송하는 문제가 발생하기 때문이다. 이용자 정보 무단 사용이라는 1차 피해와 이용자 이탈이라는 2차 피해 등 여러 손해가 발생한다.

(3) 위법·불법 행위 | 위법·불법 행위는 「정보통신에 관한 심의규정」 제5조, 제6조, 제7조이다. 제5조 '국제평화질서 위반 등'은 인종차별, 집단학살, 테러와 국가 간 우의를 침해하는 정보 유통은 적합하지 않다는 내용이다. 제6조 '헌정질서 위반'은 헌법에 위배되어 자유민주주의적 기본 질서를 파괴하고 국가기관을 전복, 마비시킬 수 있는 정보 유통을 금지한다. 제7조 '범죄 기타 법령 위반'은 범죄 미화나 범죄 과정 묘사, 위법행위 조장 정보 등은 적합하지 않은 것으로 본다. 따라서 '미풍양속이나 공공질서 위반'이라 게시한 경우도 이에 포함된다고 보았다. 10개 커뮤니티(42%)가 위법·불법 행위와 관련된 제약이 있었지만, 규모에 따른 차이는 발견되지 않았다.

(4) 저작권 위반 | 저작권 위반은 「저작권법」을 전체적으로 포괄한다. 「저작권법」 제4조에서는 어문 저작물, 음악 저작물, 연극 저작물, 사진 저작물, 영상 저작물, 도형 저작물, 컴퓨터프로그램 저작물 등을 저작물의 예시로 보고 있으며, 제5조에서 2차 저작물도 독자적인 저작물로 보호하고 있다. 음악, 영상, 사진은 온라인에서 가장 많이 유통되는 대표적 콘텐츠이기 때문에 온라인 커뮤니티에서는 세 가지 콘텐츠에 대한 주의를 당부한다. 저작권은 11곳(46%)에서 제약을 두고 있었다.

(5) 명예훼손·사생활 침해 | 명예훼손은 「형법」 제307조에 따른다. 제307조는 명예훼손에 대한 형법 각칙의 조문으로, 사실 적시하여

명예훼손한 자, 허위 사실 적시하여 명예훼손한 자에 대한 처벌 내용을 담고 있다. 또한 「정보통신망 이용촉진 및 정보보호 등에 관한 법률」 제70조 제1항, 제2항은 비방할 목적으로 정보통신망을 이용하는 경우를 특정하고 있다. 만약 다른 사람을 '비방할 목적'이 증명되지 않는다면, 「정보통신망 이용촉진 및 정보보호 등에 관한 법률」상 사이버명예훼손죄가 아닌 「형법」상 명예훼손죄가 성립한다.

사생활 자유는 「헌법」 제17조에서 보장하고 있으며, 사생활 간섭과 침해를 받지 않는 것을 의미한다(헌재 2002. 3. 28. 2000헌바53). 인터넷에서 이루어지는 사생활 침해는 성별, 주소, 나이, 재산 정도, 학력 등이 다른 사람에게 노출되거나 악용되는 것을 말하며, 특히 타인의 정보를 도용하는 것, 다른 이용자의 사생활을 존중하지 않는 것을 대표적인 예시로 본다.

명예훼손·사생활 침해는 14곳(59%)으로 규모에 따라 차이는 없었다. 이 제약의 특징은 법률 게시가 실제 세부 제약으로 이어지지 않는다는 사실을 보여준다. 초대형 커뮤니티들이 모두 '법률 소개'를 하는 것과 비교한다면 차이가 있는 수치이다.

명예훼손 조항은 운영자에게 민사상 책임이 갈 수 있는 유일한 조항이다. 운영자의 삭제 의무는 특별한 사정이 없는 한 인정되지 않지만, 예외적으로 게시물이 명예를 훼손하는 사실을 알았을 때 운영자에게 삭제 의무가 있는 것으로 해석한다(황창근 2013). 대법원은 운영자의 삭제 의무를 이해관계 내에서 매우 엄격하게 판단되어야 한다고 보았기 때문에 운영자의 법적 처벌 가능성은 낮은 것도 사실이다(대법원 2003. 6. 27. 선고 2002다72194 판결). 그러나 명예훼손·사생활 침해는 운영자가 법적으로 연루될 수 있는 유일한 사안임은 명백하다. 그럼에도 불구하고 제약을 둔 커뮤니티가 적었다.

위와 같이 법률 제약도 다른 기본 제약과 표현 제약과 유사하게 규모에 따른 차이가 적었다. 상식적으로 배제될 것이 '요구되는' 음란물·성희롱, 광고·홍보 등은 공식적 제약에 반영되는 비율이 높았지만, 개인 문제라는 인식이 강하고 커뮤니티에 대한 행정기관의 직접적 제재가 없는 명예훼손·사생활 침해 제약은 다소 보편적이지 않은 것으로 해석하였다.

3. 온라인 커뮤니티의 제재 방식

제재 방식은 강도에 따라 주의, 경고, 박탈, 차단의 4단계로 구분할 수 있다.

|표 5-7| 온라인 커뮤니티의 제재 방식 단계 ━━━━━

단계 (강도)	내용
1단계 '주의'	주의, 신고, (게시 글) 삭제, 감점
2단계 '경고'	경고, 이용 제한, 강등
3단계 '박탈'	이용 정지, 강퇴
4단계 '차단'	재가입 차단(ID 차단과 IP 차단 포함)

1) 1단계 제재 : 주의

1단계에서 가장 많은 항목은 글 삭제(19곳, 80%)로 나타났다. 주의보다는 신고와 삭제가 많이 나타났으며, 감점 제도는 포인트제를 이용하는 커뮤니티에서만 나타났다.

신고는 이용자가 제약을 위반한 다른 이용자를 신고하는 것으로, 신고 기능 유무로 판단한다. 신고 기능은 공지사항을 충분히 숙지했을 때 가능하며, 운영자 개입이 가장 적은 제재 방식이다.

신고와 삭제는 1단계에 속하는 제약으로 가장 낮은 수준의 제약이다. 그러나 규모에 따라 1단계가 더 많이 사용되지는 않았다. 삭제는 규모와 관계없이 가장 많이 사용된 1단계 제재였다. 이는 2~4단계 제재가 가해져도 기본적으로 삭제를 원칙으로 하기 때문이다. 대부분 온라인 커뮤니티에서 삭제를 가장 기본적인 제재로 규정하고 있다.

2) 2단계 제재 : 경고

둘째, 2단계 '경고' 제재이다. 글 삭제나 감점(점수제일 경우)이 많이 이루어지는 경우 경고가 발생하는데, 바로 경고부터 시작하는 경우도 있다. 2단계는 이용 제한, 강등을 포함한다. 2단계 '경고'에서는 이용자가 활동에 제약을 받기 시작한다. 게시판 열람이 불가능하거나 댓글을 일정 기간 게시할 수 없게 된다.

2단계 중에서 가장 많이 나타난 항목은 강등(13곳, 54%)이다. 강등은 초대형과 소형 커뮤니티에서 대형과 중형보다 더 많은 빈도로 나타났지만, 규모보다는 포털 사이트 카페(10곳, 77%)에 따라 더 영향을 받았다. 또한 멤버십제도가 없어도 강등이 있음을 확인할 수 있다. 이때 강등은 준회원 상태로 돌아가는 것으로 신입회원과 똑같은 절차를 밟아야 한다. 즉, 지금까지 쌓은 활동 경력은 인정되지 않는다. 그 외 경고와 이용 제한도 대체로 고른 분포를 보였다. 이용 제한은 대형 커뮤니티에서 나타나지 않았지만, 이용 제한만 특징적인 별도의 이유가 나타나지 않았다.

3) 3단계 제재 : 박탈

셋째, 3단계 '박탈'이다. 이용 정지와 강제 탈퇴(이하 '강퇴')가 박탈에 해당된다. 이용 정지가 단기적으로 개월 단위인 경우도 있지만, 3년 이용 정지 등 기간이 긴 경우는 대부분 자진 탈퇴를 권유하는 것이다. 이와 같은 영구적 이용 정지는 온라인 커뮤니티 접속은 가능하지만, 글쓰기와 댓글 작성 권한 박탈로 해석할 수 있다. 비슷한 수준에서 나타나는 가장 강력한 제약이 강퇴인 것도 이와 같은 맥락이다. 한 예로, 다음 소울드레서 카페는 2012년부터 이용 정지(카페에서는 '활동 중지'라 표현) 시스템을 도입하면서 선택 가능한 기능은 '탈퇴' 뿐이라고 명시했다. 이용 정지를 받은 이용자는 자발적으로 탈퇴할 수밖에 없으며, 이는 이용자 자격 '박탈'에 해당된다. 커뮤니티 참여를 원천적으로 배제하는 것이다.

이용 정지는 13곳(54%)에서 나타났는데, 초대형 커뮤니티와 소형, 중형 커뮤니티가 대형보다 그 비율이 높았다. 강퇴는 12곳(50%)으로 절반의 커뮤니티가 제약을 갖고 있었다. 주로 특정 행위를 반복해서 1단계나 2단계가 쌓였을 경우 그보다 강도 높은 3단계 제재가 부과된다.

3단계는 1, 2단계와 달리 커뮤니티 활동이 전면적으로 금지된다. 이용 정지는 기간에 제한이 있기도 하지만, 영구적 이용 정지도 있다. 이는 게시글과 댓글에 전혀 참여할 수 없음을 의미한다. 이용자 자격이 강제로 박탈된다는 점에서 제재 강도가 높으므로 많은 커뮤니티가 3단계 제약을 두고 있는 것으로 해석된다. 규모에 의한 큰 차이는 없었다.

4) 4단계 제재 : 차단

넷째, 4단계 '차단'이다. 차단은 이용 정지와 강퇴보다 강도가 세며, 가장 강력한 제재이다. 재가입 차단은 IP 차단과 ID 차단을 모두 포함한다. ID 차단은 동일한 ID로는 로그인이 불가능하며, IP 차단 역시 동일한 IP를 가진 PC·스마트폰·태블릿기기 등으로 접속이 불가능하다. 즉, '차단' 제재를 받은 이용자는 절대로 다시 이용자가 될 수 없다는 강력한 제재이다.

가장 강도가 높은 4단계 차단은 ID 차단과 IP 차단을 포함한 재가입 차단으로 대표된다. 재가입 차단은 규모별로 차이를 보였다. 초대형 커뮤니티에서는 67% 확률로 재가입 차단이 있었으나, 대형과 중형에는 없었고, 소형 커뮤니티는 30%의 확률이었다.

재가입 차단은 이용자의 접근과 재활동을 금지한다는 면에서 가장 강력한 제재이다. 이러한 제재가 초대형 커뮤니티에서 가장 많이 나타난 이유는 4단계 제재를 당한 이용자들이 재가입할 여지가 다른 커뮤니티에 비해 많기 때문으로 분석된다. 재가입 차단은 대체로 커뮤니티 분란이나 큰 손해를 끼쳤을 경우 가해진다.

모든 커뮤니티가 민감하지만, 초대형 커뮤니티는 분란과 여론 악화에 다른 이용자들이 동요될 경우 커뮤니티 상황이 걷잡을 수 없이 악화된다. 단순히 이용자 대 운영자 구도가 아니라 이용자 대 이용자 구도일 경우 상황은 더욱 심각하다. 이는 중·소형 커뮤니티가 갈등을 피하는 것과는 다르다. 집단 이탈의 발생 가능성이 높아진다는 것은 공통적이나, 피해 규모가 훨씬 크고 원래의 상태로 돌아가기까지 시간이 많이 소요된다. 따라서 초대형 커뮤니티일수록 매우 강도 높은 제재가 필요하다고 추측된다.

재가입 차단은 3단계 강퇴와도 관련이 있다. 재가입 차단 제재가 있는 커뮤니티 7곳 중 5곳(71%)이 강퇴 제재를 갖고 있었다. 이렇듯 강퇴와 재가입 차단은 동시에 이루어질 가능성이 높다.

5) 기타

기타 제재를 선호하는 커뮤니티는 두 유형이었다. 제재 방식이 매우 세분화되어 있거나(뿜뿜, SLR클럽), 초대형 커뮤니티(레몬테라스, 맘스홀릭베이비)였다. 규모에 따라 큰 영향을 받지는 않지만 초대형 커뮤니티는 규모가 큰 만큼 추가적인 제재 방식까지 선호한다고 볼 수 있다. 대체로 강등(2단계)과 이용 정지(3단계)가 동시에 가해지는 '복합

|표 5-8| 온라인 커뮤니티의 제재 방식 (규모별 비교)

규모	종류	커뮤니티 명	이용자수 (만명)	1단계:주의				2단계:경고			3단계:박탈		4단계:차단	기타 제재
				주의	신고	삭제	감점	경고	이용제한	강등	이용정지	강퇴	재가입차단	
초대형	경제	중고나라	1,335	X	O	O	X	O	X	X	O	O	O	X
	여성	레몬테라스	271	X	O	O	X	X	O	O	O	O	X	O
	연예	엽기혹은진실	247	X	X	O	X	X	X	O	O	X	X	X
	여성	맘스홀릭베이비	227	X	X	O	X	X	O	O	O	O	O	X
	IT	뿜뿌	151	O	O	O	X	O	O	O	O	O	X	O
	여성	쭉빵	150	X	X	X	X	X	X	O	X	O	O	X
대형	스포츠	아이러브사커	130	X	O	O	X	X	X	X	X	X	X	X
	유머	웃긴대학	130	X	O	O	X	X	X	X	X	X	X	X
	스포츠	사커라인	100	X	O	O	X	X	X	X	X	X	X	X
	유머	일간베스트저장소	100	X	O	O	X	X	X	X	X	X	X	X
중형	스포츠	이종격투기	90	X	O	O	X	X	X	X	X	X	X	X
	자동차	보배드림	80	X	O	O	X	X	O	O	X	O	X	X
	여성	여성시대	60	X	O	O	X	X	O	X	O	X	X	X
	패션	디젤매니아	59	X	O	X	X	X	O	O	O	X	X	X
소형	게임	도탁스	31	X	O	O	X	X	X	O	O	O	X	X
	IT	SLR클럽	26	X	O	O	O	O	O	O	O	O	O	X
	IT	시코	24	X	X	O	X	X	X	O	O	X	X	X
	연예	한류열풍사랑	23	X	O	O	X	X	X	O	X	O	X	X
	여성	소울드레서	17	X	X	O	X	X	O	O	X	O	X	X
	여성	쌍화차코코아	13	X	O	O	X	X	O	O	O	X	X	X
	IT	클리앙	10	O	O	O	X	X	O	O	O	X	X	X
	스포츠	MLB PARK	10	X	X	O	X	X	X	X	X	O	O	O
	여성	82cook	9	X	O	O	X	X	X	O	O	O	O	X
	안보	유용원의 군사세계	5	X	O	X	X	X	X	X	X	X	X	X

방식'이 선호되었다.

제재 방식이 세분화되어 있는 뽐뿌는 사건사고가 발생할 여지를 막기 위해 기타 제재를 두고 있다. 뽐뿌는 '규칙에 명시되어 있지 않은 사항은 관련 법규에 의하며, 법규에 명문화되어 있지 않은 부분은 판례나 민법 등에 따르며, 그후 관습법을 따른다. 뽐뿌 이용규칙 외에 각 게시판의 규칙, 가이드라인, 운영원칙과 이전 공지를 통한 규칙도 제재 근거로 활용된다. 중복되었으나 제재 수위가 상이한 규칙은 최근 규칙을 근거로 제재가 진행된다'고 언급하고 있다(2010년). 이처럼 미래의 불미스러운 사건사고를 미리 대비하고자 하는 의지가 반영되기도 한다.

6) 제약 형식과 제재 방식의 관계

제약 형식 32개 중 최상위권인 뽐뿌(23개)와 SLR클럽(19개)은 제재 방식 또한 다양했다. 제재 방식 10개 중 8개 항목이 갖춰져 있었다. 또한 이 두 커뮤니티는 기본 제재 방식 외 기타 제재를 갖추고 있었다. 제약 형식만큼 제재 방식 또한 그에 알맞게 다양하다는 사실을 알 수 있다. 그러나 보배드림과 같은 예외 사례도 있었다. 보배드림은 제약 형식 20개를 갖고 있었으나, 제재 방식은 3개로 일치하지 않았으며 기타 제재도 없었다. 따라서 단순 개수 분석은 의미가 없었다.

첫째, 비하 표현은 커뮤니티마다 제재 방식이 달랐다. 이종격투기, 도탁스는 비하 표현이 1단계 주의에 그쳤지만, 디젤매니아는 2단계의 경고, 도탁스는 1~2단계를 모두 포함하였다. 한류열풍사랑의 지역 비하는 3단계의 이용 정지, 소울드레서는 지역 비하가 3단계의 강퇴로 강도 높은 제재를 부과하였다. 비하 표현 중 지역 비하에 강도 높은 제재가 집중되는 것도 하나의 특징이었다.

금지어도 비하 표현과 유사한 특징을 보였다. 아이러브사커는 삭제와 강등이, 소울드레서는 감점과 경고가 동시에 진행되었으며, 쌍화차코코아는 경고를 부과하였다. 이처럼 각 커뮤니티에서 중요하다고 생각하는 지점에 따라 제재 방식이 달라지는 것을 확인할 수 있었다. 또한 제재 방식은 각 커뮤니티의 상황을 반영한다고 해석할 수 있다.

둘째, 삭제는 가장 기본적으로 진행되는 제약 형식이었다. 제재가 가해지는 모든 게시물을 제거하는 뽐뿌, 소울드레서, MLB PARK와 같은 곳이 있었으며, 맘스홀릭베이비, 보배드림, 일간베스트저장소, 도탁스, 82cook은 2~4단계 제재에 처해지는 게시글들을 기본적으로 삭제하였다. 이처럼 1단계 주의에서 삭제는 가장 보편적인 제재이자 온라인 커뮤니티에는 가장 중요한 제재라는 점을 알 수 있다. 논란을 빚은 게시물을 제거하는 행위는 해당 이용자의 온라인 커뮤니티 '활동' 내역이 0으로 돌아간다는 것을 의미한다.

셋째, 특정 제약 형식과 조응하는 제재 방식이 나타났다. 3단계 박탈에서는 커뮤니티 분란 및 비방과 다중 아이디가 높은 비율로 나타났다. 커뮤니티 분란 및 비방과 다중 아이디는 3단계뿐만 아니라 4단계 차단이라는 가장 높은 제재 강도를 보였다. 이 두 가지는 커

|표 5-9| 온라인 커뮤니티의 제약 형식과 제재 방식

규모	종류	커뮤니티명	이용자수 (만명)	1단계: 주의				2단계: 경고	
				주의	신고	삭제	감점	경고	이용 제한
초대형	경제	중고나라	1,335	×	○	제목 형식	×	제목 형식	×
	여성	레몬테라스	271	×	○	광고·홍보, 도배, 음란물, 저작권, 다중 아이디	×	×	
	연예	엽기 혹은 진실	247	×	×	음란물, 광고·홍보, 도배, 악플, 저작권, 제목 형식	×	×	×
	여성	맘스홀릭 베이비	227	×	×	도배, 광고·홍보, 분란	×	×	도배, 광고·홍
	IT	뿜뿌	151		○	ALL	×	저작권, 커뮤니티 분란, 타 사이트, 지역 비하	광고·홍보, 도배
	여성	쭉빵	150	×	×	×	×	×	×
대형	스포츠	아이러브사커	130	×	○	금지어	×	×	×
	유머	웃긴대학	130	×	×	음란물, 광고, 비하 표현 명예훼손, 비속어	×	×	×
	스포츠	사커라인	100	×	○	음란물, 광고	×	×	×
	유머	일간베스트 저장소	100	×	○	음란물, 비하 표현, 도배	×	×	×
중형	스포츠	이종격투기	90	×	×	지역 비하, 종교 비하 정치표현, 광고·홍보, 도배	×	×	×
	자동차	보배드림	80	×	×	비속어, 음란성, 도배, 저작권, 개인정보 유출	×	×	비속어, 음란성 도배, 저작권, 개인정보 유출 광고·홍보
	여성	여성시대	60	×	○	–	×	(강도 낮은) 비속어	×

강등	3단계: 박탈		4단계: 차단	기타제재
	이용정지	강퇴	재가입 차단	
×	제목 형식	거래 유도, 도배, 커뮤니티 분란 및 운영진 비방	광고·홍보, 상업성·금전 거래	×
광고·홍보, 도배, 음란물, 저작권, 다중 아이디		광고·홍보, 도배, 음란물, 저작권, 다중 아이디, 커뮤니티 분란	×	○
호칭 및 어투, 어, 스포일러, 임, 인신공격, 음란물, 사이트 제한	커뮤니티 분란	음란물, 광고·홍보, 도배, 타 사이트 제한	×	×
란	광고·홍보	광고·홍보, 낚시, 커뮤니티 분란 및 비방, 다중 아이디, 비속어, 음란물		○
다중 아이디, 인정보 노출, 위법, 도배	음란물·성희롱	사생활 침해, 음란물·성희롱	음란물·성희롱	○
속어, 닉네임	×	비속어, 저작권, 개인정보 유출, 커뮤니티 분란		×
금지어	×	×	×	×
×	×	×	×	×
×	×	×	×	×
×	음란물, 저작권	×	×	×
비속어, 인신공격	×	×	×	×
×	비속어, 음란성, 도배, 저작권, 개인정보 유출, 광고·홍보, 위법·불법	×	×	×
×	(강도 높은) 비속어, 금전 거래, 저작권, 친목, 인신공격	광고·홍보, 다중 아이디, 타 사이트 제한	×	×

규모	분야	커뮤니티							
중형	패션	디젤매니아	59	×	○	×	×	비하 표현, 비속어, 저작권, 낚시, 스포일러 글, 광고·홍보	×
소형	게임	도탁스	31	×	○	비속어, 광고·홍보, 정치 표현, 저작권	×	×	×
	IT	SLR클럽	26	×	○	ALL	(자체 기준에 따름)		
	IT	시코	24	×	○	비속어, 인신공격, 호칭 및 어투, 낚시, 홍보	×	×	인신공격
	연예	한류 열풍사랑	23	×	○	×	×	×	친목, 비하 표현, 음란물, 출처, 커뮤니티 분란
	여성	소울드레서	17	×	×	ALL	금지어, 친목, 광고·홍보		×
	여성	쌍화차 코코아	13	×	○	×	×		금지어, 닉네임 형식
	IT	클리앙	10	다중 아이디	○	저작권, 명예훼손, 사생활 침해, 인신공격	×	호칭 및 어투, 비속어, 도배	다중 아이디, 이용자 사칭, 광고·홍보
	스포츠	MLB PARK	10	×	×	ALL	×	×	×
	여성	82cook	9	×	×	인신공격, 비속어	×	×	비속어, 커뮤니티 분란
	안보	유용원의 군사세계	5	×	×	광고·홍보	×	×	×

뮤니티에 직접적인 피해를 주며, 커뮤니티 신뢰감 감소 등을 가져온다. 그 외는 법률 제약에 해당되는 것들이었다. 법률 제약 특히, 음란물 등에 강도 높은 단계가 부과되는 이유는 실제 법적 처벌이 가해질 수 있기 때문이다.

×	스포일러 글, 음란물	광고·홍보, 사생활 침해, 다중 아이디, 인신공격, 음란물, 명예훼손	×	×
속어, 광고·보, 정치 표현, 권, 제목 형식	다중 아이디, 저작권, 커뮤니티 논란, 이용자 정보 공개, 비속어	사생활 침해, 음란물	×	×
×	(자체 기준에 따름)			○
×	운영자 사칭, 음란물	×	×	×
×	비속어, 지역 비하, 커뮤니티 분란, 명예훼손	비속어, 인신공격, 광고·홍보, 닉네임	×	×
정보공개 여부	×	홍보, 타 사이트 제한, 저작권, 커뮤니티 분란·비방, 다중 아이디, 금지어, 커뮤니티 노출, 지역 비하	×	×
×	음란물, 저작권, 정보공개 여부	×	커뮤니티 분란, 다중 아이디, 커뮤니티 노출	×
다중 아이디, 뮤니티 분란	×	×	×	×
×	인신공격	×	인신공격, 삭제 4회	○
×	×	비속어, 커뮤니티 분란		×
×	×	×	×	×

한편, 3~4단계 제재 대상은 운영자도 포함한다. 소울드레서는 강퇴 규정에 운영자 단독으로 일을 진행할 경우 운영자도 강퇴당할 수 있다는 조항을 넣었다. 대부분 커뮤니티는 소울드레서처럼 공지 사항에 이를 명시하지 않지만, 운영진이 1인 이상 팀 체제[19]로 운영

되는 경우가 많기 때문에 충분히 가능하다. 실제로 중고나라가 물의를 빚은 운영진을 강퇴시킨 적이 있다.

넷째, 〈표 5-9〉 분석을 통해 동일한 제약이 여러 제재 방식에 걸쳐 나타난다는 사실도 확인할 수 있었다. 비속어, 음란물, 광고·홍보 등은 초기에는 삭제나 경고 등 1~2단계 제재가 가해졌지만, 강도와 횟수에 따라 3~4단계까지 강도가 높아졌다. 이 제약들은 커뮤니티 입장에서 문제라고 인지하는 항목들이다. 비속어는 비속어 단독보다는 커뮤니티 분란이나 비하 표현에 들어갈 수 있기 때문에 1~4단계가 모두 적용되었다.

음란물과 광고·홍보, 저작권 위반 등도 마찬가지이다. 이 항목들은 법률 제약에도 해당되는 항목으로 특히 음란물은 방송통신심의위원회로부터 직접적인 제재를 받는다. 2015년 3월 2일, 방송통신심의위원회는 '인터넷 음란물 근절 TF'(~2015. 8. 31)를 공식 출범한다고 밝히고, 3월 26일 미래창조과학부가 글로벌K스타트업으로 지정한 웹툰 사이트 '레진코믹스'를 음란물 혐의로 차단하는 조치를 시행했다. 여론을 의식해 조치를 철회하였지만, 이처럼 행정기관의 제재 강도가 강해지는 상황이기 때문에 커뮤니티 역시 이를 간과할 수 없다. 따라서 법률 제약과 관련된 항목들은 3~4단계와 같은 강도 높은 제재 방식이 지속될 것으로 예측할 수 있다.

한편, 제재 방식은 글 내용, 글 형식, 기타 형식에 집중되어 있었다. 해킹, 스포일러, 자료 공유 요청, 친목 등 글 종류는 제재 방식에 해당되는 빈도가 낮았다. 이는 글 종류가 커뮤니티에 미치는 영향이 비교적 적기 때문으로 분석된다. 상업성·금전 거래 항목은 광고·홍보에 집중되어 제재가 많지 않았으며, 해킹과 스포일러 등은 비속어나 도배, 낚시, 닉네임과 제목 등에 비해 자주 나타나지 않기 때문으로 보인다.

4. 온라인 커뮤니티의 비공식적 제약

비공식적 제약은 공식적 제약 변경, 행위 규범 반영, 내적 기준 등을 측정하였다.

1) 이용자 참여 공간 유무

참여 공간을 측정할 때 '건의 게시판'이 있는지를 보았다. 대부분 신고와 건의 게시판을 혼재하여 사용하기 때문이다. 조사 결과, 참여 공간은 간접적인 게시판 형태와 쪽지나 이메일 등 직접적 형태로 양분되었다.

건의 게시판을 운영하는 곳은 7곳, 쪽지나 이메일을 사용하는 곳은 5곳으로(중복 집계) 총 10곳(42%)이 참여 공간이 있는 것으로 나타났다. 아이러브사커와 뿜뿜는 게시판과 직접적인 방법 모두를 이용하였다. 그러나 참여 공간이 있는 모든 온라인 커뮤니티가 공지사항을 변경한 이력이 있는 것은 아니었다. 8곳(80%)이 이를 경험한 것으로 나타났다.

| 표 5-10 | 온라인 커뮤니티의 공식적 제약 변경

| 종류 | 커뮤니티 명 | 이용자 수 (만 명) | 공식적 제약 변경 | | 공지 변경 여부 |
| | | | 참여 절차 혹은 공간 유무 | | |
			포털 사이트 여부	커뮤니티	
경제	중고나라	1,335	○	×	×
여성	레몬테라스	271	○	○	○
연예	엽기혹은진실	247	○	×	×
여성	맘스홀릭베이비	227	○	○	○
IT	뽐뿌	151	−	○	×
여성	쭉빵	150	○	×	×
스포츠	아이러브사커	130	○	○	○
유머	웃긴대학	130	−	×	×
스포츠	사커라인	100	−	×	×
유머	일간베스트저장소	100	−	×	×
스포츠	이종격투기	90	○	○	○
자동차	보배드림	80	−	×	×
여성	여성시대	60	○	×	×
패션	디젤매니아	59	○	○	○
게임	도탁스	31	○	×	×
IT	SLR클럽	26	−	×	×
IT	시코	24	−	×	×
연예	한류열풍사랑	23	○	○	×
여성	소울드레서	17	○	○	○
여성	쌍화차코코아	13	○	×	×
IT	클리앙	10	−	○	○
스포츠	MLB PARK	10	−	○	○
여성	82cook	9	−	×	×
안보	유용원의 군사세계	5	−	×	×

| 표 5-11 | 온라인 커뮤니티의 참여 공간 유형 ─────────────

유형	커뮤니티
건의 게시판	뽐뿌, 아이러브사커, MLB PARK, 이종격투기, 소울드레서, 맘스홀릭베이비, 한류열풍사랑
쪽지, 이메일	뽐뿌, 아이러브사커, 레몬테라스, 디젤매니아, 클리앙

2) 공지사항 변경 이력

이용자들의 공간이 마련되어 있다고 하더라도 항상 의견이 반영되는 것은 아니다. 따라서 참여 공간이 있는 커뮤니티 중 실제 공지사항에 변경 이력이 있는지를 살펴봄으로써 커뮤니티 내 비공식적 제약 여부를 측정하고, 비공식적 제약의 의미를 밝힌다.

첫 사례는 이용자들이 직접 투표에 참여하는 민주적 형태이다. 맘스홀릭베이비의 아수방('아빠들의 수다방')과 부클방('부부클리닉방') 등은 남자들도 참여 가능한 공간인데, 시댁이나 남편 험담 등이 많아지고 두 게시판의 이용자끼리 싸움이 생겨난 뒤, 게시판에 대한 잔존/폐지 투표가 이용자들에게 부쳐졌다. 또한 지속적으로 게시판 분쟁이 발생하자 운영자가 분쟁에 개입할 것인지를 찬반투표에 부쳤고, 50.25%(493표)로 개입이 근소하게 높게 나와 개입을 단행한 적이 있다(2009년). 또한 게시판 재변경 투표(2006년), 질문방, 수다방, 지역방 등 커뮤니티 내 게시판 개수 조절 여부(2014년) 등 이용자 투표가 공식적 제약에 직접적으로 영향을 미치고 있다. 공식적 제약은 아니지만, 레몬테라스는 여러 방면에서 투표를 이용하고 있다. 카페명 변경 투표(2007년), 카페 이미지 변경 투표(2010년) 등이 이에 해당된다.

소울드레서 역시 이용자 투표가 있는 곳이다. 이용자가 제기하고 싶은 제도가 있으면 직접 공론화하고 이에 대한 근거를 밝혀 다른 이용자의 동의를 얻으면 운영자는 단순히 정리만 해서 공지화한다고 밝혔다. 운영자는 이에 대해 '규칙을 만드는 이유도, 지키는 이유도 있다'고 입장을 정리하는 모습을 보였다. 또한 금지어 중 소울드레서만이 갖고 있는 종편과 특정 연예인 목록은 이용자들의 요구에 따라 존폐가 결정되었다. 종편 언급 금지 제도 존폐 투표(참여자 12,337명), 연예인 언급 금지 제도 존폐 투표(참여자 13,384명)에 대해 투표를 일주일 동안 진행했고, 두 가지 제도 모두 유지되었다(2014년).

이용자 투표를 하는 경우도 있지만, 대부분 이용자들의 건의를 받아들여 운영진이 이에 대해 피드백하는 방식이다. 클리앙 사례는 이용자들의 의견에 따라 공식적 제약이 자주 변경될 수 있음을 보여준다. 클리앙은 메일로 이용자들이 건의하여 특정 지역 비하와 정치인 비하 금지(2013년) 등이 공식적 제약에 신설되었다. 종교 글 역시 대표적 사례이다. 클리앙은 2011년 이전에는 종교 글에 예외를 두는 공식적 제약을 두고 있었다. '단순 사실의 전달 및 학술적 목적의 게시 허용' 목적으로 표현의 자유 존중과 사건 이슈화를 제재하기 어렵다는 의미에서 만들어진 항목이었다. 그러나 '단순 사실'에 대한 이용자들의 인식이 다르고, 특정 종교 폄하현상이 나타나자 종교 글을 전면 금지했다(2011년). 이후 실효성이 우려되어 단순 사실 언급, 지적 토론을 위한 글, 종교인이 연계된 사건사고, 특정 종교 비난·옹호 목적 외(2012년) 등 네 가지를 허용하였다.

아이러브사커 역시 지역 비하 발언이 빈번하게 나타나자 이용자들이 이를 강력하게 처벌해달라는 요구가 이어졌다. 이에 지역 비하 발언을 금지하고 이를 위반했을 경우 강등이라는 제재 방식을 부과하겠다는 새로운 공식적 제약이 탄생하였다(2012년).

위와 같은 사례처럼 공식적 제약은 수정되고, 변형되기도 하며 또는 사라졌던 제약이 다시 돌아오기도 한다. 이면에는 이용자들의 공식적 제약을 수정 및 강화해달라는 자발적 참여가 있었다.

그러나 공식적 제약 수정 요청이 항상 성공적인 것은 아니다. '불펜(Bullpen)'이라는 자유게시판이 매우 활성화되어 있는 MLB PARK는 고인 모독 금지라는 공식적 제약이 있지만, 정치인은 대상에서 제외한다. 이는 이용자들이 공인에 대한 토론은 정당하다고 요구하면서 공식적 제약이 개선된 결과이다. 평소에도 정치토론이 활발한 만큼[20] 특정 정치인에 대한 평가가 자주 올라오는데, 노무현 대통령(2009년), 김대중 대통령(2010년) 등 정치계 주요 인사들이 사망한 뒤 이 조항은 형평성 논란을 일으켰다. MLB PARK 이용자들은 다소 진보적 성향이기 때문에 노무현 대통령은 호의적으로 언급되지만, 박정희 대통령이나 이승만 대통령 등은 주로 부정적으로 언급된다. 즉, 이 조항에 반대하는 이용자들은 고인이 된 모든 정치인이 토론의 대상이 될 수 있으며, 정치적 성향으로 만들어졌다고 주장한다.

이 논란은 현재진행형이다. 이에 2014년 12월 3일 운영진은 검토

중이라 밝혔지만 2015년 5월까지도 변경되지 않았다. 이처럼 공식적 제약은 오프라인 공동체와 달리 이용자들이 참여할 수 있는 여지가 많이 있지만, 운영진이 참여를 외면할 가능성도 높다. 그러나 운영진이 비공식적 제약의 예외가 되는 것은 아니다. 특히, 내적 강제 기준에 대해서는 운영진 역시 입장을 표명해야 한다.

3) 공식적 제약 변경의 의미

인터넷 공간에서의 참여는 주로 정치 참여나 소비자 혹은 프로슈머 성격으로 많이 주목되었고, 이때 참여의 의미는 매우 포괄적으로 사용하거나 참여를 문화적 관점에서 보기도 했다. 시민사회 참여문화나 시민운동의 확대 등은 이러한 관점의 대표적인 연구이다. 알리고 모으고 조직하고 지배하고 대항하고 행동하기 위한 특권적 도구로 인식된 인터넷 때문에 참여가 시민권 구현의 필수 요소로 발전하기도 했다(조희정 2010).

그러나 비공식적 제약의 관점에서 본 참여는 지금까지 논의된 것과는 거리가 있다. 온라인 커뮤니티가 단순히 운영자의 소유물이 아니라 이용자가 제도를 만들어나가는 '주체성'을 포함하기 때문이다. 이는 다음과 같은 의미로 해석할 수 있다.

첫째, 직접 공식적 제도를 제안하고, 특정 제재 방식 부과를 요청하는 등 오프라인 공동체보다 구성원인 이용자들이 갖는 의미가 매우 중요하다. 이처럼 자신과 의견이 맞는 이용자들이 모여 제도를 제안하는 상황은 일종의 '커뮤니케이션의 역설(paradox of communication)'에 해당한다. 얼굴을 보지 못한 수많은 이용자와 대화를 나누는 '초대규모 대화(very large scale conversation)' 현상(이재현 2013 : 60)이 일어나기 때문이다. 이 책에서 연구 대상으로 삼은 커뮤니티는 모두 5만 명 이상으로 이용자 전원이 참여하기란 대단히 어려운 일이다. 이 점은 대규모 인원이 동시에 공식적 제약에 참여하기 어려운 오프라인 상황과 유사하다. 그러나 참여 공간이 언제나 열려 있고, 이용자 누구나 참여할 수 있다는 점에서 더욱 민주적일 수 있다.

둘째, 온라인 커뮤니티는 극히 개인적인 취향을 매개로 경험하고 참여하는 공간이기 때문에 여러 이용자가 함께 결과를 만들어내도 그 과정은 이용자 간 '개별 체험'이 되고, 공식적 제약도 상황에 따라 다르게 해석된다. 그러나 오히려 이 특성이 이용자들의 자발적 참여를 촉구한다. 자신의 역할을 자발적으로 찾고, 개발하고 구성하여 정체성을 찾는 과정은 기존 오프라인 공동체보다 적극적인 참여를 의미한다(조일동 2013 : 9~12).

셋째, 온라인 커뮤니티는 운영자의 '지위'가 즉각적으로 '권위'나 '권력'으로 해석되지 않는다. 많은 커뮤니티에서 운영자는 '수고를 해주는 고마운 존재'에 가깝다. 운영진이 해야 할 업무가 밀려 이용자들로부터 건의를 받을 때 '생업이 따로 있으며, 모든 시간을 커뮤니티에만 집중할 수 없다'고 고지하는 모습에서 이를 인식하고 있음을 알 수 있다. 한편으로 온라인 커뮤니티에서 자발적 참여는 더욱 직접적이다. 극단적으로 이용자가 직접 운영자가 되어 공식적 제약 변경에 참여할 가능성도 열려 있는 것이다.

그러나 자발적 참여의 가장 큰 한계는 처음부터 운영자가 참여 공간을 배제할 경우, 이용자 입장에서는 건의나 제안 등을 할 수 없다는 것이다. 자료 분석 결과, 24개 커뮤니티 중 42%만이 참여 공간을 마련하였다. 메일을 보내는 등 개별로 가능하지만, 이는 제도적으로 마련된 방법은 아니다. 운영자가 독단적으로 운영을 지속할 경우, 이용자들은 3절에서 분석할 내적 기준에 의해 자진 탈퇴를 선택할 수 있지만, 그렇지 않은 이용자는 순응할 수밖에 없다.

또한 실제 의사결정 과정에 얼마나 참여하는지를 밝히기 어렵다. 기존 연구에서는 실제 의사결정 과정이 몇몇 소수에 의해 주도되는 경향이 강하다고 주장한다. 또한 주도적이고 자발적인 이용자가 많이 포진한 커뮤니티는 쉽게 성장하지만 그렇지 않은 곳은 정체 혹은 쇠퇴한다는 한계가 있다(김종길 2002).

4) 행위 규범과 반영

조사 결과, 커뮤니티 16곳(67%)에서 행위 규범이 있는 것으로 나타났다. IT 커뮤니티인 뽐뿌는 가장 중요하게 생각하는 가치로 지나친 상업성과 추천 유도로 인한 여론 호도 금지를 두고 있다. 이는 뽐뿌의 정체성이 반영된 결과이다. 뽐뿌는 과거 휴대폰 판매업자들이 몰리면서 이용자들과 휴대폰 가격을 토론하고 가격을 제시하는 등의 행위가 이어졌고, 이로써 대형 커뮤니티로 성장할 수 있었다. 이는 스마트폰으로 전환된 지금도 이어지고 있다. 그런데 이 과정에서 뽐뿌가 과도하게 상업화되자, 기존 공식적 제약에 있던 광고·홍

| 표 5-12 | 24개 온라인 커뮤니티의 행위 규범

종류	커뮤니티 명	이용자 수(만 명)	승인된 행위 규범 행위 규범의 유무
경제	중고나라	1,335	○
여성	레몬테라스	271	○
연예	엽기혹은진실	247	×
여성	맘스홀릭베이비	227	○
IT	뽐뿌	151	○
여성	쭉빵	150	○
스포츠	아이러브사커	130	×
유머	웃긴대학	130	○
스포츠	사커라인	100	×
유머	일간베스트저장소	100	○
스포츠	이종격투기	90	×
자동차	보배드림	80	×
여성	여성시대	60	○
패션	디젤매니아	59	○
게임	도탁스	31	○
IT	SLR클럽	26	×
IT	시코	24	×
연예	한류열풍사랑	23	○
여성	소울드레서	17	○
여성	쌍화차코코아	13	○
IT	클리앙	10	○
스포츠	MLB PARK	10	○
여성	82cook	9	○
안보	유용원의 군사세계	5	×

보나 상업성·금전거래 제약 외에 다른 기준들을 요구하는 목소리가 이용자로부터 나오기 시작했다. 결국 '장터' 이용 시 장터 이용자

의 거래통장 실명이 상이할 경우 출입을 제한하게 되었으며, 특정 업체와 갈등한 글을 금지하고, 업체와의 분란을 공개적으로 게시하는 행위가 금지되었다. 과도한 상업화에 대한 행위 규범이 업체와 이용자 모두가 지켜야 하는 공식적 제약이 된 것이다(2010년). 현재 뽐뿌에는 관련 항목이 6개[21] 정도 기재되어 있으며, 이를 위반한 이용자는 영구 강등되어 재가입이 원천 차단되는 등 가장 강력한 제재 방식에 처하게 된다.

업체가 공개적으로 활동할 수 있는 뽐뿌와 같은 사례는 매우 드물다. 대부분 운영진과 업체의 카르텔이나 여론 호도 등을 우려하고, 정확한 정보를 얻기 어렵다고 보기 때문이다.

이러한 측면에서 볼 때 중고나라는 독특한 사례이다. 중고나라는 본래 공동구매를 통해 이익을 남기고 불우이웃을 위해 기부하는 카페(2009. 10. 22. 공지사항)였지만, 중고물품 거래가 활성화되면서 거대한 규모로 발전하였다. 좋은 제품은 같이 구매하자는 공동구매를 중심으로 하기 때문에 업체가 등장하지만, 1,335만 명이 넘는 이용자 수에서 엿볼 수 있듯 이용자 간 중고거래가 더욱 활발하다. 하지만 일반이용자로 가장해 잠입하는 전문 업체·딜러(예매대행 및 구매대행 포함)를 막기는 어려웠다. 전문 업체·딜러들은 게시판에 대량으로 똑같은 글을 올렸고, 이러한 '도배'가 이용자들의 상품 선택권을 막는 결과를 초래했다. 이에 전문업자와 딜러의 활동 금지라는 규범이 생겨나기 시작했다(2008년, 2013년). 쇼핑몰 사진은 삭제되었으며, 업체 글이나 대포, 장물 거래 유도 시 강퇴라는 제재 방식이 가해졌다. 또한 가격 유도 글이나 경매 글 등 정상적인 중고물품 거래 방해 시, 경고가 가해지는 등 여러 가지 제재 방식이 마련되었다. 2015년 5월 기준 중고나라에는 '똑같은 글 15회 이상 게시'하였을 때와 같이 전문업자 판단 규정이 마련되어 있다(2013년, 2014년).

쌍화차코코아는 중고나라와 유사하면서도 다른 사례이다. 상업화를 지양하는 쌍화차코코아는 이용자 간 중고거래만을 허용한다. 중고거래 시 신뢰감을 높이기 위해 이용자 간 물건 거래 시 실제 사진 및 닉네임을 자필로 쓰도록 하였고, 이 역시 공식적 제약에 반영되었다(2014년).

상업성 외 가장 많은 행위 규범은 커뮤니티 분란을 막는 것들이다. 공식적 제약에서 살펴보았듯이, 커뮤니티 분란은 커뮤니티 와해의 지름길이자 기존 이용자들이 떠나는 가장 큰 원인이다. 즉, 커뮤니티 정체성에 완전히 반대되거나 커뮤니티 내 갈등을 가져오는 것들은 규범적으로 제지된다. 커뮤니티 정체성을 지키고 커뮤니티를 보호하기 위한 움직임인 것이다.

한류열풍사랑은 외국에서 한국을 보는 시각을 전달하고, 한류에 대해 이야기를 나누는 커뮤니티이다. 따라서 한국이나 한국인을 비하하는 행위는 커뮤니티 정체성에 위배되며, 외국에서 번역하는 소식 중 한국을 비판하는 소식은 자연스럽게 배제된다. 결국 하나의 규범이 공식적 제약에 반영되어 한국이나 한국인 비하 행위는 영구 이용 중지라는 강력한 제재 방식이 부여되었다. 또한 국내 반일감정을 고려하는 모습도 보인다. 한류 열풍의 주요 무대인 일본이 자연

스럽게 언급될 수밖에 없지만, 그 이상의 시각은 배제된다. 즉, 왜색 찬양 역시 영구 이용 중지라는 제재가 가해진다(2007년, 2009년). 이렇듯 커뮤니티를 구성하는 특정 규범은 비공식적 제약으로 역할을 하지만, 중요성을 인정받아 공식적 제약에 반영된다. 새로운 이용자들은 비공식적 제약을 학습하면서 해당 규범의 중요성을 인식한다.

커뮤니티 규범은 사회적 규범과 연결되기도 한다. 82cook은 요리를 주로 다루는 커뮤니티로 자유게시판을 운영하며, 여러 종류의 글이 게시된다. 20대 후반~40대 후반 등 주부가 많아 임신·출산·육아 외 남편과 시댁 등 가족에 대한 이야기를 익명으로 게시하는 사례가 많다. 이때, 사회적으로 받아들여지지 않는 내용인 불륜, 가정폭력 등은 지탄받는다. 이는 타인에게 불쾌감을 주거나 이용자 간 분쟁을 야기하는 내용을 삼가자는 공식적 제약으로 변화되었다(2012년). 유사하게 도탁스에서는 '패드립'이 배제된다. 패드립은 '패륜'과 '드립'[22]의 약자로 주로 부모님 비하와 고인 비하 등을 가리킨다. 사회적으로 용인되지 않는 규범이기 때문에 매우 구체적인 제약을 수용한 것이다(2015년). 유머사이트인 웃긴대학 역시 사회적 규범 또는 미풍양속에 위배되는 내용을 배제한다(2010년). 디젤매니아도 마찬가지로 분쟁 유발 소지가 있는 것들을 제약한다(2013년). 사회적으로 용인되지 않은 규범은 커뮤니티 내에서도 배제하는 것이다.

반대로 특정 규범을 장려하는 경우도 있다. 클리앙은 '모두의 공원'이라는 자유게시판이 활성화되어 있다. 새벽 시간을 제외하고 1분에 5~6개 글이 올라오는 곳으로 매우 활발한 공간이다. 글 종류에 따라 게시판이 구별되어 있지 않기 때문에 다양한 내용이 같은 공간에 올라온다. IT커뮤니티 특성상 특정 스마트폰 애호가들이 모여 있는데, 신제품이 나올 때마다 갈등이 유발되는 사례가 적지 않았다. 이에 다양성을 가장 중요한 가치로 두고, 근거 없는 추측성 비난, 양비론적 비판, 과도한 일반화, 인신공격, 비아냥, 타 사이트 비난, 회원 비난 등 모든 형태의 비난을 지양하는 분위기가 형성되었고, 공식적 제약에 반영하였다(2010년). 그 해 7월, 다시 한 번 다양성을 존중하고 이를 위배하는 것은 이용자 비하로 간주한다는 글을 운영진이 게시하였다. 이처럼 수용되는 행위 규범은 커뮤니티 특성에 따라 달라진다.

5. 온라인 커뮤니티 집단행동의 특징

〈표 5-13〉과 같이 온라인 커뮤니티의 집단행동은 크게 서명운동,

| 표 5-13 | 온라인 커뮤니티의 집단행동 사례[23]

유형	대상	커뮤니티
서명운동	포털 사이트	이종격투기
항의 글		MLB PARK
자진 탈퇴	운영진	중고나라, 여성시대
대체 사이트 개설		소울드레서, SLR클럽
집단반발	타 이용자	사커라인

항의 글, 자진 탈퇴, 대체 사이트 개설과 집단반발로 구분할 수 있다.

1) 서명운동

이종격투기는 2003년 설립된 국내 최대 격투기 관련 커뮤니티이다. 오랜 시간 운영자가 활동을 전혀 하지 않은 채 방치되었지만, 이용자의 가입은 끊이지 않았다. 정회원 신청을 위한 등업 게시판은 점점 일반 게시판으로 변화하였고, 급기야 몇 년 동안 운영자 활동이 없자 다음 측에서 카페 블라인드(Blind) 제도**24**를 시행하였다. 이에 이종격투기 이용자들은 다음 아고라에서 이종격투기 폐쇄를 막아달라는 서명운동을 벌였고, 다음에서 블라인드를 철회하였다(2010년). 서명운동까지 진행되는 동안에도 이용자들은 다음에 문의를 넣어 운영자를 바꿀 수 있는지 문의했고, 3개월마다 접속 기록은 있어 불가능하다는 답변을 받는 등 커뮤니티를 지키기 위해 많은 노력을 기울였다. 결국 운영자가 돌아왔고(2011년), 현재 정상 운영 중이다. 이종격투기 이용자들이 보여준 '커뮤니티를 지키기 위한' 서명운동은 가장 능동적인 집단행동이자 포털 사이트를 대상으로 했다는 점에서 의의가 있다.

이종격투기 서명운동과 같이 커뮤니티를 지키기 위한 노력은 실제 집단행동에서 드문 편이다. 대부분 집단행동은 커뮤니티에 반발하기 위한 목적으로 진행된다. 이는 이용자들이 활동하는 커뮤니티에 항상 우호적이지 않으며, 언제든지 이탈할 수 있는 가능성이 있음을 보여준다.

2) 항의 글

MLB PARK는 공식적 제약을 위반한 경우 DL처리[25]를 하며, 이것이 4회 누적되었을 경우 강퇴시키는 시스템을 운영한다. 정치적 분란은 MLB PARK에서는 공식적 제약에 포함되는 행위로, 한 이용자가 정치적 분란을 일으켜 영구DL처리를 받았다. 하지만 운영자가 이 이용자의 영구DL을 어떠한 공지 없이 철회한 사실이 알려지면서 다른 이용자들이 즉각적으로 반박하기 시작하였다. MLB PARK에서 DL처리는 다른 이용자의 '신고'로 이루어지기 때문에 운영자의 독단적인 행동은 이용자들의 의견을 묵살한 것처럼 인식되었고, 이용자들은 운영자의 정치적 성향과 일치하는 이용자라 편의를 봐줬다고 주장하였다.

MLB PARK는 정치적으로 중도·진보적 이용자들이 많은데, 사이트 운영은 보수 성향인 동아일보가 맡으면서 벌어진 해프닝으로 해석하는 의견도 제기되었다. 소규모였지만, 자진 탈퇴 분위기도 감지되는 등 더 큰 집단행동으로 발전할 조짐도 보였다. 처음에는 항의 글(http://goo.gl/3pL93j)로 시작하였지만, 조회 수 19,000여 회, 추천 수 200회를 기록하면서 이용자들의 지지를 얻고, 이 논란은 현재진행형이다(2015년 5월). MLB PARK 이용자들의 집단행동은 영구DL 처리를 받은 이용자를 독단적으로 해제한 것과 해제 이유를 납득할 수 없다는 점에서 시작되었다. 적절하지 않은 운영자의 해명은 더 큰 반발을 가져왔다.

3) 자진 탈퇴

중고나라는 자진 탈퇴라는 더 큰 반발을 맞은 적 있다. 이른바 '중고나라 로마법 사건'이다. 한 이용자가 마작용품 판매 글을 게시하였고, 사행성 물품 규정에 따라 이용 정지 제재를 받게 되었다. 이에 일부 이용자가 마작이 사행성 용품인지를 '문의'하자 담당 스태프가 질문한 이용자와 운영자에게 반박댓글 단 이용자 모두를 강퇴시켰다. 동시에 '정신병자', '당신이 스태프 해보라', '함부로 말을 뱉으면 그에 상응하는 댓가를 치른다' 등의 협박조로 그들을 대한 사실이 알려졌다.

이에 반발한 다른 이용자들이 담당 스태프의 '로마에 오면 로마법을 따르라'는 협박을 빌려 로마 관련 패러디 글을 기재하기 시작하였고, 무서운 속도로 항의 글이 올라왔다. 처음에는 해당 날짜 자유게시판 글 전부를 삭제하는 등 초강수를 두었지만, 결국 당일 20시경 담당 스태프의 사과문, 23시경 총운영자의 사과문이 올라왔다 (2014년 9월 5일). 이후 중고나라 자진 탈퇴와 '중고나라 진실 요구 카페' 개설 등 여러 가지 집단행동이 나타났다.

워낙 규모가 커서 뚜렷한 결과를 낳지는 않았지만, 중고나라가 네이버 카페 규정을 위반한 전력은 없는지, 실제로 회사가 운영해 얻는 순이익이 얼마인지 등을 찾는 움직임이 다른 커뮤니티에서 제기되었다. 네이버는 카페 운영규칙 제3조 8항 '특정 회사나 개인의 이익만을 위한 내용 게재 목적'으로 카페 개설하는 것을 금지한다. 중고나라에 반대하는 이용자들은 중고나라가 법인이 운영하는 엄연한 회사이기 때문에 이 조항을 위반했다고 문제를 제기하였다.

여성시대 역시 이용자들의 자진 탈퇴를 겪었다. 운영자들이 관리 비용 등의 이유로 광고 글을 링크하는 게시판을 신설한다고 밝혔고 이에 많은 이용자가 반발하면서 자진 탈퇴가 이루어졌다. 운영자는 '모태 운영으로 자만했다'는 사과 글을 게시하였지만, 다음 아고라에 '상업화 반대' 청원을 진행하는 움직임까지 이어졌다(2008년).

4) 대체 사이트 개설

운영진의 태도에 실망하여 아예 다른 사이트를 개설한 경우도 있다. 소울드레서는 이렇게 탄생한 대표적인 커뮤니티이다. 다음 카페 '베스트드레서' 운영자가 이용자에게 고지하지 않고 협찬금을 받은 것이 알려지면서 이에 항의하는 이용자들을 운영자가 모두 강퇴시키는 사건이 발생했다. 강퇴된 이용자들은 2008년 2월 소울드레서를 만들었고, 현재 소울드레서는 베스트드레서보다 규모와 콘텐츠 면에서 월등한 커뮤니티가 되었다.

카메라 리뷰 사이트로 매우 유명한 SLR클럽은 10년이 넘는 기간 동안 운영되어 고정 이용자가 많은 충성도 높은 사이트이다. 그러나 여성시대의 소모임이 1년 이상 SLR클럽 소모임에서 활동하며, 매우 과도한 음란물을 기재한 사실이 드러나자[26] 이를 묵과한 운영진에게 반발이 일어났다(2015년 5월).

반발 이유는 처음부터 음란 게시물을 올리기 위해 소모임 개설 신청을 한 점, 자유게시판과 달리 음란·선정성에 대한 제재가 부과되지 않은 점, 1년 넘는 오랜 시간 동안 이를 간과한 점 등이었다. 또한 운영 태도를 고발하거나 조롱하는 글이 모두 삭제 처리되자 이용자들의 반발은 더욱 거세졌다. 이용자들은 SLR클럽을 '망한 사이트'라 일컬으며 자유게시판을 '도배'했고, 집단으로 다른 사이트를 이용하기를 권유하였다. 실제로 XLR클럽이라는 사이트가 개설되면서(2015년 5월) '엑소더스'는 현실이 되었다. SLR클럽 자유게시판에 한 이용자가 장난스럽게 'XLR클럽이라도 만들어야 하는 거 아니냐'란 글을 게시하였고, 인터넷 서버 관련 업계에서 일하는 이용자가 실제로 대체 사이트를 만들어 XLR클럽이란 이름을 붙였다(http://www. xlrclub.com). XLR 관리자는 처음에는 회사 서버를 이용하였으며, 향후 이용자들이 도와줄 것이라 믿고 사이트를 개설했다고 공지사항에 덧붙였다(2015년 5월 13일).

SLR클럽 이용자들의 집단행동은 SLR클럽 내 소모임에 게시되어서는 안 되는 높은 수위의 글이, 타 사이트에 의해, 집단적으로 오랜 기간 동안 게시되어온 데 대한 반발로 시작되었다. 하지만 이 과정에서 과거 제재를 풀기 위한 조건으로 이용자에게 반성문을 요구한 사실이 드러나며 과도한 운영이라는 비판을 샀고, 운영진의 해명이 적절하지 않자 이용자들의 반발은 심화되었다. 결국 많은 이용자가 뿜뿌나 오늘의 유머, XLR클럽 등으로 이동하는 집단행동을 보였다. XLR클럽과 같은 대체 사이트 개설은 가장 강도 높은 집단행동이다. 자진 탈퇴는 개인적으로 다른 온라인 커뮤니티를 이용하는 정도에 그치지만, 대체 사이트는 기존 이용자들을 모두 이동시킨다는 목적을 갖고 시작하기 때문이다. 이는 공식적 제약에서 가장 문제가 되는 항목인 커뮤니티 분란 이상으로 기존 이용자가 커뮤니티 와해의 주체가 된다는 점에서 커뮤니티에 매우 큰 충격을 준다.

집단행동은 타 이용자에게 대항하기 위해 일어나는 경우도 있다. 축구 사이트인 사커라인은 규모에 비해 주기적으로 활동하는 이용자가 많지 않은 편이었는데, 오프라인 만남까지 이어지면서 매우 친밀한 관계로 발전하게 되었다(20~30명 추정). 시간이 지나면서 사커라인 자유게시판('라커룸')을 마치 친목 게시판처럼 이용하자 타 이용자들은 이에 대항할 움직임을 모색하기 시작했다. 하지만 친목관계 이용자들은 역으로 반발하였고, 새벽시간을 틈타 자신들 모두가 페이스북에서 외국인 '아만다'와 친구를 맺고 있다는 점에 착안, '아만다 좋아요'로 게시판을 도배하였다. 이후 '그레이스 좋아요' 사건을 한 번 더 일으키자, 타 이용자들은 이들을 결국 강제로 쫓아냈다(2010년). 이후 '친목은 커뮤니티가 망하는 지름길'이라는 의식이 더욱 강해졌으며, 여전히 사커라인 내 친목은 배제되고 있다.

5) 일반 집단행동과 온라인 커뮤니티 집단행동의 차이

온라인 커뮤니티와 관련하여 집단행동은 주로 사회운동과 오프라인 정치 행동이 연구되었다. 2002년 '노사모', '창사랑', '박사모' 등 정치 활동부터 '이동통신 요금 반대 인상 운동' 등 소비자 운동까지 자발적 결사체나 공동체 형성에 용이한 점을 주목하였다(송경재 2005; 김용철·윤성이 2005; 김예란 2010; 박창문 2011). 혹은 '네트에서 발생하는 사회문제를 해결하기 위해 네트를 활용하는' 네트워크 사회운동이 주목받았다(백욱인 2013). 이렇듯 온라인 커뮤니티의 집단행동은 심리적 욕구, 도구적 욕구, 사회적 욕구 등 세 가지 욕구가 응집되어 현실에서 보다 쉽게 조직화되는 특징이 있다(조희정 2010).

또한 이용자들이 불이익을 당했다고 생각할 경우 벌이는 집단행동도 있다. 일부 네티즌을 초상권 침해와 명예훼손으로 고소한 회사에 대항한 사건('SM대첩' 2003년)[27]은 직접적 대항을 보여주었으며, 남양유업 불매사건(2013년)은 직접 피해자가 아닌 네티즌들이 집단행동 움직임을 보였다. 하지만 이런 집단행동 역시 이용자가 피해 대상이다. 즉, 목적이 있다는 점에서 사회·정치 운동과 유사하다.

기존 집단행동 이론이나 연구된 온라인 집단행동과 달리, 제5장에서 다룬 비공식적 제약으로서의 집단행동은 경제적 이익, 비용 문제, 사회·정치 운동과 관련이 적다. 집단행동을 통해 이용자들이 얻는 이익은 '커뮤니티의 존속'이다. 집단행동의 대상이 포털 사이트이거나 운영진이었으며, 사커라인의 사례도 자신이 활동하는 커뮤니티를 지키기 위한 집단행동으로 해석할 수 있다. 즉, 내적 행위 기준과 관련된 비공식적 제약의 집단행동은 경제적 이익으로는 환산할 수 없는 문제이다.

또한 규모와 종류의 문제도 관련이 적었다. 대규모 집단에서도 집단행동은 일어났으며, 소규모 커뮤니티의 집단행동이 항상 성공적인 것은 아니었다. 집단행동 목적으로 만든 커뮤니티가 아니기 때문에 커뮤니티 종류 역시 내적 행위 기준을 설명할 수 있는 근거는 아니었다.

따라서 이용자들이 보여준 집단행동은 '커뮤니티 보호와 존속'이라는 내적 행위 기준을 공유하고 있다고 해석할 수 있다. 이는 또다른 의미에서 이용자들의 공공재이다. 이용자들이 장기적으로 협력의 가능성을 인정하고 공공재 보존을 위해 협력한다(송경재 2005b)는 논의는 커뮤니티 존속을 공공재로서 해석할 수 있는 근거를 제공한다. 특이한 점은 온라인 커뮤니티가 이합집산이 자유로운 이동성과 약한 연대감(weak tie)을 갖고 있다는 기존 연구와 상반된다는 사실이다. 익명성과 이동의 자유로움 때문에 탈퇴하더라도 다른 이용자가 알지 못하는(조희정 2010) 것이 기본적인 온라인 커뮤니티의 속성이지만, 이용자들은 자발적으로 커뮤니티 존속을 위한 집단행동에 나섰다. 온라인 커뮤니티의 내적 행위 기준 역시 관습, 이데올로기와 비슷한 성격을 갖고 있음을 알 수 있다.

6. 온라인 커뮤니티의 갈등

1) 안티 커뮤니티

연예인, 정치인, 스포츠선수, 유명인, 언론사, 조직, 기업, 자동차, 학교, 종교, 선생님, 친구 심지어 부모에 이르기까지 우리나라에는 수많은 안티 커뮤니티가 있다. 국내에서는 일반적으로 '안티 카페'라고 부르지만 외국에서는 석스 사이트(sucks site), 패러디 사이트

(parody site), 바이트 사이트(bite site) 등의 여러 이름으로 불리고 있다 (윤태일·심재철 2003 : 449).

일반적인 반대 의사와 항의 표현의 안티 카페부터 안티의 안티 카페에 이르기까지 그 형태 또한 다양하다. 특정 개인의 비리, 기업의 부실 대응, 사건에 대한 진상조사, 부실시공에 대한 비난, 결함 있는 자동차의 리콜(recall) 운동부터 초등학생 사이의 동급생 안티 카페까지 개설되고 있는 상황이다(2012년 통계에서는 안티 카페 개설자의 71%가 초등학생이라는 발표도 있었다. 〈안티 카페 개설자 71%는 초등학생〉,《서울경제신문》 2012년 4월 2일자).

사회적으로 의미 있는 대중의 신속한 반응을 파악할 수 있으며, 똑똑한 소비자 운동의 전형을 제시한다는 점에서 안티 카페는 비판적인 여론 제시 및 가장 효과적인 의제설정수단이라는 순기능을 한다. 살아 있는 대중의 관심을 표현하는 방법이라고 평가할 수도 있을 것이다. 반면, 무책임하고 감정적이며 순간적인 마녀사냥에 불과하다는 비판에서 자유롭지 못한 것 또한 현실이다.

사회적으로 안티 운동이 확산된 것은 2000년대 초부터이며 안티 활동의 전성기도 2001년과 2002년이라고 평가된다. 안티 닉스의 허위 공모에 대한 소비자 항의와 불매운동(1999년, 1999년 의류업체 닉스사는 1등 3억 원의 도메인 네임 공모전을 개최하였다. 그러나 수상작으로 선정된 ifree.com을 회사 관련자로 채택했다는 조작 의혹이 제기되었다), **안티 포스코**(포항제철의 삼미 특수강 고용승계 거부 사건에 대한 논란), **안티 메디칼**(병원에서 부당한 대우를 받은 사람들의 모임), 안티 수능인프레이션, 안티 몰카, 안티 미스코리아,

안티 미군(미군 장갑차에 의한 여중생 사고에 대한 항의), 안티 조선 운동을 통한 언론 개혁 이슈(2000년) 등이 비교적 규모가 큰 안티 카페로 주목받았으며, 2000년 6월 말에는 국내의 한 아파트 업체가 비방 글을 게재한 안티 사이트 운영자에 대해 비방 금지 가처분 신청을 법원에 제출하면서 안티 운동이 법정 공방으로 비화되기도 하였다(김종길 2003 : 153). 당시 재판부는 삼성아파트를 비난하는 주장을 담은 홈페이지(http://psalter_77.tripod.com)의 게시물을 삭제해달라며 ㈜삼성물산이 홈페이지 운영자를 상대로 낸 비방 등 금지 가처분신청을 기각하면서 판결을 통해 "홈페이지에 대기업의 영업활동에 대한 문제점을 지적하는 글을 올려 네티즌 사이에 자유로운 토론의 장을 여는 것을 무조건 금지할 수 없다"며 인터넷 표현의 자유를 근거로 안티 사이트를 법적으로 규제하지 않았다(〈안티 사이트 위법 아니다〉,《연합뉴스》2000년 6월 28일자).

초창기에는 상대적인 약자나 피해자들이 인물, 상품, 종교, 기업, 단체, 국가 등을 상대로 자신들의 주장을 관철하거나 피해를 보상받기 위한 자구형 안티 사이트가 성행했다면, 안티 담론이 확산된 이후에는 특정 대상의 모순을 바로 잡고 이를 전향적으로 발전시키려는 사회운동 차원의 안티 사이트도 생겨났다(김종길 2003 : 154). 한편, 유사 목적의 안티 사이트끼리 결합하거나 사회운동이 아닌 '타진요(타블로에게 진실을 요구합니다)'나 '티진요(티아라에게 진실을 요구합니다)'와 같은 진실 규명을 요구하는 안티로 분화되는 경향이 동시에 나타나기도 했다.

티진요 사태의 전개는 2012년 7월, 티아라 멤버 화영의 소속사 탈퇴에 대한 네티즌들의 비난에서 시작되었다. 7월 13일, '오늘의 유머(이하 오유)'의 베스트 오브 베스트 게시판에는 티아라 사태를 군대에 비유한 글(http://goo.gl/tZtKH)이 게시되었는데 이 글을 통해 남성 네티즌들은 티아라 사태에 대해 정확히 파악하게 되었고, 이후 티진요 회원들이 급격히 늘어났다. 이 카페 회원은 팬 카페 회원 2만 명보다 15배가 많은 30만 명으로 늘어났다.

그러나 알려진 것과 달리 티아라 소속사 앞에서 벌어진 시위의 주최자는 오유였다. 현장 시위를 주도한 티진요 운영자 '아르빛'의 행동이 일관되지 않았다는 사실에서 갈등이 촉발되어 급기야는 티진요에 대한 의심이 확산되었다. 너무 단시간에 회원 수가 급증했고 티아라 소속사에 대해 지나치게 호의적인 태도를 보인다는 것 또한 의심을 증폭시켰다. 결국 오유는 티진요와의 협력 관계를 자체적으로 끝내고 티진요가 실행에 옮기지 않은 현장 시위를 이용자들의 자발적인 1인 시위를 통해 이끌어냈다.

김종길은 안티 카페의 형태를 문제 제기형—문제 해결형, 단방향형—쌍방향 대화형으로 구분했는데(김종길 2003), 사회적으로 순기능을 하고 유의미한 안티 카페 유형은 쌍방향 대화를 통한 문제 해결형 안티 카페일 것이다. 즉, 개인의 독백에 의한 비난에 머물기보다는 사회공론화를 통한 제도 개선이 다수에게 공익을 가져다줄 수 있다면 안티 카페의 성공적인 목적 달성이라고 볼 수 있을 것이다. 또한 시민들의 민주적인 역감시 운동, 청소년의 사회운동, 대안적인 미디어운동 활성화 측면에서 안티 카페의 사회적 기여를 평가할 수도 있다.

2) 상업성 갈등[28]

대규모 사이트를 운영하려면 돈이 든다. 안정적인 서버 관리 및 유지, 운영자 인건비 등이 필요하다. 대부분 대규모 커뮤니티 사이트는 광고 배너를 넣어 비용을 충당하고 있다. 광고주 입장에서는 매일 몇 만에서 몇 십만 명이 고정적으로 드나드는 커뮤니티 사이트는 매력적인 공간이다. 그러니 대규모 사이트는 돈에 관한 잡음이 충분히 나올 수 있는 환경이다.

다음의 대표적 여성 커뮤니티 카페 '여성시대'는 상업화로 내홍을 겪었다. 카페 운영자들이 관리 비용 등의 이유로 광고 글을 링크하는 게시판 신설을 선언하자, 상당수 회원들이 이탈하고 이 과정에서 일부 회원들은 등급 강등 조치가 이뤄졌다. 운영자는 "모태 운영으로 자만했다"며 사과 글을 올렸으나, 다음 아고라에는 여성시대 회원들이 올린 '상업화 반대' 청원이 게시되었다. 이어 2008년 2월에는 베스트드레서 운영자가 회원에게 알리지 않고 협찬금을 받아 문제가 되었는데, 이에 항의하는 회원을 모두 강퇴시켰고, 쫓겨난 회원들이 소울드레서 카페를 만드는 사태가 발생했다.

2008년 화장품 정보공유 카페 '닥터 윤주의 화장품 나라(http://cafe.daum.net/cosmetic1, 이후 닥터 윤주로 개칭, 2001년 개설)'에서 운영자가 돈을 받고 카페를 이벤트 공간으로 활용한 '닥터윤주' 사건은 화장품 칼럼니스트인 운영자 강윤주('닥터 윤주') 씨가 화장품 업체로부터 회당 50만 원의 돈을 받고 해당 업체 제품의 품평 테스트를 한 사실이 밝혀지면서 논란이 되었다. 또한 2008년 1월에는 프랑스 랑콤 본사 초청으로 파리를 방문하여 랑콤 모델을 인터뷰하고 랑콤의 R&D센터를 둘러보고 파리 관광을 즐겼다. 그 과정에서 벤츠 리무진을 타고 최고급 레스토랑을 순례하며 식사하고 랑콤 측으로부터 선물세트를 받고 귀국하였다.

이에 대한 진위 공방이 일어나자 강윤주 씨는 내용을 인정하여 2008년 5월부터 1,600만 원을 받았다고 시인했다(시인은 했지만 정식 공지가 이루어지지 않아 회원들의 불만은 더 높아졌다). 그러나 회원들은 강 씨가 '카페 운영에 필요한 협찬이나 제3자 마케팅 대행, 제3자가 홍보할

|그림 5-2| 닥터 윤주의 다음 카페와 항의 회원들이 만든 카페 '화장품 나라'

*자료: 〈닥터 윤주 사건의 진실을 알고 싶다〉, 《시사IN》 2008년 11월 24일자

수 있는 기회를 제공하는 경우에는 회원들에게 해당 사실을 알려야 한다(제11조 1~4)'라는 다음 카페 규정을 어겼다고 주장했다. 또한 사업자등록을 한 강 씨에게 세금 납부 내역을 공개하라고 요구했다. 세금 납부 내역을 통해 카페 수입을 역산출하겠다는 것이었다. 카페에서 화장품을 공동구매할 경우 이익금이 발생하는데 이익금 규모와 그것의 사용 내역을 공개하라는 요구도 나왔다. 공동구매 가격이 높게 책정된 것도 운영자가 이익을 남기기 위한 것이 아니었냐는 의혹도 제기되었다(〈닥터 윤주 사건의 진실을 알고 싶다〉,《시사IN》 2008년 11월 24일자). 회원들이 운영자에게 돈의 성격과 사용처 해명 등을 요구하며 비판했지만 운영자는 도리어 비판하는 회원들을 고소하겠다며 '악플을 쓴다'는 이유로 강퇴시켰고, 회원들은 카페 외부에서 6천 명 정도가 참여하여 대책회의 카페(http://cafe.daum.net/cosmetic-world)를 신설하여 법적 대응에 이르렀다.

당시만 해도 16만 명의 회원이 활동하던 큰 규모의 커뮤니티에서 이러한 논란이 발생한 것은 처음으로, 사회적으로 큰 주목을 받았다. 이처럼 카페 운영자가 돈을 받고 광고성 게시물을 작성한다는 시비도 종종 발생했다.

그러나 대부분의 커뮤니티에서 상업화는 파국을 맞는 경우가 많다. 장덕진(장덕진·배영 2006)은 "사회적 상호관계가 아니라 일방적 정보 주입의 의사소통으로 변질되면 이용자들이 알아서 떠나고, 자정작용이 일어난다"고 말했다. 이길호(2014)도 "디시인사이드에서 김유식 대표가 탈세 혐의로 수감되는 등 위기가 일자 '광고 배너 눌러주기' 운동을 했는데, 역설적으로 이는 평소에 거의 광고 배너를 누르지 않는다는 것을 뜻한다. 이용자에게 커뮤니티 내 광고는 최소한의 유지를 위한 수단 정도"라고 말했다(〈디시, 촛불, 좌좀·우꼴… 정보 교류에서 이념 논쟁의 장으로 분화〉,《경향신문》 2012년 9월 7일자).

3) 카페 매매 및 양도

2007년 네이버의 한 카페에서는 '카페 매매' 사건이 발생하였다. 이 카페 운영자는 돈을 받고 자신이 관리하고 있는 카페를 쇼핑몰로 통째로 바꾸려는 업자에게 팔려다가 회원들에게 적발됐다. 2013년 1월에는 회원 수 4만여 명의 카페 '인생길 따라 도보여행'(다음 카페)에서 운영자가 경비 결산서를 거짓으로 작성했다는 회계 부정 논란에 휘말리면서 문제 제기 회원을 강제 탈퇴 및 강등시켰다. 여전히 문제가 해결되지 않자 운영자는 친분이 있는 다른 사람에게 운영자를 넘기겠다고 공지하고, 두 차례 총회에서 회원의 60%가 반대하는데도 밀어붙였다. 이에 항의하는 회원들은 운영자가 정당한 절차를 밟지 않은 만큼 이양받은 새로운 운영자의 집무집행을 중지시켜 달라고 서울 중앙지법에 가처분 신청을 냈고, 재판부는 "인터넷 카페 역시 조직을 갖춘 하나의 단체로 보아야 한다. 회칙에서 정한 운영자 과반수의 추대, 총회 투표 참가자 과반수의 찬성을 받아야 한다는 조건을 충족하지 못한 채 선임된 카페지기의 직무는 정지해야 한다"고 하였고, 반대 회원을 강퇴시킨 것 역시 무효라고 판단하면서 카페 회원들이 추천한 다른 회원을 운영자 직무 대행자로 선임했다(〈인터넷 카페 양도, 회원 강제 탈퇴… 카페지기라도 마음대로 할 수 없어〉,《조선일보》2013년 1월 8일자).

포털의 커뮤니티나 동호회 약관에서는 카페 자체를 매매할 경우 사이트에 가입한 회원의 개인정보 무단 유출 문제가 있기 때문에 매매가 허용되지 않지만, 커뮤니티를 개설하여 회원을 모으고 규모를 키운 후 이를 판매하는 전문가가 있다는 의혹이 커진 지 오래이다. 실제로 시대 변화와 유행에 따라 커뮤니티 활동이 저조해진 경우, 카페 매매가 심심찮게 벌어진다. 한 예로, 스마트폰 보급 등으로 퇴조한 회원 수 50만 명 이상의 PDA카페나 친목 동아리 등이 카페 이름과 메뉴만 변경되어 운영되는 경우도 있다.

4) 사기와 불법 행위

상품을 직거래하는 카페에서는 사기 사건이 많이 발생한다. 구입물품 상자 속에 벽돌이 들어 있었다거나 공동구매 비용을 가지고 잠적하는 행위 또는 불법 거래 물품을 암암리에 판매하거나 미성년자에게 허용되지 않는 물품을 파는 행위, 커뮤니티를 가장한 도박 사이트 운영 등이 그것이다.

한편, 팬클럽의 경우에는 '티아라 조공 먹튀 사건'이 유명한데, 2010년 8월 티아라 팬 카페 시트린(http://cafe.daum.net/skydancedye)의 대표 운영자가 실종된 사건으로 당시 26,000명 회원의 거대 규모 사이트였던 시트린의 운영자는 사라지고 회원 대다수는 돌연 강제 탈퇴당하고 카페는 비공개로 전환되는 사건이 발생하였다. 동시에

1년간 회원들로부터 모은 1,000만 원도 사라졌는데 운영자를 찾을 수 없는 대표적인 사기 사건이었다(이민희 2013 : 44~45).

이 책에서는 PC통신 시대부터 현재까지 30여 년간 변화와 발전을 경험한 온라인 커뮤니티의 역사를 개괄하고, 대표적인 세 커뮤니티의 사례 분석을 통해 커뮤니티 문화와 참여 양태를 분석하였다. 또한 온라인 커뮤니티 이용자들의 활동 이면에서 작동하는 제도를 분석하여 오프라인의 제도와 다른 온라인 커뮤니티의 독창적인 운영 방식을 이해하고자 하였다.

이제 이 책을 마무리하면서 온라인 커뮤니티가 우리 사회에 어떤 기여를 했는가에 대해 정리해볼 시간이 되었다. 맺음말에서는 온라인 커뮤니티의 기여 내용을 사회·문화·정치 면에서 정리한다. 또한 연결 다양화 시대에 커뮤니티의 구성 요소인 공간·행위자·관계를 중심으로 환경 변화가 나타나고 있으며 이에 적절하게 대응하기 위해서는 온라인 커뮤니티의 해결 과제가 산적해 있음을 지적하고자 한다.

1. 온라인 커뮤니티의 기여

1) 사회적 기여

첫째, 우리 사회에서 온라인 커뮤니티는 집단행동의 기반이 되고 있다. 40만 명 이상의 회원 수를 보유한 온라인 커뮤니티가 포털에만 120여 개이고, 그 중에 100만 명 이상 회원 수를 보유한 초대형 온라인 커뮤니티는 30여 개에 이른다. 이는 어떤 정당이나 시민단체와 견주어도 결코 밀리지 않는 규모이다. 따라서 정치의제이든 새로운 아이디어이든 집단의 힘이 필요하다면 온라인 커뮤니티는 막강한 파워를 제공해줄 수 있다.

둘째, 온라인 커뮤니티는 소수 혹은 롱테일의 집단행동의 공간이자 연령·성별·직업 별로 다양한 이용자층으로 확대되고 있다. 현실 세계에서 흩어져 있는 힘없는 개인은 온라인 커뮤니티에서 관심사나 취향이 같은 동료를 만나 사회적 권능(empowerment)을 확장할 수 있게 되었다.

셋째, 온라인 커뮤니티는 여성의 사회 참여 기회의 공간으로 작동하고 있다. 초기의 여성성 주제뿐만 아니라 일정 공간에서 여성의 활동 범위가 확장되면서 그 주체가 젊은 여성 대학생뿐만 아니라 주부(육아)로 확대되었고, 그에 따라 생활 이슈 및 소비자 운동의 활력이 늘어났다.

결과적으로 온라인 커뮤니티의 사회적 기여는 사회적 활력을 제공하고 사회의 이슈를 발굴하며, 정보 유통에 적극적으로 참여하는 방식으로 전개되고 있다. 많은 사람들이 상시적으로 모여 경험을 공유하고 정보를 확산시키며 뜻있는 활동에 에너지를 결집시키면서 사회 변화의 핵심 요인으로 부상하고 있는 것이다.

2) 문화적 기여 : 하위문화(Sub-Culture)와 문화 다양성

하위문화는 한 사회의 주류 문화에 속하지 않고 그 주변부에 머물러 있는 문화로, 주류문화에 대한 대항적 의미와 기성세대가 가지고 있던 전통적 가치관에 대한 저항적 의미를 내포한다. 2차 세계 대전 후 영국 사회의 청년문화로 등장한 하위문화의 대표적인 예로는, 히피문화와 힙합문화 등을 들 수 있다.

그러나 이러한 하위문화 개념은 사회 구조에서 파생된 이분법적 문화구조에 근거한 것으로 고급문화/하위문화, 주류문화/비주류문화, 지배문화/피지배문화의 문화 권력에 의거하여 중심과 주변, 혹은 주종적 관계에서 벗어나지 못한다는 비판을 받았다(배현주 2012 : 201). 즉, 더 나은 문화가 있고, 그보다 못한 문화가 있다는 식의 '줄세우기식' 사고에서 벗어나지 못하고 편협하게 하위문화를 평가하고 있다는 것이다.

그러나 이후, 하위문화 개념은 문화적·정치적 조건에 따라 가변적인 의미로 분화되었다. 하위문화 연구는 한 사회 내에 하위적으로 존재하는 다양한 문화 양식을 고찰하고 그 정치성을 평가한다. 하위문화는 대중매체와 대중문화가 중요한 사회적 제도로 권능을 떨치고 있음에 착안한 버밍엄학파 그리고 그 이후의 미국 문화연구 등에서 주로 이루어졌으며, 주로 미디어 수용자의 문화적 수용 그리고 미디어가 매개하는 사회적 관계 그리고 수용으로 인해 발생할 수 있는 정체성 등에 관심을 가진다. 사이버펑크와 같은 반(反)문화와 언더문화, 사회 비판과 컴퓨터 전문가 집단의 정보 민주주의와 같은 비판적 대중의 등장으로 인해 하위문화 연구가 활발해졌으며, 스타를 추종하는 팬덤 역시 하위문화의 중요한 연구 대상이다(김현정·원용진 2002 : 257).

그러나 하위문화를 기존 문화의 하위 영역으로 치부하고 별개의 영역으로 구분 짓기보다는 좀 더 적극적인 해석을 할 필요가 있다. 즉, 그로스버그(L. Grossberg)의 지적처럼 '특정하게 구성되는 어떤 문화로서의 문화 구성체'로 파악하는 것이다. 문화 구성체는 문화적 관행, 효과, 사회 집단을 배분하고 위치 지우며 연결시키는 선을 그려주는 역할을 하는데 문화 구성체 논의는 문화의 본질보다는 문화적 실천 효과에 관심을 갖는다(김현정·원용진 2002 : 261~262). 이러한 시각의 연장선상에서 하위문화를 어떤 사회의 전체적인 문화에 존재하며, 그만의 독특한 정체성을 지니고 있는 부분 문화라고 거시적으로 봐야 한다는 시각은 과거의 '저항'으로 대변되는 문화가 아니라 '독특한 정체성'으로 구분되는 문화 개념으로 변화한다(배현주 2012 : 201).

첫째, 온라인 커뮤니티에 있어서는 PC통신 동호회를 통해 하위문화의 원형이 형성되었다. 특히, 음악 분야의 활동이 활발하게 이루어졌는데 블렉스(하이텔, 힙합, 출신 가수: 가리온), SNP(나우누리, 출신 가수: 버벌 전트, 휘성), 메탈체인(나우누리, 출신 가수: 오지은, 김윤아), 모소모(하이텔, 모던락 소모임, 출신 그룹: 델리스파이스, 언니네이발관)와 같은 동호회에서는 회원끼리 데모 테이프를 만들어 공유하며 활동하였고 현재 현업 뮤지션으로 활동하는 이들도 당시 음악 동호회의 운영자나 회원이었다(〈굿

바이, PC통신… "우린 신인류였어"〉, 《프레시안》 2013년 2월 10일자).

즉, 제도문화에 의해 키워진 가수, 정규음반 발매로 데뷔하는 하향식 방식으로 등장한 뮤지션이 아니라 취미 공유 커뮤니티 스스로 음악 커뮤니티를 형성하고 인기를 얻어가는 자생적 방식이 가능하게 되었다. 현재는 온라인 커뮤니티뿐만 아니라 아프리카(Afreeca)TV와 같은 개인 방송, 유튜브의 동영상과 같은 채널로도 뮤지션이 인기를 끌어 문화 생산의 채널이 다양화되고 있다.

둘째, 온라인 커뮤니티에서는 음악 분야뿐만 아니라 다양한 문화 활동도 활발히 전개되었다. 이른바 '첫 취향의 형성기(〈굿바이, PC통신… "우린 신인류였어"〉, 《프레시안》 2013년 2월 10일자)'라고 할 수 있는 PC통신 시대에 컴퓨터 동호회 '다솜(하이텔)'은 컴퓨터 용어 한글화에 큰 역할을 하였고, 하드웨어 운영체제 동호회 'OSC(하이텔)'는 전자제품 평가와 공동구매라는 문화를 탄생시켰으며, OSC 게시판에서 시작한 디시인사이드는 폐인문화의 본거지가 되었다. 게임오락 동호회(게오동, 하이텔)는 국내 온라인 게임 탄생의 토대를 만들었다.

즉, 상업적으로 재단된 수요와 공급, 수요자와 공급자의 구도가 아니라 온라인 커뮤니티에서는 취향 공유가 능동적인 문화 소비로 이어져 제도적인 시장에서 등장하지 않는 소비자군을 형성하였다. 현재는 온라인 공간에서 제품 평가를 읽고 제품을 구매한다거나 좀 더 저렴하게 구매하기 위한 구매 방식을 사용하는 것이 일반적이지만, 온라인 커뮤니티는 그 방식을 최초로 제안할 수 있는 공간을 제공했을 뿐만 아니라 그런 이용자들을 모이게 하고 묶어줌으로써 독특한 정체성 형성에 기여한 것이다.

셋째, 온라인 커뮤니티에서는 독특한 관심 공유 모임이 형성되었다. 2002년 백수 관련 카페가 500개[29]나 되었으며, 식충식물(http://cafe.daum.net/drosera, 벌레잡이식물 동호회), 라면천국(http://cafe.daum.net/ramyunheaven, 회원 58,375명), 건담 가라지(http://cafe.daum.net/gundamgarage, 프라모델), 2003년 귀신을 사랑하는 사람들의 모임인 귀사사모(http://cafe.daum.net/gostloveme, 현재는 '귀신과 영혼의 신비 카페')도 있었다. 이 커뮤니티에서는 다양한 귀신 사진을 공유하고 귀신 출몰 지역 정보를 공유하며 오프라인에서는 흉가 체험과 공동묘지 체험을 함께 하기도 했다. 즉, 온라인 공간 이전에는 단절되거나 숨어 있고 혹은 드러나지 않았던 많은 '별난' 취향이 온라인 커뮤니티를 계기로 가시화되고, 알려지고, 공유되며 정체성을 획득하게 되었다.

넷째, 문화 콘텐츠에 대한 몰입과 매니아문화(오덕문화), 비공식적인 전문가들의 활동 공간이 형성되었다. 디시에서 생산되고 있는 2,000여 개의 갤러리를 통해 알 수 있듯이 취향 활성화의 공간이 된 것이다. 이들은 단지 취향을 공유하는 것에만 머무는 것이 아니라 자신이 몰입하고 있는 정보에 대해 기존 전문가 이상의 전문성을 드러내며 활동하고 있다.

다섯째, 커뮤니티의 연결성이 극대화되면서 팬덤 형성의 장을 제공하고 있다. 이들 팬덤은 과거와 같은 단순한 오빠부대가 아니라 문화 권력의 새로운 세력으로서 자신이 숭배하는 스타의 사회적 기여를 위해 천문학적인 규모의 기부를 하기도 하고, 팬클럽에서의 조직 경험을 바탕으로 사회세력으로 활동하기도 한다.

즉, 온라인 커뮤니티는 우리 사회의 문화 다양성 발굴에 가장 창조적인 공간을 제공하고 있다고 볼 수 있다.

3) 정치적 기여 : 정치의 문화적 소비와 자유로운 참여

대부분의 온라인 커뮤니티는 강력한 정치적 성향이나 시민단체와 같은 결속력을 가지고 있다고 보기 어렵다. 그리고 초기의 PC통신 동호회가 20대에서 시작한 것처럼, 자유로운 표현의 권한을 매우 중요한 가치로 생각하고 있다. 이와 같은 기반 위에서 온라인 커뮤니티는 딱딱하고 지루한 정치적 이슈를 부드러운 문화 형태로 재구성하여 사회에 재전파하는 기능을 수행하였고, 그러한 문화적 콘텐츠들을 기반으로 사회 참여의 목소리를 내고 있다.

디시에서 만들어지는 수많은 합성사진과 패러디는 단지 외부자가 비루한 정치 현실을 조롱하는 것에서 끝나는 것이 아니다. 일상적으로 그러한 문화 콘텐츠들이 공감을 얻고 공유되고 웃으면서 몰입하게 되는 효과가 발생하는 것이다. 2008년 촛불집회뿐만 아니라 제도 개선, 법 개정, 사회공조운동, 문화운동 등은 모두 그러한 문화적 정서를 공유하는 온라인 커뮤니티들이 핵심적으로 주도하였다. '너 배운 여자인가'라는 말은 엘리트적 정서에 기반한 일부 여성들의 잘난척하는 구호가 아니라 '웃고 즐기는 당신은 정말 시민인가'라고 진지하게 되묻는 호소가 되었다. 내가 자주 들르는 커뮤니티에서 어려운 일이 발생하면 아무 대가를 바라지 않고 소식을 궁금해하고,

자발적으로 기부하고, 모금하고[30], 헌혈하고, 의견을 발산할 수 있게 되는 것이 이제까지의 온라인 커뮤니티가 해왔던 기능들이다.

현재까지 온라인 커뮤니티에서 많은 집단행동이 발생하였다. 가장 대표적인 촛불집회를 포함하여 여러 가지 제도 변화를 이끄는 데에도 온라인 커뮤니티는 주도적인 역할을 해왔다. 또한 온라인 커뮤니티 중심의 법 개정 요구, 제도 개선 요구, 모금과 헌혈 등 사회 공조 활동, 공동구매, 아나바다와 같은 대안운동 등도 활발하게 전개되었다. 온라인 커뮤니티는 수능 시험의 오답에 대한 문제 제기, 각종 문화적 이슈에 대한 의견 제시, 환자 회원 가족을 지원하기 위한 헌혈증 보내기 운동, 재난 지역의 자원봉사, 제도 변화를 위한 서명운동 등 온라인 커뮤니티에서의 사회 공조와 관여 활동을 통해 생활정치의 지평을 넓히는 적극적인 참여 활동을 전개하였다. 집단행동 주체로서 온라인 커뮤니티는 정치·경제·사회·문화 분야에서 활발하게 영향력을 확장해왔다. 즉, 유권자(정치), 소비자(경제), 사회 변화 주체(사회), 문화운동 세력(문화)으로서 사회 변화에 어떤 식으로든 영향을 미쳐왔다.

대중민주주의의 시대에는 시민단체나 정당 혹은 특정 언론사만이 오로지 의제 설정 기능을 해왔다면, 온라인 커뮤니티 시대에는 일상적으로 물 흐르듯이 자유롭게 정보를 공유하고, 때로 토론하고, 부담 없이 농담하고, 즐기던 사람들 누구나 의제를 제시할 수 있고, 호소할 수 있고, 전파할 수 있고, 사회참여를 할 수 있게 된 것이다. 이는 내가 방문하는 블로그, 트위터, 페이스북을 통해 하는 참여보다는 더 조직화되는 과정을 거치고, 오프라인 현실의 귀속집단이나 결사체에서의 참여보다는 상대적으로 개방적이고 자유로운 과정을 통해 가능하다.

2. 연결 다양화 시대, 온라인 커뮤니티의 미래

머리말에 정리한 것처럼 온라인 커뮤니티의 핵심 요소는 공간, 이용자, 관계이다. PC통신이나 인터넷 시대에는 이 세 가지 요소가 산업사회의 그것과 달랐고, 그랬기 때문에 혁신적이라고 평가되었다. 지역적 한계와 시간적 한계에 묶인 산업사회의 공간에 비해 온라인 공간에서는 시공간을 초월하여 전 세계가 연결될 수 있는 공간이 마련되었고, 공급자 우선인 산업화 시대에 비해 이용자 중심의 세계로 변화한 것이 온라인 시대의 가장 큰 특징이었다. 또한 산업사회처럼 수직적이고 정적인 관계가 아니라 연결성이 강하고 유동적인 관계의 특성을 보이는 것이 온라인 공간의 특징이었다.

그런데 이러한 분위기는 최근 5년 사이에 급격히 변화하고 있다. 즉, 2000년대 후반부터 소셜 미디어나 스마트폰의 보급이 확산되면서 공간·이용자·관계의 유동성이 급격히 증가하였고, 이제는 이용자 중심의 시대를 넘어서 개인 맞춤형 시대에 대한 요구가 더욱 늘어나고 있다. 즉, 인터넷 공간의 빠른 변화 속도만큼 공간·이용자·관계의 변화 속도가 가속도로 진행되고 있다고 해도 과언이 아니다. 환

맺음말

경이 이 정도로 급변하고 있다면 온라인 커뮤니티의 대응도 과거와 달라야 한다. 따라서 온라인 커뮤니티의 미래는 공간·이용자·관계의 속성 변화에 대한 정확한 파악에서 시작한다고 볼 수 있다.

1) 공간의 도전

온라인 커뮤니티는 2004년 싸이월드의 미니홈피, 블로그의 유행과 함께 이용도가 퇴조하였다. 〈표 1-4〉에 제시했듯이 2011년 이후로는 대형 온라인 커뮤니티가 줄어들고 있으며, 2012년부터는 온라인 커뮤니티 가입률도 하락하고 있는 상황이다. 이와 같은 현상은 2010년 트위터, 2012년 페이스북, 2013년 모바일 메신저, 카카오플러스, 밴드(BAND) 등으로 이어져 해당 시기의 유행 서비스에 의한 '서비스 대체 효과'가 나타나고 있다. 적어도 한시적인 유행 서비스에 의한 대체 효과보다 향후에는 누구나 사용하고 있는 스마트폰을 통한 온라인 커뮤니티 접속이 증가하면서 앞으로는 모바일 효과(mobile impact)가 그 어떤 환경 충격보다 강하게 영향을 미칠 것이다.

모바일을 통한 온라인 커뮤니티 접속 비율도 점차 크게 증가하고 있는 상황이다. 혹은 모바일+소셜 미디어+온라인 커뮤니티의 융합 서비스가 나타날 가능성도 매우 높아 보인다. 현재 디시, 오늘의 유머, 미시USA, 클리앙을 제외하고는 커뮤니티로 특화된 모바일 중심의 서비스는 제공되지 않는 상황인데, 기술 변화 시대에 웹 공간을 중심으로 형성된 온라인 커뮤니티의 미래는 어떻게 진행되어야 하는가에 대한 고민이 필요하다.

즉, 공간의 도전은 곧 기술의 도전이며 신기술의 확산은 단지 경제 영역에 머무는 것이 아니라 신기술의 운영 원리에 익숙한 대중의 문화 습성 변화에 영향을 미칠 것이고 이에 따라 환경 변화에 대응할 수 있는 온라인 커뮤니티의 생존 전략이 필요한 상황이 되었다.

2) 이용자의 도전

과거 온라인 커뮤니티 연구에서 중요한 것은 '커뮤니티 활동을 통해 이용자의 효능감이 높아지는가'였다. 효능감이란 '내가 제시한 의견이 실제 제도 변화나 커뮤니티 활성화에 영향을 미칠 수 있다'와 같은 실제 영향력과 권능에 대한 의식을 의미한다. 그러나 사회가 개인화보다는 개인화를 넘어선 다양화로 변화하고 있고, 개인은 수동적이라기보다는 궁극적으로 능동적 태도를 통한 사회화를 지향한다는 점에서 앞으로 중요하게 생각해야 할 것은 이용자의 단순한 효능감에 멈춰서는 것이 아니라 참여를 통한 자존감 향상이다.

즉 현재 사회의 변화는 '개인화' 추세이다. 좀 더 정확하게는 '다양한 개인화'가 진행 중이다. 2004년 싸이월드의 미니홈피, 1인 미디어로서의 블로그를 기회로 대두된 '개인화' 바람은 소셜 미디어와 스마트폰과 결합하면서 더욱 강해지고 있는 추세이다. 이와 같은 경향은 일정 정도의 소속감과 집단행동을 토대로 존재하는 온라인 커뮤니티와는 정확하게 상반되는 추세라고 분석할 수 있다. 즉, 개인화된 기기와 서비스 환경 속에서 이용자들도 개인화된 정서가 강화되고 있으므로, 온라인 커뮤니티의 지속적인 발전에는 가히 '위기'의 상황이다. 개인의 집단이라는 점은 기회였지만, 현재는 기회가 위기로 바뀐 상황인 것이다. 2004년이 개인화로의 전환기였다면, 2014년부터는 다양한 개인화로의 업그레이드 시기일 것이다. 그렇다면 다양한 개인의 욕구를 어떻게 온라인 커뮤니티에서 수렴할 것인가는 앞으로 중요한 과제가 될 것이다.

뉴미디어 시대의 개인은 그냥 나만 생각하는 개인이라기보다는 많은 정보를 접하고 많은 사람과 관계 맺으면서 끊임없이 재사회화의 과정에 놓여 있기 때문이다. 즉, 수직적이고 위계적인 조직 속에서 위에서 시키면 그대로 하는 방식에 머무르는 개인을 상정하는 것은 더 이상 의미가 없으며 아울러 개인의 참여가 효능감으로 이어지고 더 나아가 사회적 공유의식을 통해 진정으로 사회화를 강화하는 방향으로 독려되는 것이 바람직할 것이다.

온라인 커뮤니티에서 나타난 수많은 민주주의 증폭의 징후에 대해 과연 우리 사회에서는 증폭의 범위만큼 유연한 반응과 수용을 하고 있는가에 대해서도 역으로 질문할 필요가 있다. 즉 이들의 활동적인 참여 에너지를 제도화하기 위한 노력이 제대로 이루어진 적이 있는가 하는 의문이 그것이다. 그저 병리적이고 별종인 사람들의 이상한 활동으로 선을 긋고 도외시하는 것보다 나의 이웃, 나와 취향이 같은 사람들의 활동에 대한 우리의 관심이 제대로 이루어져야겠다.

따라서 이용자의 개인주의화에 매몰될 것이 아니라 개인주의화와 공동체화의 경계에서 온라인 커뮤니티가 사회성을 회복시킬 수 있는 기제가 될 수 있는가에 대한 고민이 좀 더 근본적으로 이루어질 필요가 있다. 한때, PC통신에서 전개되었던 시삽 논쟁처럼 운영자 개인(혹은 운영팀)의 운영 능력을 무엇으로 규정할 수 있을까? 혹시 우리는 우리 모두가 운영자가 되는 상황을 회피하고 운영자에게만 책임을 전가하는 관성에 젖어 있는 것은 아닐까? 과연 커뮤니티 이용자란 그저 등업을 기대하는 무임승차자에 지나지 않는 것일까?

3) 관계의 도전

온라인 커뮤니티 정의의 핵심 요소로서 제시된 바와 같이 공간, 사람, 관계라는 뼈대를 이어주는 신경과 같은 역할[31]은 정보, 취향·관심, 대화·토의, 관행·규범 그리고 신뢰의 다섯 가지 요소에 의해 수행될 수 있다. 온라인 커뮤니티에서는 이들의 연결이 얼마나 잘 이루어지는가가 핵심이다. 즉, 개인이 그저 온라인 커뮤니티에 관심이 있어 가입했다고 하더라도 얼마나 유용한 정보를 습득하고, 얼마나 많은 사람과 취향을 공유할 수 있으며, 얼마나 평등하게 대화하며, 얼마나 합리적인 규율이 시행되고, 얼마나 자신이 속한 온라인 커뮤니티를 믿는가에 따라 온라인 커뮤니티의 형태는 매우 달라질 수 있다는 것을 의미한다.

첫째, 정보는 일반 검색 결과와 다르게 나만의 커뮤니티에서 신속하게 제공되어야 한다. 둘째, 관심과 취향의 공유가 이루어져야 하고, 한편으로는 회원들의 관심과 취향이 지속적으로 커뮤니티에 반영되어야 한다. 셋째, 대화는 수평적이고 개방적으로 이루어져야 하며, 사회의 귀속 결사체가 아닌 만큼 강제하기보다는 동의를 구하여 온라인 커뮤니티를 안정화하는 것이 매우 중요하다. 넷째, 규범역시 권위적이고 수직적이거나 '회칙' 형태로 너무 공식적으로 공고화하고 변하지 않는 형태에 머물러 있기보다는 수시로 회원과 커뮤니티의 변화 사항을 반영한 유연한 형태의 공지사항으로 제시하는경향이 있다. 온라인 커뮤니티에서는 마치 오래된 원로원 회의와 같은 형태에서 일반 회원에게까지 '참정권'을 부여하는 것으로 구성원의 결속력을 강화시킨다. 다섯째, 그 모든 과정에 서로 간에 신뢰가형성되면 온라인 커뮤니티는 지속적으로 발전할 수 있다. 네트워크의 힘은 네트워크에 연결된 생각·의지·관계의 힘을 의미한다. 온라인 커뮤니티의 집단행동은 이를 통해 구현될 수 있는 것이다.

바로 이러한 '공유 공간'에 근거한 온라인 커뮤니티의 연결 능력은 블로그, 메신저, 팟캐스트 그리고 소셜 미디어의 연결력보다 폭발성이 클 수 있다는 주장의 근거가 된다. 온라인 커뮤니티 외의 공간에서도 수많은 정보와 의견을 접할 수 있지만 온라인 커뮤니티에서는 네트워크를 구성하는 핵심 요소인 강력한 허브(hub)와 커넥터(connector) 집단을 좀 더 신속하게 형성할 수 있기 때문이다. 즉, 온라인 커뮤니티는 분자화되고 고립된 개인의 집단이 아니라 공유와연결이 가능한 적극적인 개인의 집단이다.

한편으로 관계 중심성보다는 정보 추구성이 강한 온라인 공간에서 관계와 공유 유지는 어떻게 지속될 수 있을까? 온라인 커뮤니티는 공익보다 자기 계발이 중요하다는 이용자들의 가치 평가를 어떻게 반영하여 발전할 수 있을까? 누군가 정보를 생산할 것이므로 누군가에게는 그 정보가 유용할 수 있지만 앞으로도 이런 정보 습득과 유통의 선순환 구조가 지속될 것이라고 전망하기는 어렵다. 스스로 생산한 콘텐츠보다 오프라인의 신문이나 다른 곳에서 생산된 정보를 유통하는 경우가 많은 온라인 공간이기 때문에 온라인의 자체적인 정보 생산이 여전히 어려운 상황이고, 정보 생산 공간도 다양화되기 때문에 굳이 온라인 커뮤니티에서 정보를 습득하려고 하지 않을 것이기 때문이다.

연결·참여·갈등의 특징과 과제를 안고 있는 온라인 커뮤니티는 지금도 매 시간 생성되고 소멸되는 중이다. 단적으로 가입자 수가 줄어들고 있지만 온라인 공간의 모든 사건이 그렇듯이 또 어떤 계기가 마련되면 늘어나기도 하고 우리가 예측하기 어려운 방향으로 변화될 수도 있다. 이미 절대적인 의미에서 모든 사람들이 몰입하던 디시에서 뽐뿌나 일베와 같은 또 다른 강력한 커뮤니티로 헤게모니 이동이 나타나고 있다.

그러나 중요한 것은 과거와 같은 몰입에 가까운 흥미를 느껴 순수하게 결집하는 온라인 커뮤니티가 자생적으로 무한하게 만들어지기는 어려울 수 있다는 점이다. 즉, 이제는 뉴미디어를 쓸 만큼 쓰고, 집단행동의 폐해를 알 만큼 안 이용자의 '선택'이 선별적으로 이루어질 가능성이 매우 높다. 오빠부대가 사회공헌적인 팬덤으로 진화하고, 취향의 커뮤니티가 거대 온라인 왕국을 만들고, 오프라인에서 여전히 고군분투하는 여성들이 온라인에서 자유롭게 되었다고 할지라도 더 나은 온라인 커뮤니티의 진화를 위해서는 여러 가지 해결해야 할 변수들이 남아 있는 것이 현실인 것이다.

이 책의 서두에 제시했던 퍼트넘은 개인화 시대에 대한 경고에서 머무는 것이 아니라, 협력을 이끌어내는 전통적 합의와 평판 정보를 퍼뜨려 사람들의 인간관계를 촉진하는 네트워크의 총체인 사회 자본이 사회의 번영과 갈등에 영향을 미치는 중요한 요소가 된다는 것을 제언하였다. 즉, 사회 자본이 풍부하게 축적된 사회의 미래는 민주적으로 발전할 수 있지만, 사회 자본이 빈약한 사회에서는 큰 문제가 될 수 있다는 점을 정확하게 지적한 것이다.

또한 1987년, 가상 커뮤니티(virtual community)라는 말을 최초로 제시한 라인골드(Howard Rhiengold)는 현재의 미디어 발달 환경에서는 뉴미디어를 습득하는 것만큼 '디지털 리터러시(digital literacy)'의 문제가 중요하다고 강조하였다. 라인골드가 강조한 리터러시는 유익한 새로운 도구를 사용하는 이유와 그 방법에 관한 지식의 중요성을 의미하는 것으로 주의력, 참여, 협업, 정보의 비판적 소비, 네트워크 지성을 의미하는 것이다. 즉, 좀 더 신경 써서 생각해보고 허위정보를 판별할 수 있는 독립적인 사고력을 함양하며 적극적으로 참여하고 함께 정보를 생산하는 연습이 그 어느 때보다 중요한 시기라는 것이다(Howard Rhiengold 2012 : 23).

이 책에서 제시한 온라인 커뮤니티의 과거·현재·미래는 사회 자본과 디지털 리터러시의 문제뿐만 아니라 많은 문제에 함께 직면해 있다. 언제나 인간의 속성상 모여서 사회를 이룰 것이고, 그 사회의 모습은 기술 환경의 변화만큼 다채롭게 구성되겠지만 서로 믿고 자율적으로 규제하는 방법에 대해 고민하고, 비판적으로 정보를 습득하려는 실천이 그 어느 때보다 필요한 시기가 된 것이다.

온라인 커뮤니티의 시대는 한때 왔다가 소리 없이 사라져가는 것이 아니라 앞으로도 계속 진행형이다. 한 시대를 풍미한 '동호회'나 '커뮤니티'와 같은 한시적인 고유명사에 머물 것이 아니라 오프라인에 선순환적인 기여를 할 수 있는 오늘과 내일의 진정한 온라인 '공동체' 등장을 기대하며 책을 맺는다.

1 네이버 카페의 전체 회원 수는 719,121,713명(중복 합계)이며, 전체 카페 수는 9,974,340개이고, 다음(Daum) 카페의 전체 카페 수는 10,563,494개이다. 물론 이 가운데에는 활동하지 않는 '죽은' 커뮤니티도 많이 포함되어 있음을 감안해야 한다.

2 사회 자본은 상호 인지하는 관계의 존재로 인하여 자원의 전유나 유무형의 이익을 기대할 수 있는 개인 간, 그리고 개인과 집단 간의 관계망을 의미한다(배영 2003b : 167).

3 이야기 개발자들의 이야기 프로그램에 대한 회고는 〈'PC통신 '이야기'에서 '큰사람 컴퓨터'까지〉(《블로터닷넷》 2015년 9월 24일자) 참조.

4 천리안의 통신비는 정액제가 아니었고, 하이텔과 나우누리는 정액제였다. 심지어 당시 천리안에서는 보관함에 편지나 프로그램을 보관할 때 1,000자에 하루 9원을 받기도 했다. 초보자들의 경우는 자료실에서 받은 게임이나 친구들이 보내준 게임을 일단 모두 보관함에 저장했다가 나중에 몇 백만 원짜리 고지서를 들고 울며 겨자 먹기로 PC통신을 끊기도 했다(〈PC통신 접속 소리 요란하던 그때 그 추억〉, 《이비즈》 2010년 9월 14일자).

5 한국갤럽조사연구소 조사(〈PC통신 주 이용자, 서울·경기 지역 대학생〉, 《연합뉴스》 1996년 10월 16일자).

6 ID는 영문이기 때문에 일상생활에서 부르기 편한 '대화명'이 따로 존재하였는데 현재에도 닉네임의 줄임말인 '닉'으로 대화명을 붙이는 문화가 이어지고 있다.

7 네이트판은 네이트(nate) 서비스에 가입하면 쓸 수 있는 공개게시판이다. 네이트판은 포털 게시판 가운데 최대 규모로 게시판 종류가 다양하다 보니 커뮤니티로 인식되는 경향이 있다. 결혼, 육아, 시댁 관련 글이 많이 올라와 유명해졌으며, 막장 드라마 같은 이야기가 많다. 또한, 억울함을 호소하는 이야기가 많아서 보도로 이어지고, '엔터톡'이 있어서 온갖 아이돌 팬들의 경쟁 공간이 되기도 한다.

8 당시 회원 수가 가장 많았던 장나라 팬클럽 13만 명보다 많은 규모.

9 2007년 7월에는 국내 온라인 커뮤니티 최초로 일일 페이지 뷰가 1억 회를 돌파하기도 했다.

10 '언니네' 사이트의 경우 2005년 회원 규모는 4만 명으로 대단히 높게 나타났다.

11 이하 2008년 촛불시위에서 여성 삼국연합의 활동에 대해서는 류석진(2010. 1. 30.)에

서 부분 수정하여 재인용.

12 〈팬들이 스타 만들고 키우고… 이젠 팬파이어 시대〉(《한국경제신문》 2009년 6월 29일자).

13 여전히 카시오페이아의 지지를 받고 있는 2인 동방신기는 이른바 '투방신기'라고 부른다(이승아 2013).

14 걸그룹 EXID의 역주행을 계기로 역주행이라는 말이 주목받게 되었다. 그러나 여기에서의 역주행은 자동차 운전에서의 역주행과는 다른 의미이다. 즉, 음원 차트에서의 역주행이란 음원 공개 후에는 주목받지 못하다가 뒤늦게 차트에 진입하여 돌풍을 일으키는 현상을 의미한다.

15 조공이란 원래 '종속국이 종주국에 때를 맞춰 예물을 바치던 일이나 그 예물'을 의미하는 말이지만 팬덤의 조공은 '좋아하는 스타에게 특별한 선물을 하는 행위 혹은 그 선물'을 의미한다(이승아 2013 : 64).

16 공정거래위원회는 『약관의 규제에 관한 법률』에 위반되는 불공정 약관조항을 발표했다. 한 달 뒤 탈퇴는 불허한다는 내용은 동법 제6조 제2항 제1호와 제9조 1호에, 사전통지 없이 이용계약을 해지할 수 있다는 내용은 동법 제9조 제2호에 위반된다고 밝혔다(공정거래위원회 2002. 4. 12.).

17 온라인 커뮤니티의 제도 부분(제5장의 1절에서 5절까지)은 이헌아의 석사 학위 논문(2015년) 요약본이다.

18 2013년 11월 개정안에서 '성매매를 알선, 유도, 조장, 방조하는 내용'은 삭제되어 성매매는 포함하지 않았다.

19 운영진은 커뮤니티 규모에 따라 영향을 받지 않는다. 설립자의 의지나 이용자 요구, 게시판 개수에 따라 달라진다. 클리앙은 1인 체제이며, 뽐뿌는 약 10~15명을 유지하고 있다. 이에 비해 규모가 천만 명이 넘는 중고나라는 공식 운영진은 50명이나 실질적으로 활동하는 인원은 10명 남짓이라고 밝힌 바 있다. 또한 회사체제로 운영되는 경우 운영진이 몇 명인지 드러나지 않는다. SLR클럽은 관리자들이 모두 'SLR'이라는 동일한 닉네임으로 활동 중이며, 사커라인 역시 마찬가지이다. 닉네임으로 활동하는 경우(이종격투기)와 숫자를 부여하는 경우(뽐뿌: 게시판 지기1, 2 형태)도 있다.

20 2012년 19대 총선 당시, 공식 선거운동기간(2012.03.29.~2012.04.10.) 동안 MLB PARK 불펜에 정치 관련 글은 15,000여 개가 개재되었으며, 참여 인원은 10,000여 명

으로 집계되었다(이현아 2012).

21 입점업체 대상 협박 또는 장난, 업체와의 분란 공개, 여론 악화 목적의 업체와 분쟁 공개 금지, 장터에서의 제재 누적 등.

22 드립은 '애드립(ad lib)'에서 온 인터넷 신조어로 즉흥적인 발언을 가리킨다. 주로 다른 단어를 접미사에 붙여 합성어로 사용된다. 아무 의미 없거나 언어유희로 유머를 줄 때 '개드립'이란 용어가 사용되며, 2009년부터 보편화되었다.

23 오프라인에서 정부와 정당을 대상으로 정치행동에 나서는 경우도 있다. 소울드레서와 쌍화차코코아, 한류열풍사랑 등이 집단행동을 보여준 바 있다. 하지만 이 경우 내 적행위강제기준과 완벽히 일치시키기는 어렵다. 이용자들의 내적 기준에 의해 자발적으로 참여한 것은 맞지만, 운영진의 주도 하에 진행되었기 때문이다. 실제로 소울드레서는 소울드레서 이름으로 대외활동을 할 경우 반드시 운영진과 협의를 해야 하며, 대외활동으로 개인적 이익을 취득한 경우 강퇴된다.

24 다음 블라인드 제도는 불건전한 카페 이용을 제한하고, 다수 카페 이용자들의 건전한 카페 활동을 보호하고자 하는 정책으로 음란물이 평가 기준이다. 지속적인 시정요구 및 메뉴 블라인드가 누적되는 경우, 시정권고 없이 바로 블라인드 처리가 가능하다. 블라인드 처리를 받고 별도 이의제기가 없으면 15일 이후에 삭제 및 폐쇄된다. 이의제기는 오직 카페주인만 가능하며 카페주인이 없을 경우 운영자도 이의제기를 할 수 있다고 규정한다(2009, http://goo.gl/GQn8Oh). 이종격투기는 '엽기사진실(엽사실)'의 음란성 때문에 몇 차례 블라인드 주의를 받고, 이후 카페주인·운영자가 없어 관리가 안 되는 상태가 6~7년 이상 지속되었기 때문에 이런 조치가 내려진 것으로 보인다.

25 Disabled List의 약자로, 야구 용어이다. 직역하면 '부상자 목록'이지만, MLB PARK 내에서는 '차단' 등 제재 방식을 통칭할 때 사용된다.

26 여성시대 카페 이용자의 1/5인 4만 7천 명이 소모임을 이용한 것으로 나타났다. 여성시대는 포털 사이트 다음에 속해 있기 때문에 음란·선정성 게시물을 올릴 경우 포털 사이트 차원에서 제재를 받으며, 실제로 경고조치 이후 카페에서는 해당 게시판이 문을 닫았다. 따라서 특정 이용자(닉네임 '게시4호')가 비교적 안전한 타 사이트 소모임을 선택했고, 게릴라식으로 시간을 게시하여 주로 금요일 밤이나 주말 2~3시간만 소모임을 운영하였다. 이 공지는 잠깐씩 여성시대에 기재되어 이용자들의 소모임 접속이 가능했다. 한편 SLR클럽에는 성인게시판이 있는데, 운영진은 성인게시판 정도의

글이 게시되는 것이라 추측했고, 정확한 내용은 사건 이후 파악했다고 주장하였다.

27 디시인사이드에서 발생한 사건으로 조회 수 11,7471회, 댓글 1,246개를 기록하였다 (황지연 2004).

28 〈디시, 촛불, 좌좀·우꼴… 정보 교류에서 이념 논쟁의 장으로 분화〉, 《경향신문》 2012년 9월 7일자.

29 2015년 말 현재, '백수(혹은 실업자)'라는 키워드로 검색하면 네이버에서 700개, 다음에서 700개의 검색 결과가 나온다. 이 가운데 네이버는 1년 전인 2014년 말 대비 100개가 증가한 수치이다.

30 가장 대표적인 사례가 '웃긴대학'의 모금이다. 2014년 4월, 웃긴대학에서 활발히 활동하던 이용자 '엔터스'가 자신이 암에 걸려 더 이상 활동을 할 수 없을 것이라고 전하자, 웃긴대학 최고관리자를 필두로 모금운동이 시작되었다. 모금운동을 통해 2,000만 원이 모금되었으며, 수술비로 쓰고 남은 금액은 봉사활동을 하는 데 사용하겠다고 밝혔다(〈한 인터넷 커뮤니티 덮친 아름다운 '기부 대란'〉, 《노컷뉴스》 2015년 5월 2일자).

31 미디어 연구자들은 이러한 연결 기능을 하는 핵심 요소들을 사회적 지지(social support)라고 표현한다.

참 고 자 료 ───────────────────────────────────

Baym, K. N. 2000. *Tune In, Log on : Soaps, Fandom, and Online Community.* Thousand Oaks, CA : SAGE.

Bimber, Bruce. 1998. "The Forms of Capital Transformation : Populism, Community, and Accelerated Pluralism." *Polity* 31 : 133-160.

Bimber, Bruce. 1998. "Toward an Empirical Map of Political Participation on the Internet." Paper for Presentation at the 1998 Annual Meeting of the American Political Science Association, Boston.

Blanchard A. & T. Horan. 2000. "Virtual Communities and Social Capital." pp. 6-22 in Garson (ed.). *Social Dimensions of Information Technology : Issue for the New Millennium.* Hershey : Idea Group Publishing.

Bourdieu, Pierre. 1986. "The Forms of Capital." in J. Richardson ed. *Handbook of Theory and Research for the Sociology of Education.* New York : Greenwood : 241-258.

Bressler, S. E. & C. E. Grantham. 2000. *Communities of Commerce.* McGraw-Hill.

Coleman, J. S. 1988. "Social Capital in the Creation of Human Capital." *American Journal of Sociology* 94 : 94-121.

Cothrel, J. & R. Williams. 1999. "Online Communities : Getting the Most out of Online Discussion and Collaboration." *Knowledge Management Review* 1(6) : 20-25.

Donath, Judith. 1996. "Identity and Deception in the Virtual Community." in Kollock, P. and Smith M. eds. 1996. *Communities in Cyberspace.* London : Routledge.

Fernback, Jan & Brad Thompson. 1995. "Virtual Communities : Abort, Retry, Failure?"(http://www.well.com/~hlr/texts/VCcivil.html, 검색일 : 2014년 10월 5일).

Fernback, J. 1999. "There is a There There : Notes Toward a Definition of Cyber

Community." in S. Jones. ed. *Doing Internet Research : Critical Issues and Methods for Examining the Net*. Thousand Oaks, CA : Sage : 203-220.

Fiske, John. 1995. "The Cultural Economy of Fandom." in Lisa Lewis ed. 1995. *The Adoring Audience : Fan Culture and Popular Media*. New York : Routledge : 30-49.

Fuchs. 2006. "The Self-Organization of Virtual Communities." *Journal of New Communications Research*. 1 : 29-68.

Gurak, Laura J. 2002. *Cyberliteracy : Navigating the Internet with Awareness*. Yale Univ. Press. 강수아 역. 2003. 『거미줄에 걸린 웹 : 웹의 권력에서 자유로워지는 법』. 서울 : 코기토.

Hàgel, John & Arther G. Amstrong. 1997. *Net Gain : Expanding Markets through Virtual Communities*. Boston : Harvard Business School Press. 한영주 역. 1999. 『가상사회와 전자상거래』. 서울 : 세종서적.

Hampton, K & Barry Wellman. 2003. "Neighboring in Netville : How the Internet Supports Community and Social Capital in a Wired Suburb." *City & Community* 2(4) : 277-311.

Haase, A., B. Wellman, J. Witte & K. Hampton. 2002. "Does the Internet Increase, Decrease, or Supplement Social Capital? Social Networks, Participation, and Community Commitment." *American Behavioral Scientist* Vol. 45.

Jones, Quentin. 1997. "Virtual-communities, Virtual Settlements & Cyber-archaelogy : A Theoretical Outline." *Journal of Computer Mediated Communication* 3(3).

Lin, Nan. 2001. *Social Capital : A Theory of Social Structure and Action*. New York : Cambridge University Press.

Mueller, Christoph. 1999. "Networks of 'Personal Communities' and 'Group Communities' in Different Online Communication Services."

Putnam, D. 2000. *Bowling Alone : The collapse and Revival of American Community*. New York : Simon & Schuster. 정승현 역. 2009. 『나 홀로 볼링 : 사회적 커뮤니티의 붕괴와 소생』. 서울 : 페이퍼로드.

Rainie, Lee, John B. Horrigan, Barry Wellman, Jeffrey Boase. 2006. 1. 25. *The Strength of Internet Ties*. Pew Research Center.

Rhiengold, Howard. 1993. *The Virtual-Communities : Homesteading on the Electronic Frontier*. New York : Harper Perennial.

Rhiengold, Howard. 2002. *Smart Mobs*. New York : Basic Books. 이운경 역. 2003. 『참여군중』. 서울 : 황금가지.

Rhiengold, Howard. 2012. *Net Smart*. Cambridge : The MIT Press. 김광수 역. 2014. 『넷스마트』. 서울 : 문학동네.

Shirky, Clay. 2008. *Here Comes Everybody*. London : Penguin Group. 송연석 역. 2008. 『끌리고 쏠리고 들끓다』. 서울 : 갤리온.

Shirky, Clay. 2011. *Cognitive Surplus*. London : Penguin Group. 이충호 역. 2011. 『많아지면 달라진다』. 서울 : 갤리온.

Smith, A. P. 2001. "Psychological Stress in Humans & Susceptibility to the Common Cold." *New England Journal of Medicine* 325(1) : 606-612.

Smith, Marc A. & Peter Kollock eds. 1998. *Communities in Cyberspace*. Routledge. 조동기 역. 2001. 『사이버공간과 공동체』. 서울 : 나남.

Smith, M. J. 1990. "Strands in the Web : Community-building Strategies in Online Fanzines." *Journal of popular Culture* 33(2) : 87-99.

Sunstein, Cass R. 2003. *Why Societies Need Dissent*. Harvard University Press. 박지우 · 송호창 역. 2009. 『왜 사회에는 이견이 필요한가』. 서울 : 후마니타스.

Van Zoonen, L. 2002. "Gendering the Internet: Claims, Controversies and Cultures." *European Journal of Communication* No. 1 : 5-23.

Wilbur, S. P. 1997. "An Archaeology of Cyberspace : Virtuality, Community, Identity." in D. Porter ed. 1997. *Internet Culture.* New York : Routledge.

Williams, R. L. & J. Cotherel. 2000. "Four Smart Ways to Run Online Communities." *Sloan Management Review.* Summer : 81-91.

Zenkins, Henry. 2006. *Fans, Bloggers and Gamers : Exploring Participatory Culture.* NYU Press. 정현진 역. 2008. 『팬, 블로거, 게이머 : 참여문화에 대한 탐색』. 서울 : 비즈앤비즈.

강명구 외. 2007. 『한국의 미디어 사회문화』. 서울 : 한국언론재단.

강명수. 2002. "온라인 커뮤니티 특성이 커뮤니티 몰입과 이용 의도에 미치는 영향에 관한 연구." 『경영저널』 3(1) : 77-98.

강상욱. 2000. 「가상 공동체 의식이 사이트 충성도에 미치는 영향 : Flow 개념을 중심으로」. 서강대학교 석사학위논문.

강원택. 2007. 『인터넷과 한국 정치 : 정당정치에 대한 도전과 변화』. 서울 : 집문당.

강진숙 · 강연곤 · 김민철. 2012. "인터넷 팬덤 문화의 생산과 공유에 대한 연구 : 외국영상물 '팬 자막' 제작자들과의 심층인터뷰를 중심으로." 『한국방송학보』 26(1) : 7-42.

고준 · 김영걸. 2001. "온라인 커뮤니티 의식에 대한 개념적 틀과 연구 시사점." 『Information System Review』 3(2) : 325-335.

공정거래위원회 보도자료. 2002. 4. 12. "god 팬클럽 관련 불공정 약관 시정 조치."

공정거래위원회 보도자료. 2013. 7. 25. "소속사와 분쟁을 제기한 가수 그룹 JYJ의 연예활동 방해 행위 제재."

구교태. 2005. "가상 커뮤니티 이용 욕구(needs)와 행위(behavior)에 관한 연구 : 대학생 들의 인터넷 카페 이용을 중심으로." 『한국언론정보학보』 Vol. 30 : 7-33.

권김현영. 2001. "사이버스페이스, 여성운동의 새로운 도전." 『20세기 여성 사건사』. 여성 신문사.

김경년·김재영. 2005. "오마이뉴스 독자의견 분석 : '난장으로서의 공론장' 가능성 탐색." 『한국방송학보』 19(3) : 7-41.

김경례. 2007. "한국 온라인 여성운동을 통해 본 사이버페미니즘의 정치성." 『젠더와 사 회』 6(1) : 101-127.

김경미. 2006. "인터넷 집합 행동이 참여에 미치는 영향 : 2002 여중생 추모 촛불 집회를 중심으로." 『한국사회학』 40(1) : 183-211.

김경희·김주연. 2004. "인터넷 커뮤니티 개설자의 개설 동기와 커뮤니티 속성에 대한 연 구." 『사이버커뮤니케이션학보』 Vol. 13 : 5-38.

김광모 외. 2014. "사회적 실재감이 온라인 커뮤니티 지속 사용의도에 미치는 영향." 『한 국콘텐츠학회논문지』 14(2) : 131-145.

김도현. 2000. "가상 '공동체'인가 '가상' 공동체인가." 『창작과 비평』 Vol. 107 : 67-79.

김명준. 2005. "자기 표현의 출구로서 사이버 공간에 관한 연구 : 사회 자본과의 연관성 을 중심으로." 『사이버커뮤니케이션학보』 Vol. 22 : 5-38.

김민정. 2003. 「사이버 여성 문화로서 팬픽(fanfic) 연구 : 환타지와 성 정체성의 연관성 을 중심으로」. 이화여자대학교 신문방송학과 석사학위논문.

김상배. 2010. "집단지성보다는 커뮤니티?" 『사이버커뮤니케이션학보』 27(4) : 45-90.

김성윤. 2011. "삼촌팬의 탄생 : 3대 남성 팬덤의 불/가능성에 관하여." 이동연 편. 2011. 『아이돌』. 서울 : 이매진 : 238-269.

김소정·양은주·권정혜. 2013. "온라인-오프라인 자기 개방이 공동체 소속감과 행복감에 미치는 영향 : 수평적 집단주의와 수직적 집단주의의 비교." 『사이버커뮤니케이션학보』 30(4) : 5-42.

김수아. 2007. "사이버 공간에서의 힘돋우기 실천." 『한국언론학보』 51(6) : 346-380.

김수아. 2011. "걸그룹 전성시대에 당신이 상상하는 것들 : 걸그룹의 성적 이미지 전략과 포섭된 남성 팬덤." 이동연 편. 2011. 『아이돌』. 서울 : 이매진 : 218-237.

김수정. 2009. "여성노동자 집단 간의 디지털 격차와 인터넷 활용의 특성." 『한국언론학보』 53(2) : 206-230.

김수정·김예란. 2008. "사이버 공론자들의 젠더성과 담론 구성의 특징." 『미디어, 젠더 & 문화』 Vol. 10 : 5-36.

김영옥. 2009. "여성주의 관점에서 본 촛불집회와 여성의 정치적 주체성." 『아시아여성연구』 48(2) : 7-34.

김예란. 2010. "감성 공론장 : 여성 커뮤니티, 느끼고 말하고 행하다." 『언론과 사회』 18(3) : 146-191.

김용철·윤성이. 2005. 『전자민주주의: 새로운 정치패러다임의 모색』. 서울 : 오름.

김유식. 2004. 『인터넷 스타 개죽아 대한민국을 지켜라』. 서울 : 랜덤하우스코리아.

김유정. 2003. "사이버 커뮤니티 : 디지털 인간의 무리짓기." 이은미 외 편. 『디지털 수용자』. 서울 : 커뮤니케이션북스 : 159-194.

김유정. 2005. "사이버 커뮤니티 참여와 이용에 대한 이용과 충족 연구." 『한국언론학보』 49(3) : 291-317.

김유정·조수선. 2000a. "새로운 매체 새로운 성차별 : 컴퓨터 매개 커뮤니케이션을 중심으로." '사이버스페이스 : 또 다른 성차별의 공간인가' 한국언론학회·여성커뮤니케이선연구회 공동주최 토론회 자료집.

김유정·조수선. 2000b. "여성 사이트에서 여성 찾기." 윤성희·이수연 편저. 2000. 『사이버 문화와 여성』. 서울 : 한나래.

김유정·조수선. 2000c. "새로운 매체, 새로운 젠더 논의." 『사이버커뮤니케이션학보』 Vol. 5 : 30-58.

김유정·조수선. 2000d. 『여성 사이버 커뮤니티』. 서울 : 한나래.

김유정·조수선. 2001. "사이버 커뮤니티로서의 인터넷 사이트 연구 : 여성 사이트에 대한 탐색적 접근." 『한국언론학보』 45(3) : 5-38.

김은미 이준웅. 2004. "새로운 공론장으로서의 인터넷 토론공간에 관한 소고." 한국언론학회 심포지움 『전환기의 한국언론』 : 117-147.

김이승현·박정애. 2001. "빠순이, 오빠부대, 문화운동가? : 서태지 팬덤 이야기." 『여성과 사회』 Vol. 13 : 158-175.

김재욱·최치호·한계숙. 2002. "온라인 커뮤니티 마케팅 활동과 친커뮤니티 행동간의 관계에 있어서 몰입의 매개 역할." 『마케팅연구』 7(4) : 77-58.

김재인. 2000. "여성과 인터넷 활용 : 주부를 중심으로." 『한국사회이론』 Vol. 18 : 233-271.

김재인·정숙경. 1998. 『여성의 문화활동 활성화 방안연구 : 여성 단체 역할과 정책지원을 중심으로』. 서울 : 한국여성개발원.

김재휘·박유진. 2004. 『인터넷상에서의 자아인식과 집단인식』. 서울 : 정보통신정책연구원.

김종길. 2002. "사이버 커뮤니케이션의 확산과 인터넷 기반 공동체의 가능성." 351-376. 김경동 교수 정년기념 논문간행위원회 엮음. 2002. 『진단과 대응의 사회학』. 서울: 박영사.

김종길. 2003. "안티사이트의 사회운동적 성격 및 새로운 저항 잠재력의 탐색." 『한국사회학』37(6) : 145-175.

김종길. 2006. "시민참여 미디어로서의 인터넷 미디어 토론방-가능성과 한계."『담론 201』9(3) : 33-79.

김지화·조효래. 1997. "CMC를 통한 전자공동체의 형성 : PC통신상의 동호회를 중심으로."『동향과 전망』Vol. 36 : 199-226.

김태영. 2006. "인터넷 가상공동체와 사회적 자본."『한국행정논집』18(4) : 959-980.

김학준. 2014. 「인터넷 커뮤니티 '일베 저장소'에서 나타나는 혐오와 열광의 감정동학」. 서울대학교 사회학과 석사학위논문.

김현석·이준웅. 2007. "인터넷 정치토론의 담론적 특성."『한국언론학보』51(4) : 356-481.

김현정·원용진. 2002. "팬덤 진화 그리고 그 정치성 : 서태지 팬클럽 분석을 중심으로'."『한국언론학보』46(2) : 253-278.

김현지·박동숙. 2002. "온라인 팬덤 : 접근성의 강화에 따른 팬들의 새로운 즐기기 방식."『미디어, 젠더 & 문화』Vol. 2 : 41-69.

김호석. 1998.『문화 산업의 스타 시스템에 관한 연구』. 서강대학교 신문방송학과 박사학위논문.

김환표. 2013. "팬덤의 역사 : 인정 투쟁을 위한 치열한 몸부림인가"『인물과 사상』3월 호 : 154-187.

나미수. 2002. "일상 생활에서 인터넷의 문화적 의미 : 전업주부의 인터넷 이용을 중심으로."『한국방송학보』16(3) : 260-293.

나스미디어. 2008.『2007년 온라인 커뮤니티 결산 및 2008년 전망』.

나은영. 2002. "여성의 뉴미디어 이용과 가치관 : 이동전화와 인터넷을 중심으로."『한국방송학보』16(2) : 77-115.

노명우 · 이선이 · 이현서 · 최지연. 2012. "사이버공간 상호작용을 통한 '자랑'의 의미 형성 : 디시인사이드의 자랑거리 갤러리에 대한 사례 연구."『사이버커뮤니케이션학보』 29(3) : 5-46.

대학내일 20대 연구소. 2013. 7. 3.『지금 커뮤니티 하십니까 : 전국 대학생 온라인 커뮤니티 이용실태 조사』. 대학내일.

도준호 외. 2000.『인터넷의 사회 · 문화적 영향 연구』. 서울 : 정보통신정책연구원.

랭키닷컴. 2002.『직장인 커뮤니티 콘텐츠 활용도 비교』.

랭키닷컴. 2003.『직장인 커뮤니티 집중 분석』.

랭키닷컴. 2004a.『여성 커뮤니티/포털 웹사이트 집중 분석』.

랭키닷컴. 2004b.『포털 커뮤니티 분석』.

랭키닷컴. 2005.『여성 커뮤니티/포털 웹사이트 집중 분석』.

랭키닷컴. 2006a.『커뮤니티 포털 분야 랭키 통계 정보』.

랭키닷컴. 2006b.『전문 커뮤니티 분야 랭키 통계 정보』.

랭키닷컴. 2006c.『여성 커뮤니티/포털 웹사이트 집중 분석』.

랭키닷컴. 2006d.『사진 카메라 관련 동호회』.

랭키닷컴. 2007a.『사진 카메라 관련 동호회』.

랭키닷컴. 2007b.『여성 커뮤니티/포털 웹사이트 집중 분석』.

랭키닷컴. 2008a.『커뮤니티 포털 분야 랭키 통계 정보』.

랭키닷컴. 2008b. 『여성 커뮤니티 포털 분야 랭키 통계정보』.

류석진. 2010. 1. 30. "여성 카페와 정치." 『KISO 저널』Vol. 2.

류석진 · 조희정. 2008. "온라인 공간의 민족주의적 갈등에 대한 연구 : 게시판과 동영상 UCC를 중심으로." 『사이버커뮤니케이션학보』 25(4) : 83-117.

류석진 · 조희정. 2009. 『디지털 컨버전스 환경에서의 정치제도와 시민사회 변화 연구』. 서울 : 정보통신정책연구원.

류석진 · 조희정 · 박설아. 2013. "온라인 신민족주의의 정치화 가능성 : 한중일 온라인 갈등 유형과 확산사례를 중심으로." 『한국정치연구』 22(3) : 153-185.

목진자. 2005. "사이버 커뮤니티의 발전 과정과 특성." 『현상과 인식』 29(3) : 199-224.

문준연 · 최지훈. 2003. "가상공동체의 참여동기와 공동체의식, 충성도 및 구매의도간의 관계에 관한 연구." 『한국경영정보학회』 5(2) : 71-90.

미래창조과학부 · 한국정보화진흥원. 2013. 『2013년 정보문화 실태조사』.

미래창조과학부 · 한국인터넷진흥원. 2014. 『2014년 인터넷 이용실태조사』.

민경배. 2002. 『정보사회에서 온라인 사회운동에 대한 연구 : 한국의 사례를 중심으로』. 고려대학교 사회학과 박사학위논문.

박동숙. 2003. "온라인 팬덤 : 디지털 미디어와 열렬한 수용자의 만남." 『디지털 수용자』. 서울 : 커뮤니케이션북스 : 227-254.

박동준. 2010. "사이버 공동체의 정체성에 관한 연구." 『윤리연구』 Vol. 79 : 133-159.

박상희. 2006. 『건강 정보 관련 인터넷 커뮤니티의 평판 시스템에 관한 연구 : 이용자의 상호작용으로 인한 평판 시스템을 중심으로 유방암 관련 인터넷 커뮤니티 분석』. 서강대학교 신문방송학과 석사학위논문.

박성복. 2006. "오프라인 모임을 통한 온라인 커뮤니티 애착에 관한 탐색적 연구." 『언론과학연구』 6(3) : 179-203.

박영득·이정희. 2013. "비정치적 온라인 커뮤니티에서의 정치적 의견 표현." 『사이버커뮤니케이션학보』 30(2) : 73-109.

박유진·김재휘. 2005. "인터넷 커뮤니티의 사회적 지지가 커뮤니티 몰입과 동일시 및 개인의 자아존중감에 미치는 영향." 『한국사회 및 성격 심리학회』 19(1) : 13-26.

박유진·김재휘. 2006. "사이버 커뮤니티의 몰입과 정체성이 친커뮤니티 행동 및 만족도에 미치는 영향." 『사이버커뮤니케이션학보』 Vol. 19 : 41-77.

박은경. 2003. 『스타덤과 팬덤』. 서울 : 한울.

박정현·이기춘. 2002. "가상공동체에서의 소비자 정보활동과 소비자 만족 연구." 『한국가정관리학회지』 20(1) : 139-149.

박준식. 2001. "가상 공동체의 구성 원리와 함의." 『사이버커뮤니케이션학보』 Vol. 8 : 47-84.

박준수. 2008. "사이버공동체의 평가 모형 및 방법." 『한국공공관리학보』 22(3) : 1-30.

박창문. 2011. "한국형 디지털 집합행동의 특성과 변화 양상: 2002년과 2008년 촛불집회를 중심으로." 『동북아연구』 Vol. 16. 247-276.

박창식. 2010. 「정치적 소통의 새로운 전망 : 20-30대 여성들의 온라인 정치 커뮤니티를 중심으로」. 광운대학교 언론학 박사학위논문.

박창식·정일권. 2011. "정치적 소통의 새로운 전망 : 20~30대 여성들의 온라인 정치 커뮤니티를 중심으로." 『한국언론학보』 55(1) : 219-244.

박해원. 2002. 「온라인 커뮤니티 형성에 영향을 미치는 변수에 관한 연구」. 충남대학교 경영학 석사학위논문.

박희봉·서진완. 2002. "인터넷 활용과 사회 자본 : 사이버공동체의 사회 자본 형성 가능성을 중심으로." 『한국행정학회보』 12(1).

방희경. 2006. "사이버 공간의 소수적인 문화를 위하여 – '사이버 폐인'들의 다르게 정치하기." 『사회연구』 Vol. 11 : 47-74.

배영. 2003a. "사이버 커뮤니티의 내부 동학과 관계 구조 : 28개 전문인 포럼의 비교 분석." 『한국사회학』 37(3) : 109-134.

배영. 2003b. "사이버 커뮤니티의 경험적 분석을 이용한 사회자본의 유형화." 『한국사회학』 37(5) : 161-186.

배현주. 2012. "팬덤을 통한 하위문화 자본 축적과 활용 : 아이돌 그룹의 팬 경험을 중심으로." 『한국방송학회 2012 가을철 정기학술대회 자료집』 : 200-205.

백욱인. 2013. 『네트워크 사회문화』. 서울 : 커뮤니케이션북스.

서건수. 2005. "인터넷 커뮤니티의 성공요인." 『사회과학연구』 10(3) : 666-693.

서이종. 2002. 『인터넷 커뮤니티와 한국사회』. 서울 : 한울.

서이종. 2003. "인터넷 커뮤니티와 시민사회 : 인터넷 커뮤니티의 공론장적 성격을 중심으로." 2003년 후기 사회학회대회 집담회 발표문.

서진완 · 박희봉. 2003. "인터넷 활용과 사회자본 : 사이버공동체의 사회자본 형성 가능성을 중심으로." 『한국정책학회보』 12(1) : 27-48.

손해영 · 심홍진 · 황유선. 2011. "온라인 커뮤니티의 사회적 지원이 청소년의 스트레스 감소에 미치는 영향 : 커뮤니티 소속감과 자아 탄력성의 매개 효과 검증." 『한국방송학보』 25(1) : 116-158.

송경재. 2005a. "네트워크 시대의 인터넷 정치참여 : 탄핵정국 디시인사이드 정치토론 게시판을 중심으로." 『담론201』 8(3) : 123-160.

송경재. 2005b. "사이버 공동체의 사회 자본과 네트워크 정치참여." 『한국정치학회보』

39(2) : 423-443.

송경재. 2006. "자발적인 시민참여 사이버 공동체의 사회적 자본에 관한 사례 연구." 『사이버커뮤니케이션학보』 Vol. 19 : 221-255.

송경재·장우영·허태희·임정빈. 2010. "e-거버넌스와 시민참여 : '사이버 반상회'을 중심으로." 『정책분석평가학회보』 20(1) : 115-137.

신현주. 2001. 「온라인과 오프라인의 인간관계를 중심으로 본 한국 사이버 공동체의 특성」. 서강대학교 언론대학원 석사학위논문.

신희선. 2005. "디지털 시대와 사이버 페미니즘 : 한국 여성단체의 온라인 여성운동과 의사소통 방식을 중심으로." 『아시아여성연구』 44(1) : 226-267.

양재근·이동준. 2013. "온라인 스포츠 커뮤니티 이용자의 공동체 의식과 커뮤니티 동일시 및 커뮤니티 충성도의 관계." 『한국체육과학회지』 22(5) : 153-164.

오관석. 2007. "사이버 공동체의 특성과 사회적 함의." 『한국시민윤리학회보』 20(2) : 171-191.

오세구·정상철. 2005. "가상공동체의 관계지향적 활동이 몰입 및 친공동체 행동에 미치는 영향에 관한 연구." 『Journal of Information Technology Applications & Management』 12(4) : 71-92.

옥경영·한상민. 2009. "온라인 커뮤니티 사이트에서 하위 네트워크의 특성이 정보의 초기 확산에 미치는 영향에 관한 연구." 『소비자학연구』 20(1) : 37-64.

YMCA. 1995. 『PC 통신 이용자 인식 실태조사』.

유승호. 2000. 『사이버 커뮤니케이션론 : 공동체, 지역 그리고 윤리』. 서울 : 녹두.

유시정 외. 2006. "인터넷 커뮤니티 서비스 특성이 지식공유활동과 참여 의도에 미치는 영향." 『서비스경영학회지』 7(4) : 153-175.

윤명희. 1997. 「전자공간에서의 새로운 공동체에 관한 연구」. 부산대학교 사회학과 석사 학위논문.

윤명희. 2007. "미니홈피 커뮤니티의 사회문화적 특징 : 대학생 이용자의 사례를 중심으로." 『사이버커뮤니케이션학보』 Vol. 21 : 83-122.

윤성이·장우영. 2007. "한국의 온라인 정치참여 특성-수요자 중심 모델을 중심으로." 『정보화정책』 14(4) : 82-101.

윤세정. 1999. 「온라인 성폭력에 대한 여성학적 접근 : 여성의 PC통신 채팅 경험을 중심으로」. 이화여자대학교 여성학과 석사학위논문.

윤영민. 1999. "가상공동체의 공동체성." 『한국사회학회 추계특별심포지엄 자료집』 : 158-159.

윤영민. 2000. 『사이버공간의 정치』. 서울 : 한양대학교 출판부.

윤영철. 2000. "온라인 게시판 토론과 숙의민주주의 : 총선연대 사이트의 게시판 분석." 『한국방송학보』 14(2) : 109-150.

윤유경·채지영. 2009. "팬덤의 심리학적 접근과 문화 연구 제언 : 여성 팬덤을 중심으로." 『문화정책논총』 Vol. 21 : 227-248.

윤태일. 2003. "안티사이트의 제3자 효과 : 타인반응에 대한 지식과 동의수준이 행동의도에 미치는 영향을 중심으로." 『한국언론학보』 47(1) : 31-55.

윤태일·심재철. 2003. "안티사이트의 의제설정 기능 : 공중의제 설정의 선행변인과 그 행동적 귀결을 중심으로." 『한국언론학회 봄철 정기학술 대회 자료집』 : 447-466.

윤해진. 2006. "온라인 서포트 커뮤니티에서의 인지된 익명성 : 계층적 개념구조와 공적인 자기 노출에 미치는 영향." 『한국언론학보』 50(6) : 305-332.

이건. 2001. "사이버스페이스의 열린 공동체." 홍성욱·백욱인 편. 2001. 『사이버스페이스

오디세이』. 서울 : 창작과 비평사.

이경묵·류수영. 2010. "가상 공동체와 사회적 자본." 『조직과 인사관리』 34(1) : 91-116.

이국용. 2005. "온라인 커뮤니티 이용자 몰입에 관한 연구 : 온라인 커뮤니티 신뢰, 태도, 몰입간의 관계를 중심으로." 『산업경제연구』 18(1) : 119-142.

이길호. 2012. 『우리는 디씨 : 디시 잉여 그리고 사이버스페이스의 인류학』. 서울 : 이매진.

이동후. 2009. "사이버 대중으로서의 청년 세대에 대한 고찰 : 사회적 소통과 관여를 중심으로." 『한국방송학보』 23(2) : 409-448.

이만제. 1997. "PC 통신내 동호회 문화 분석." 『한국사회와 언론』 Vol. 9 : 165-196.

이명식. 2003. 『사이버공동체 발전론』. 서울 : 집문당.

이민희. 2013. 『팬덤이거나 빠순이거나 : H.O.T 이후 아이돌 팬덤의 ABC』. 서울 : 알마.

이봉수. 2002. "가상 공동체의 마케팅 어프로치와 인터넷 마케팅의 경영 패러다임에 관한 탐색적 연구." 『산업경제연구』 15(2) : 53-72.

이성욱. 2003. "다모 폐인 : 참여하는 개인주의 문화 현상 : TV 드라마 '조선 여형사 다모'." 『창작과 비평』 겨울호 : 402-405.

이소영. 2001. 「인터넷 사이트에 나타나는 새로운 팬 문화 연구 : 가수 god 팬 페이지 내용 분석을 중심으로」. 서강대학교 미디어교육학과 석사학위논문.

이솔. 2011. 「2, 30대 여성들의 정치 참여 경험을 통해 본 여성 주체성에 관한 연구 : 온라인 여성 삼국 커뮤니티 회원을 중심으로」. 이화여자대학교 여성학 석사학위논문.

이승아. 2013. 『JYJ 공화국』. 서울 : 엑스오북스.

이여봉·이해영. 2001. "여성의 인터넷 활용과 인간관계." 『가족생활연구논총』 Vol. 6 : 107-134.

이정향·김영경. 2013. "한국 이주 노동자의 '사이버 공동체'에 관한 연구." 『한국지역지리학회지』 19(2) : 342-339.

이재관. 2002. 『사이버공동체의 성공요인』. 서울 : 집문당.

이재신. 2007. "온라인 커뮤니티 활동과 커뮤니케이션 형태와 공동체 역할에 관한 연구 : 스포츠 커뮤니티를 중심으로." 『언론과학연구』 7(4) : 79-111.

이재현. 2000. 『인터넷과 사이버사회』. 서울 : 커뮤니케이션북스.

이재현. 2013. 『디지털 문화』. 서울 : 커뮤니케이션북스.

이종수·최지혜. 2005. "사이버 공간에서의 여성 커뮤니티 문화 : 〈우나쁜 여자가 되어 원하는 것을 다 가져라〉 클럽의 사례분석." 『미디어, 젠더&문화』 Vol. 3 : 98-143.

이준영. 2007. 「여성 커뮤니티 사이트 충성도에 미치는 영향 요인」. 연세대학교 정보대학원 석사학위논문.

이지련. 1999. 『새디 1, 2, 3』. 서울 : 상상미디어.

이창호·정의철. 2009. "공론장으로서의 인터넷 카페 게시판의 가능성과 한계 : 쭉빵 클럽과 협기 혹은 진실을 중심으로." 『언론과학연구』 9(3) : 388-424.

이한진. 2011. 「디지털 사진 커뮤니티 회원들의 커뮤니케이션 행태 분석 : 네이버 포토갤러리 서비스를 중심으로」. 연세대학교 신문방송학과 석사학위 논문.

이해영. 2000. "여성의 인터넷 이용 현황 및 특성." 『가족생활연구논총』 Vol. 5 : 41-71.

이헌아. 2015. 「국내 온라인 커뮤니티의 제도 형태와 근거 연구 : 공식적 제약과 비공식적 제약을 중심으로」. 서강대학교 정치외교학과 석사학위 논문.

이헌아·류석진. 2013. "온라인 커뮤니티의 사회적 자본과 제도 : 디시인사이드 바람의 화원/바람의 나라 갤러리를 중심으로." 『정보와 사회』 Vol. 27 : 25-54.

임현경. 1996. 「PC통신을 통한 가상공동체의 형성과 그 특성에 대한 연구」. 서울대학교 사회학과 석사학위논문.

임훈·신동우. 2010. "온라인 커뮤니티내 다방향적 의사소통의 영향에 대한 연구 : 게시자 전형성의 조절효과를 중심으로." 『소비자학연구』 21(4) : 305-336.

임희경·안주아·신명희·황경아. 2012. "누가, 어떻게 소셜 커뮤니티를 운영하는가? : 외국인 이주민의 소셜 커뮤니티 운영에 대한 사례연구." 『언론학연구』 16(3) : 197-231.

장덕진·배영. 2006. "사이버공간의 공동체와 연결망." 『사이버커뮤니케이션학보』 Vol. 19 : 175-219.

장명욱. 2011. 「여성의 온라인 정치참여 특성에 관한 연구 : 대장 부엉이 클럽의 사례 분석」. 부산대학교 신문방송학과 석사학위논문.

장용호. 2002. 『사이버 공동체 형성의 역동적 모형』. 서울 : 집문당.

장용호·공병훈. 2012. "문학 커뮤니티의 집합적 창작 과정에 대한 생태계적 모형 연구 : 온라인 커뮤니티 문장을 중심으로." 『사이버커뮤니케이션학보』 29(3) : 163-218.

전영아·강정한. 2010. "사이버 커뮤니티에서 유형별 사회 자본이 정치적 의견 표명과 호응에 미치는 효과 : 광우병 촛불집회 사례를 중심으로." 『사이버커뮤니케이션학보』 27(3) : 177-226.

정보사회연구소·삼성경제연구소 편. 1997. 『네트워크 트렌드』.

정재철. 2006. "온라인 시민사회운동의 공론화 과정에 관한 탐색적 연구 : 안티닉스 운동 게시판 분석을 중심으로." 『한국언론정보학보』 Vol. 33 : 253-298.

정찬모 외. 2003. 『사이버공동체에서의 규범 형성과 유지 행태』. 서울 : 정보통신정책연구원.

조남재·박기호·박상혁. 2006. "오프라인 기반 가상 공동체 구성원의 심리적 유형과 온라인 의사소통 매체에 대한 사회연결망 분석." 『정보화정책』 13(4) : 20-35.

조동기 외. 2000. 『인터넷의 사회문화적 영향 연구』. 서울 : 정보통신정책연구원.

조은. 1996. 『정보화 시대의 문화·여성』. 서울 : 나남.

조일동. 2013a. 「사이버 공동체의 사회적 실천 : 한 인터넷 음악 동호회의 호혜적 교환과 놀이의 사회극」. 한양대학교 문화인류학과 박사학위논문.

조일동. 2013b. "사이버 공동체의 작동원리인 상황적 규범과 호혜적 성격." 『도시인문학 연구』 5(1) : 7-32.

조찬식. 2002. "여성 전용 인터넷 사이트의 콘텐츠 분석." 『한국문헌정보학회지』 36(2) : 209-230.

조희정. 2010. 『네트워크 사회의 정치와 민주주의 : 정부, 정당, 시민사회의 변화와 전망』. 서울 : 서강대학교 출판부.

조희정·강원택. 2010. 『디지털 정치조직의 출현과 e-거버넌스의 미래』. 서울 : 정보통신 정책연구원.

조희정·강장묵. 2008. "네트워크 정치와 온라인 사회운동." 『한국정치학회보』 42(3) : 311-332.

조희정·류석진·전시홍·이헌아. 2015. "온라인 커뮤니티 이용목적유형에 따른 이용행 태 연구 : 미디어 이용과 정서요인 비교를 중심으로." 『OUGHTOPIA』 (30)1 : 167-200.

최지인. 2008. 「신축 공동주택 입주 예정자의 온라인 커뮤니티 주민 참여에 관한 연구」. 연세대학교 주거환경학 석사학위논문.

트렌드모니터. 2004. 『동호회 활동에 관한 조사』.

트렌드모니터. 2006. 『인터넷 동호회/카페/커뮤니티 활동 관련 조사』.

트렌드모니터. 2009. 『2009 인터넷 커뮤니티(카페)에 대한 인식조사』.

트렌드모니터. 2010a.『2010 인터넷 커뮤니티(카페) 관련 조사』.

트렌드모니터. 2010b.『2010 인터넷 카페/커뮤니티 관련 조사 : 한·중·일·대만 4개국
공동조사』.

트렌드모니터. 2011.『2011 인터넷 커뮤니티(카페) 관련 조사』.

트렌드모니터. 2012.『인터넷 카페/커뮤니티 관련 조사』.

최인영. 2009.「건강 관련 인터넷 커뮤니티의 사회적 지지에 관한 연구 : 인터넷 다이어
트 커뮤니티에서의 도움행위를 중심으로」. 서강대학교 신문방송학과 석사학위 논문.

최윤정. 2009. "온라인 커뮤니티 속 오피니언 리더 집단 검증 : 이용 동기, 활동 정도, 대
인관계 형성 과정의 비교 분석."『한국언론학보』53(4) : 372-394.

하태림. 2013.『온라인 커뮤니티 활동과 사회·정치적 참여활동 현황』. 서울 : 정보통신
정책연구원.

한국인터넷정보센터. 2001.『인터넷 이용자 수 및 이용행태조사』.

한국인터넷진흥원. 2007.『2007년 하반기 정보화 실태 조사』.

한국정보문화센터. 1995.『PC통신 이용자 행태 및 태도조사』.

한국정보문화센터. 1996.『정보통신 이용자 실태조사』.

한국정보문화센터. 1998.『PC통신 이용실태 및 이용자 만족에 관한 조사』.

한혜경. 2011. "인터넷 공론장의 분할과 극화 완화기제 : 허브 공간 이용과 보수·진보
공간 중복 이용의 효과."『언론학연구』15(2) : 391-424.

행정안전부·정보문화진흥원. 2009.『2008 정보문화지수 실태조사』.

행정안전부·정보문화진흥원. 2010.『2009 정보문화지수 실태조사』.

행정안전부·정보문화진흥원. 2011. 『2010 정보문화 실태조사』.

허지현. 2013. "온라인 여행 커뮤니티 이용 동기와 플로우(flow) 경험 및 지속적 이용 의도에 관한 연구 : 전문 여행커뮤니티 '태사랑'을 대상으로." 『관광연구』 28(2) : 161-181.

현지영. 1998. 「팬클럽 활동을 통한 청소년의 자기정체성 형성」. 연세대학교 사회학과 석사학위논문.

홍성원. 2009. 「사이버커뮤니티에서의 정책의제형성과정에 관한 연구」. 전남대학교 행정학과 박사학위논문.

황주성·오주현. 2011. "인터넷 커뮤니티의 자기 조직화에 대한 사례 연구 : (주)다음 카페를 대상으로." 『한국언론학보』 55(5) : 261-285.

황주성 외. 2002. 『사이버 문화 및 사이버공동체 활성화 정책방안연구』. 서울 : 정보통신정책연구원.

황지연. 2004. "사이버 공동체의 정체성과 집합 행동." 『정보와 사회』 Vol. 6 : 106-143.